ESTUDOS
DO INSTITUTO DE DIREITO
DO TRABALHO

VOL. IV

ESTUDOS DO INSTITUTO DE DIREITO DO TRABALHO

VOL. IV

IV Curso de Pós-Graduação
em Direito do Trabalho e da Segurança Social

Organização:
Instituto de Direito do Trabalho

Coordenação:
Pedro Romano Martinez

ALMEDINA

TÍTULO:	ESTUDOS DO INSTITUTO DE DIREITO DE TRABALHO
COORDENAÇÃO:	PEDRO ROMANO MARTINEZ
EDITOR:	LIVRARIA ALMEDINA – COIMBRA www.almedina.net
LIVRARIAS:	LIVRARIA ALMEDINA ARCO DE ALMEDINA, 15 TELEF. 239851900 FAX 239851901 3004-509 COIMBRA – PORTUGAL livraria@almedina.net LIVRARIA ALMEDINA ARRÁBIDA SHOPPING, LOJA 158 PRACETA HENRIQUE MOREIRA AFURADA 4400-475 V. N. GAIA – PORTUGAL arrabida@almedina.net LIVRARIA ALMEDINA – PORTO R. DE CEUTA, 79 TELEF. 222059773 FAX 222039497 4050-191 PORTO – PORTUGAL porto@almedina.net EDIÇÕES GLOBO, LDA. R. S. FILIPE NERY, 37-A (AO RATO) TELEF. 213857619 FAX 213844661 1250-225 LISBOA – PORTUGAL globo@almedina.net LIVRARIA ALMEDINA ATRIUM SALDANHA LOJAS 71 A 74 PRAÇA DUQUE DE SALDANHA, 1 TELEF. 213712690 atrium@almedina.net LIVRARIA ALMEDINA – BRAGA CAMPUS DE GUALTAR UNIVERSIDADE DO MINHO 4700-320 BRAGA TELEF. 253678822 braga@almedina.net
EXECUÇÃO GRÁFICA:	G.C. – GRÁFICA DE COIMBRA, LDA. PALHEIRA – ASSAFARGE 3001-453 COIMBRA E-mail: producao@graficadecoimbra.pt OUTUBRO, 2003
DEPÓSITO LEGAL:	202410/03
	Toda a reprodução desta obra, por fotocópia ou outro qualquer processo, sem prévia autorização escrita do Editor, é ilícita e passível de procedimento judicial contra o infractor.

APRESENTAÇÃO

Num ano especialmente conturbado, em que a discussão publica do Código do Trabalho, carreou intensa discussão em torno de múltiplas questões laborais, o Instituto de Direito do Trabalho da Faculdade de Direito de Lisboa, através do Curso de Pós-Graduação e de outras iniciativas, nomeadamente colóquios, contribuiu para a análise de diversos aspectos da legislação de trabalho. Nesse contributo incluem-se os estudos de alguns dos docentes do Curso de Pós-Graduação, que agora se publicam.

Depois do I Volume, onde se reuniram algumas das intervenções no I Curso de Pós-Graduação em Direito do Trabalho, do II Volume, que inclui diversos artigos sobre justa causa, e do III Volume de Estudos, com vários artigos de docentes do II Curso de Pós-Graduação em Direito do Trabalho, o Instituto de Direito do Trabalho publica o IV Volume de Estudos, do qual constam os textos correspondentes a algumas das aulas ministradas no III e, outras, no IV Curso de Pós-Graduação em Direito do Trabalho, cujo programa se inclui no início do livro.

No ano de 2002, o Instituto de Direito do Trabalho da Faculdade de Direito de Lisboa, além de ter promovido a publicação de um volume de Estudos (III) a que já se aludiu e de ter terminado a leccionação do III Curso de Pós-Graduação em Direito do Trabalho, deu início ao IV Curso de Pós-Graduação, que passou a ser em Direito do Trabalho e da Segurança Social — em que, mais uma vez, os candidatos excederam o *numerus clausus* estabelecido — organizou uma conferência sobre o *Anteprojecto do Código do Trabalho*, no dia 25 de Julho, e um colóquio, no dia 11 de Dezembro, sobre a *Proposta de Lei do Código do Trabalho*.

O Vice-Presidente do IDT
PEDRO ROMANO MARTINEZ

IV CURSO DE PÓS-GRADUAÇÃO
EM DIREITO DO TRABALHO E DA SEGURANÇA SOCIAL

Organização: Instituto de Direito do Trabalho
Coordenação: Prof. Doutor Pedro Romano Martinez

Ano lectivo 2002/2003

Módulo I – DIREITO DO TRABALHO: QUESTÕES GERAIS (14 h)

1) Constituição laboral – *Prof. Doutor Jorge Miranda* (Professor da Faculdade de Direito de Lisboa), 16 de Outubro de 2002;
2) Princípios gerais de Direito do Trabalho – *Prof. Doutor António Menezes Cordeiro* (Professor da Faculdade de Direito de Lisboa), 22 de Outubro de 2002;
3) A Reforma da Legislação Laboral – *Prof. Doutor Pedro Romano Martinez* (Professor da Faculdade de Direito de Lisboa), 17 de Outubro de 2002;
4) Novos desafios do Direito do Trabalho – *Prof.ª Doutora Maria do Rosário Palma Ramalho* (Professora da Faculdade de Direito de Lisboa), 23 de Outubro de 2002;
5) Direitos fundamentais e Direito do Trabalho – *Prof. Doutor José João Nunes Abrantes (Professor da Faculdade de Direito da Universidade Nova de Lisboa)*, 24 de Outubro de 2002;
6) A Gestão dos Recursos Humanos na Moderna Relação Laboral – *Prof. Doutor Damasceno Correia* (Professor do Instituto Superior de Ciências do Trabalho e da Empresa), 29 de Outubro de 2002;
7) Direitos de Personalidade – *Mestre Guilherme Machado Dray* (Assistente da Faculdade de Direito de Lisboa), 30 de Outubro de 2002.

Módulo II – DIREITO PÚBLICO E DIREITO DO TRABALHO (8 h)

8) Direito Administrativo do Trabalho – Mestre Pedro Madeira de Brito (Assistente da Faculdade de Direito de Lisboa), 5 de Novembro de 2002;
9) Organização da Administração Laboral – *Mestre João Miranda* (Assistente Estagiário da Faculdade de Direito de Lisboa), 6 de Novembro de 2002;
10) Função Pública – *Prof. Doutor João Caupers* – (Professor da Faculdade de Direito da Universidade Nova de Lisboa), 5 de Fevereiro de 2003;
11) Direito do Trabalho e Função Pública – *Prof.ª Doutora Maria do Rosário Palma Ramalho* (Professora da Faculdade de Direito de Lisboa), 13 de Novembro de 2002.

Módulo III – DIREITO COMUNITÁRIO DO TRABALHO (6 h)

12) Princípios gerais – *Prof.ª Doutora Maria Luísa Duarte* (Professora da Faculdade de Direito de Lisboa), 19 de Novembro de 2002;
13) Especificidades do Direito Comunitário Laboral – *Prof.ª Doutora Maria Luísa Duarte* (Professora da Faculdade de Direito de Lisboa), 20 de Novembro de 2002;
14) Princípio da Igualdade – *Prof.ª Doutora Maria do Rosário Palma Ramalho* (Professora da Faculdade de Direito de Lisboa), 5 de Dezembro de 2002.

Módulo IV – DIREITO INTERNACIONAL DO TRABALHO (8 h)

15) Princípios gerais de Direito Internacional Privado no âmbito laboral – *Prof. Doutor António Marques dos Santos* (Professor da Faculdade de Direito de Lisboa), 27 de Novembro de 2002;
16) Princípios gerais de Direito Internacional Público no âmbito laboral – *Prof. Doutor António Marques dos Santos* (Professor da Faculdade de Direito de Lisboa), 28 de Novembro de 2002;

17) Problemas específicos da aplicação das normas de Direito do Trabalho no plano internacional – *Prof. Doutor Dário Moura Vicente* (Professor da Faculdade de Direito de Lisboa), 26 de Novembro de 2002;
18) Direito Internacional do Trabalho – *Prof. Doutor Luís de Moura Martins Jacinto* (Professor do Instituto Superior de Ciências Sociais e Políticas), 3 de Dezembro de 2002.

Módulo V – CONTRATO DE TRABALHO I (12 h)

19) Contrato de trabalho e contratos afins – *Dra. Isabel Ribeiro Parreira* (Assistente Estagiária da Faculdade de Direito de Lisboa), 4 de Dezembro de 2002;
20) Direitos e deveres dos sujeitos laborais – *Mestre Pedro Madeira de Brito* (Assistente da Faculdade de Direito de Lisboa), 10 de Dezembro de 2002;
21) Cláusulas de limitação da prestação laboral – *Prof. Doutor Júlio Vieira Gomes* (Professor da Faculdade de Direito da Universidade Católica – Porto), 11 de Dezembro de 2002;
22) Trabalho de menores – *Mestre Guilherme Machado Dray* (Assistente da Faculdade de Direito de Lisboa), 18 de Dezembro de 2002;
23) Protecção da maternidade e paternidade – *Mestre Catarina Carvalho* (Assistente da Faculdade de Direito da Universidade Católica – Porto), 9 de Janeiro de 2003;
24) Trabalho de estrangeiros – *Mestre Helena Tapp Barroso* (Advogada), 12 de Dezembro de 2002.

MÓDULO VI – CONTRATO DE TRABALHO II (16 h)

25) Poderes do empregador – *Prof.ª Doutora Maria do Rosário Palma Ramalho* (Professora da Faculdade de Direito de Lisboa), 7 de Janeiro de 2003;
26) Categoria profissional – *Mestre António Nunes de Carvalho* (Assistente da Faculdade de Direito da Universidade Católica – Lisboa), 8 de Janeiro de 2003;
27) Polivalência funcional – *Prof. António Monteiro Fernandes* (Professor do Instituto Superior de Ciências do Trabalho e Empresa), 20 de Fevereiro de 2003;

28) *Ius variandi* – *Mestre Luís Miguel Monteiro* (Advogado), 15 de Janeiro de 2003;
29) Local de trabalho – *Mestre Luís Gonçalves da Silva* (Assistente da Faculdade de Direito de Lisboa), 23 de Janeiro de 2003;
30) Férias, feriados e faltas I – *Mestre José Manuel Andrade Mesquita* (Assistente da Faculdade de Direito de Lisboa), 21 de Janeiro de 2003;
31) Férias, feriados e faltas II – *Mestre José Manuel Andrade Mesquita* (Assistente da Faculdade de Direito de Lisboa), 22 de Janeiro de 2003;
32) Causas de suspensão do contrato de trabalho – *Mestre Pedro Madeira de* Brito (Assistente da Faculdade de Direito de Lisboa), 16 de Janeiro de 2003.

Módulo VII – CONTRATOS DE TRABALHO COM REGIME ESPECIAL (10 h)

33) Contrato de trabalho a termo – *Mestre Paula Ponces Camanho* (Assistente da Faculdade de Direito da Universidade Católica – Porto), 28 de Janeiro de 2003;
34) Contrato de trabalho temporário – *Mestre Guilherme Machado Dray* (Assistente da Faculdade de Direito de Lisboa), 13 de Fevereiro de 2003;
35) Contrato de Trabalho Desportivo – *Prof. Doutor João Leal Amado* (Professor da Faculdade de Direito da Universidade de Coimbra), 4 de Fevereiro de 2003;
36) Trabalho Portuário – *Mestre António Nunes de Carvalho,* Trabalho a Bordo – *Mestre José Manuel Vilalonga,* 6 de Fevereiro de 2003;
37) Contrato de trabalho rural – *Prof. Doutor Pedro Romano Martinez,* Contrato de trabalho doméstico – *Mestre Joana Vasconcelos,* Contrato de porteiros – *Mestre Luís Gonçalves da Silva,* 11 de Fevereiro de 2003.

Módulo VIII – ORGANIZAÇÃO DO TEMPO DE TRABALHO (8 h)

38) Horário de trabalho – *Prof. Doutor António Menezes Cordeiro* (Professor da Faculdade de Direito de Lisboa), 12 de Fevereiro de 2003;

39) Especificidades na organização do tempo de trabalho – *Mestre Luís Gonçalves da Silva* (Assistente da Faculdade de Direito de Lisboa), 29 de Janeiro de 2003;
40) Trabalho suplementar – *Mestre Alberto de Sá e Mello* (Docente do Instituto Superior de Gestão), 18 de Fevereiro de 2003;
41) Trabalho a tempo parcial – *Mestre Maria Regina Redinha* (Assistente da Faculdade de Direito da Universidade do Porto), 19 de Fevereiro de 2003.

Módulo IX – MODELOS RETRIBUTIVOS (8 h)

42) Retribuição – *Mestre António Nunes de Carvalho* – (Assistente da Faculdade de Direito da Universidade Católica – Lisboa), 25 de Fevereiro de 2003;
43) Garantia de créditos laborais – *Mestre Joana Vasconcelos* (Assistente da Faculdade de Direito da Universidade Católica – Lisboa), 26 de Fevereiro de 2003;
44) Reforma fiscal e Direito do Trabalho – *Prof. Doutor José Luís Saldanha Sanches* (Professor da Faculdade de Direito de Lisboa), 11 de Março de 2003;
45) Aspectos fiscais da retribuição – *Prof. Doutor Luís Menezes Leitão* (Professor da Faculdade de Direito de Lisboa), 12 de Março de 2003.

Módulo X – TRABALHO E EMPRESA (12 h)

46) Contrato de Trabalho e grupos de empresa – *Mestre Luís Miguel Monteiro* (Advogado), 18 de Março de 2003;
47) Concentração e fusão de empresas, colaboração entre empresas – *Mestre Luís Miguel Monteiro* (Advogado), 19 de Março de 2003;
48) Novos sistemas de organização do trabalho: *outsourcing*, prestação de serviços e descentralização produtiva – *Mestre Abel Ferreira* (Director da Euronext), 20 de Março de 2003;
49) Transmissão do estabelecimento – *Mestre Pedro Furtado Martins* (Assistente da Faculdade de Direito da Universidade Católica – Lisboa), 25 de Março de 2003;

50) Cedência ocasional – *Dra. Célia Reis* (Assistente Estagiária da Faculdade de Direito de Lisboa), 26 de Março de 2003;
51) Falência. Repercussões no contrato de trabalho – *Prof. Doutor Luís Carvalho Fernandes* (Professor da Faculdade de Direito da Universidade Católica – Lisboa), 27 de Março de 2003.

Módulo XI – DIREITO DAS CONDIÇÕES DE TRABALHO (6 h)

52) Regime legal da prevenção dos acidentes de trabalho – *Dr. Fernando Ribeiro Lopes* (Director-Geral das Condições de Trabalho), 3 de Abril de 2003;
53) Responsabilidade por acidentes de trabalho e doenças profissionais – *Prof. Doutor Pedro Romano Martinez* (Professor da Faculdade de Direito de Lisboa), 2 de Abril de 2003;
54) Seguros laborais – *Mestre José Alberto Vieira* (Assistente da Faculdade de Direito de Lisboa), 1 de Abril de 2003.

Módulo XII – CESSAÇÃO DO CONTRATO DE TRABALHO (10 h)

55) Regras gerais da cessação – *Prof. Doutor Pedro Romano Martinez* (Professor da Faculdade de Direito de Lisboa), 29 de Abril de 2003;
56) Concretização do conceito de justa causa – *Prof. Doutor Bernardo Lobo Xavier* (Professor da Faculdade de Direito da Universidade Católica – Lisboa), 8 de Abril de 2003;
57) Procedimento disciplinar – *Mestre Joana Vasconcelos* (Assistente da Faculdade de Direito da Universidade Católica – Lisboa), 15 de Abril de 2003;
58) Despedimento colectivo – *Prof. Doutor Henrique Mesquita* (Professor da Faculdade de Direito da Universidade de Coimbra), 6 de Maio de 2003;
59) Reintegração – *Mestre Helena Tapp Barroso* (Advogada), 30 de Abril de 2003.

MÓDULO XIII – SEGURANÇA SOCIAL (8 h)

60) Análise dos Modelos da Segurança Social – *Dr. Apelles da Conceição*, 8 de Maio de 2003;

61) Financiamento da Segurança Social, em especial as contribuições: a nova Lei de Bases – *Dr. Apelles da Conceição*, 15 de Maio de 2003;
62) Relação jurídica prestacional: a nova Lei de Bases – *Mestre Nazaré Cabral* (Assistente da Faculdade de Direito de Lisboa), 13 de Maio de 2003;
63) Tendências recentes: em especial as novas formas de prestação do trabalho – *Dra. Paula Meira Lourenço* (Assistente Estagiária da Faculdade de Direito de Lisboa), 14 de Maio de 2003.

Módulo XIV – NOVAS TECNOLOGIAS (4 h)

64) Teletrabalho – *Mestre Guilherme Machado Dray* (Assistente da Faculdade de Direito de Lisboa), 27 de Maio de 2003;
65) Bases de dados – *Prof. Doutor Menezes Leitão* (Professor da Faculdade de Direito de Lisboa), 21 de Maio de 2003.

Módulo XV – SITUAÇÕES JURÍDICO-COLECTIVAS (6 h)

66) Sujeitos colectivos – *Professor Mário Pinto* (Professor da Universidade Católica), 3 de Junho de 2003;
67) Associativismo nas forças de segurança – *Prof. Doutor Jorge Bacelar de Gouveia* (Professor da Faculdade de Direito da Universidade Nova de Lisboa), 20 de Maio de 2003;
68) Instrumentos de regulamentação colectiva de trabalho – *Mestre Luís Gonçalves da Silva* (Assistente da Faculdade de Direito de Lisboa), 28 de Maio de 2003.

Módulo XVI – CONFLITOS COLECTIVOS (4 h)

69) Arbitragem – *Prof. Doutor Dário Moura Vicente* (Professor da Faculdade de Direito de Lisboa), 5 de Junho de 2003;
70) Greve – *Prof.ª Doutora Maria do Rosário Palma Ramalho* (Professora da Faculdade de Direito de Lisboa), 4 de Junho de 2003.

Módulo XVII – CONTRA-ORDENAÇÕES E PROCESSO DO TRABALHO (10 h)

71) Contra-ordenações laborais – *Mestre José Manuel Vilalonga* (Assistente da Faculdade de Direito de Lisboa), 11 de Junho de 2003;
72) Processo do Trabalho: Princípios gerais – *Mestre Isabel Alexandre* (Assistente da Faculdade de Direito de Lisboa), 17 de Junho de 2003;
73) Especificidades do Código de Processo do Trabalho – *Mestre Pedro Madeira de Brito* (Assistente da Faculdade de Direito de Lisboa), 18 de Junho de 2003;
74) Processo do Trabalho: Tramitação – *Mestre Pedro Madeira de Brito* (Assistente da Faculdade de Direito de Lisboa), 24 de Junho de 2003;
75) Regime processual dos acidentes de trabalho – *Dr. Carlos Soares* (Assistente Estagiário da Faculdade de Direito de Lisboa), 25 de Junho de 2003.

O DIREITO INTERNACIONAL PRIVADO NO CÓDIGO DO TRABALHO*

DÁRIO MOURA VICENTE
Professor da Faculdade de Direito de Lisboa

SUMÁRIO: 1. Objecto da exposição. 2. Lei aplicável ao contrato individual de trabalho. 3. Destacamento internacional de trabalhadores. 4. Trabalhadores estrangeiros ou apátridas. 5. Deveres de nformação relativos à prestação de trabalho no estrangeiro. 6. Conselhos de empresa europeus e procedimentos de informação e consulta em empresas e grupos de empresas de dimensão comunitária. 7. Balanço.

1. Objecto da exposição

Vamos ocupar-nos na presente exposição do regime instituído no Código do Trabalho[1] para certas questões de Direito Internacional Privado.

No essencial, essas questões são redutíveis a duas: a determinação da lei aplicável ao contrato individual de trabalho e a condição jurídica do trabalhador estrangeiro ou apátrida. Todos os demais aspectos de Direito Internacional Privado regulados no Código são, como veremos, acessórios destes.

Fora do âmbito da nossa análise ficarão, por não serem versadas no Código, as questões do tribunal internacionalmente competente em

---

* Conferência proferida em 26 de Novembro de 2002 no *IV Curso de Pós-Graduação em Direito do Trabalho e da Segurança Social* da Faculdade de Direito de Lisboa.
[1] De aqui em diante Código. Reportar-nos-emos à versão publicada no *Diário da Assembleia da República*, II série-A, n.º 90, de 5 de Maio de 2003, pp. 3640 ss., em anexo à Proposta de Lei n.º 29/IX.

matéria de litígios laborais e do reconhecimento de sentenças estrangeiras atinentes à mesma matéria, as quais, como é sabido, se encontram disciplinadas entre nós noutros instrumentos jurídicos: o Código de Processo Civil, o Código de Processo do Trabalho e o Regulamento (CE) n.º 44/2001, de 22 de Dezembro de 2000[2].

Seguiremos ao longo da exposição a ordem por que as referidas matérias se encontram disciplinadas no Código.

2. Lei aplicável ao contrato individual de trabalho

2.1. O art. 6.º do Código contém uma regra que, sob a epígrafe «Lei aplicável ao contrato de trabalho», disciplina em termos genéricos o modo de determinar a lei reguladora deste tipo de contratos, bem como a eficácia a conferir em Portugal a normas imperativas de outras leis com as quais o mesmo porventura se encontre conexo.

Sucede, porém, que o contrato individual de trabalho já é entre nós objecto de outra regra de conflitos, consignada no artigo 6.º da Convenção de Roma de 1980 sobre a Lei Aplicável às Obrigações Contratuais (de aqui em diante Convenção de Roma)[3].

Nos termos do disposto no art. 2.º desta Convenção, as regras de conflitos dela constantes têm *carácter universal*, isto é, a lei designada nos termos delas é aplicável ainda que seja a lei de um Estado não contratante da Convenção.

O art. 6.º da Convenção de Roma cobre, pois, a generalidade dos contratos individuais de trabalho, incluindo aqueles que se encontrem sujeitos, por força da própria Convenção, à lei de um Estado que não seja parte da Comunidade Europeia.

Do confronto desta disposição com a que lhe corresponde no Código retira-se o seguinte.

---

[2] Publicado no *Jornal Oficial das Comunidades Europeias*, n.º L 12, de 16 de Janeiro de 2001, pp. 1 ss. Sobre as incidências desse acto comunitário em matéria juslaboral, *vide* o nosso estudo «Competência judiciária e reconhecimento de decisões estrangeiras no Regulamento (CE) n.º 44/2001», in *Scientia Iuridica*, 2002, pp. 347 ss. (especialmente, pp. 367 ss.; reproduzido em *Direito Internacional Privado. Ensaios*, vol. I, Coimbra, 2002, pp. 291 ss.).

[3] A que Portugal aderiu pela convenção assinada no Funchal em 18 de Maio de 1992, ratificada pelo Decreto do Presidente da República n.º 1/94, de 3 de Fevereiro, e que vigora no nosso país desde 1 de Setembro de 1994.

Ambos os preceitos acolhem, no tocante à determinação da lei aplicável ao contrato individual de trabalho, o princípio da *autonomia privada*. Na verdade, o art. 6.º, n.º 1, do Código estabelece que «[o] contrato de trabalho [se] rege pela lei escolhida pelas partes»; e o art. 6.º, n.º 1, da Convenção de Roma expressamente ressalva o disposto no art. 3.º desse instrumento, que consagra a mesma solução.

No entanto, este último preceito contém diversas regras relativas ao exercício pelos interessados da faculdade de escolherem a lei aplicável, mormente no tocante à forma, ao momento e aos limites a que deve obedecer essa escolha.

Ora, o Código é omisso a este respeito. Pode, por conseguinte, perguntar-se se a escolha da lei aplicável ao contrato de trabalho feita ao abrigo do art. 6.º, n.º 1, do Código se encontra subtraída às exigências constantes do art. 3.º da Convenção de Roma.

Por outro lado, ambos os preceitos em questão sujeitam a *limitações* a faculdade de as partes escolherem a lei aplicável ao contrato individual de trabalho.

Entre essas limitações avulta a que se prende com a inderrogabilidade, através da eleição da *lex contractus*, da protecção conferida pela lei subsidiariamente aplicável, a qual é, segundo ambos os preceitos, a lei do país com que o contrato individual de trabalho apresente a *conexão mais estreita*.

O teor dessas limitações não é, porém, o mesmo nas duas disposições em causa.

Com efeito, nos termos do art. 6.º, n.º 1, da Convenção de Roma «a escolha pelas Partes da lei aplicável ao contrato de trabalho não pode ter como consequência privar o trabalhador da protecção que lhe garantem as disposições imperativas da lei que seria aplicável, na falta de escolha, por força do n.º 2 do presente artigo». Essa lei é, nos termos do n.º 2, a do país em que o trabalhador, no cumprimento do contrato, presta habitualmente o seu trabalho, mesmo que tenha sido destacado temporariamente para outro país ou se o trabalhador não prestar habitualmente o seu trabalho no mesmo país, a lei do país em que esteja situado o estabelecimento que contratou o trabalhador, a não ser que resulte do conjunto das circunstâncias que o contrato de trabalho apresenta uma conexão mais estreita com um outro país, caso em que será aplicável a lei dessoutro país.

Por seu turno, o n.º 7 do art. 6.º do Código estabelece que «[a] escolha pelas partes da lei aplicável ao contrato de trabalho não pode ter como consequência privar o trabalhador da protecção que lhe garantem as disposições imperativas do Código, caso fosse a lei portuguesa a aplicável nos termos do n.º 2». De acordo com esta última disposição, «[n]a falta de escolha de lei aplicável, o contrato de trabalho é regulado pela lei do Estado com o qual apresente uma conexão mais estreita». E os números seguintes do mesmo preceito mandam atender, na determinação da conexão mais estreita, além de outras circunstâncias, à lei do Estado em que o trabalhador, no cumprimento do contrato, presta habitualmente o seu trabalho, mesmo que esteja temporariamente a prestar a sua actividade noutro Estado e à lei do Estado em que esteja situado o estabelecimento onde o trabalhador foi contratado, se este não prestar habitualmente o seu trabalho no mesmo Estado (n.º 3); sendo que esses critérios podem não ser atendidos quando, do conjunto de circunstâncias aplicáveis à situação, resulte que o contrato de trabalho apresenta uma conexão mais estreita com outro Estado, caso em que se aplicará a respectiva lei (n.º 4).

Verifica-se, assim, que o Código apenas limita, no n.º 7 do art. 6.º, a eficácia da referida escolha na medida em que a lei escolhida prive o trabalhador da protecção que lhe garantem as disposições imperativas *do próprio Código*, caso fosse a lei portuguesa a aplicável nos termos do n.º 2 — i. é, quando seja Portugal o Estado com o qual o contrato possui a conexão mais estreita —; não quando fosse uma *lei estrangeira* a aplicável por força dessa disposição, em razão de essa conexão se verificar com outro Estado.

Uma vez que os tribunais portugueses podem ter de apreciar litígios emergentes de contratos a que seria supletivamente aplicável uma lei estrangeira, segue-se que neste particular a protecção do trabalhador consignada no Código é *aparentemente inferior* àquela que a Convenção estabelece.

Sendo assim, pergunta-se a qual dos dois textos em presença devem os tribunais portugueses atender quando hajam de julgar situações compreendidas no âmbito de aplicação de ambos.

Acresce que na Convenção de Roma o citado art. 6.º não funciona isoladamente, mas antes em articulação com o art. 7.º, nos termos do qual, ao aplicar-se, por força da Convenção, a lei de determinado país, «pode ser dada prevalência às disposições imperativas da lei de outro país com o qual a situação apresente uma conexão estreita se, e na medida em que, de acordo com o direito deste último país, essas disposições forem aplicáveis, qualquer que seja a lei reguladora do contrato. Para se decidir se deve ser dada prevalência a estas disposições imperativas, ter-se-á em conta a sua natureza e o seu objecto, bem como as consequências que resultariam da sua aplicação ou da sua não aplicação» (n.º 1). Além disso, o disposto na Convenção «não pode prejudicar a aplicação das regras do país do foro que regulem imperativamente o caso concreto, independentemente da lei aplicável ao contrato» (n.° 2).

Por força desta regra, pode o tribunal, uma vez determinada a lei aplicável ao contrato de trabalho, nos termos do art. 6.°, atribuir primazia sobre a *lex contractus* a *normas internacionalmente imperativas* de outra lei[4].

Trata-se de normas imperativas, de Direito Público ou Privado, que reclamam, expressa ou implicitamente, a atribuição de efeitos mesmo em situações ou relações não submetidas à ordem jurídica nacional a que pertencem (daí serem *internacionalmente* imperativas); sendo que o seu objecto e fins apenas podem ser plenamente realizados se tal eficácia lhes for reconhecida[5].

---

[4] Sobre este conceito e a problemática a ele subjacente, veja-se o nosso *Da responsabilidade pré-contratual em Direito Internacional Privado*, Coimbra, 2001, pp. 625 ss., e a demais bibliografia aí citada; consulte-se ainda sobre o mesmo tema os trabalhos posteriores de António Marques dos Santos, *Direito Internacional Privado*, vol. I, *Introdução*, Lisboa, 2001, pp. 247 ss., e «Alguns princípios de Direito Internacional Privado e de Direito Internacional Público do Trabalho», *in Estudos do Instituto de Direito do Trabalho*, vol. III, Coimbra, 2002, pp. 13 ss. (onde a relevância das normas em apreço em matéria laboral é versada a pp. 23 e ss.).

[5] Tomemos, a fim de exemplificar, um caso julgado pelo Supremo Tribunal de Justiça em 1996 (acórdão de 11 de Julho de 1996, *in Colectânea de Jurisprudência do Supremo Tribunal de Justiça*, ano IV, t. II, 1996, pp. 266 ss.). Uma cidadã portuguesa residente habitualmente na Alemanha celebrara com um banco sedeado em Portugal um contrato de trabalho a executar na Alemanha ou em Portugal. As partes não escolheram a lei aplicável, pelo que esta era a do lugar da celebração — no caso a lei alemã — por força do disposto no art. 42.°, n.° 2, do Código Civil. A trabalhadora foi despedida sem justa causa. Por esse facto reclamou perante tribunais portugueses uma indemnização. À face da lei alemã a trabalhadora não tinha direito a qualquer indemnização. Porém, a lei portuguesa, além de proibir no art. 53.° da Constituição os despedimentos sem justa causa, previa no D.L. n.° 372-A/75, de 14 de Julho, em vigor à data dos factos, a atribuição de uma indemnização ao trabalhador despedido sem justa causa. Suscitou-se a questão de saber se as disposições imperativas deste diploma legal português seriam aplicáveis ao caso, apesar de não pertencerem à lei competente segundo a regra de conflitos portuguesa. O Tribunal do Trabalho de Santa Maria da Feira, que julgou o caso em primeira instância, entendeu que sim, num acórdão publicado em 1994 (*in Corpus Iuris*, 1994, n.° 22, pp. 44 ss.). Invocou para tanto que as partes eram ambas de nacionalidade portuguesa e que as disposições daquele diploma eram «de aplicação obrigatória e imediata, ultrapassando o jogo das regras normais de conflitos portuguesas — designadamente as do art. 42.° do Código Civil». A Relação do Porto confirmou esta decisão. O Supremo revogou-a e absolveu o réu do pedido, com fundamento em que a autora, numa acção que tinha previamente intentado na Alemanha, havia chegado a um acordo extrajudicial com o réu, pelo que não podia accioná-lo de novo em Portugal. Mas sublinhou que, não fora esse facto, as normas da lei portuguesa teriam sido aplicadas ao caso.

Sucede que o n.º 1 do art. 7.º da Convenção de Roma não se encontra em vigor em Portugal, pois o nosso país — tal como a Alemanha e o Reino Unido — formulou a reserva prevista no art. 22.º, n.º 1, alínea *a)*, da mesma[6].

Ora, no art. 6.º do Código prevê-se a este respeito que, «[s]endo aplicável a lei de determinado Estado por força dos critérios enunciados nos números anteriores, pode ser dada prevalência às disposições imperativas da lei de outro Estado com o qual a situação apresente uma conexão estreita se, e na medida em que, de acordo com o direito deste último Estado essas disposições forem aplicáveis, independentemente da lei reguladora do contrato» (n.º 5). Para esse efeito, «deve ter-se em conta a natureza e o objecto das disposições imperativas, bem como as consequências resultantes tanto da aplicação como da não aplicação de tais preceitos» (n.º 6).

Verifica-se, assim, que o Código praticamente reproduz, nos n.os 5 e 6 do art. 6.º, uma disposição da Convenção de Roma que não se acha em vigor em Portugal — o n.º 1 do art. 7.º —; do mesmo passo que omite qualquer regra idêntica ao n.º 2 deste preceito, que vigora no nosso país.

Pode, por isso, perguntar-se se os tribunais portugueses ficarão, após a entrada em vigor do Código, inibidos de atender, consoante lhes permite o art. 7.º, n.º 2, da Convenção de Roma, às normas internacionalmente imperativas da lei portuguesa quando for uma lei estrangeira a aplicável.

2.2. A resposta a estas questões depende, além do mais, do entendimento que se perfilhe acerca da eficácia na ordem jurídica interna do Direito Internacional de fonte convencional.

Ora, de acordo com o art. 8.º, n.º 2, da Constituição Portuguesa, a entrada em vigor na ordem interna das normas constantes de convenções internacionais depende apenas da sua regular ratificação ou aprovação e da sua publicação no *Diário da República*. As normas de Direito convencional vinculativas do Estado português não carecem, por isso, de ser continuadas na ordem jurídica interna mediante Lei ou Decreto-Lei. O Direito Internacional convencional vigora, assim, na ordem interna como *fonte imediata ou autónoma de Direito*.

---

[6] Cfr. o art. 3.º da Resolução da Assembleia da República n.º 3/94, que aprovou a Convenção de Roma para ratificação, e o Decreto do Presidente da República n.º 1/94, que a ratificou.

Além disso, segundo o entendimento dominante na doutrina portuguesa[7], ele tem *valor supralegal*, ou seja, prevalece sobre a lei interna, anterior ou posterior. Na verdade, se, como diz o art. 8.°, n.° 2, da Constituição, as normas de Direito convencional vigoram na ordem interna *enquanto vincularem internacionalmente o Estado português*, não pode um acto legislativo de fonte interna fazer cessar essa vigência. E ainda que a Constituição não contivesse essa disposição, a solução teria de ser a mesma, pois não parece admissível, à luz dos princípios gerais de Direito, que um Estado se subtraia mediante um acto unilateral ao cumprimento daquilo que a que se vinculou perante outrem.

As regras da Convenção de Roma primam, por isso, sobre as do Direito interno, mesmo que posterior. Sendo assim, as disposições do Código que se achem em contradição com elas serão *ineficazes*.

2.3. Supomos, no entanto, que não há verdadeira contradição entre as regras do Código e as da Convenção de Roma, antes os aspectos da determinação da lei aplicável ao contrato individual de trabalho que aquele disciplina não esgotam todos os problemas a este respeitantes que se encontram regulados na Convenção, e vice-versa; pelo que os textos em apreço se *complementam mutuamente*.

Senão vejamos.

Relativamente à primeira questão que colocámos acima, julgamos que, à luz do que dissemos acerca das relações entre o Direito convencional e o Direito de fonte interna, a forma, o momento e os limites a que deve obedecer a escolha da lei aplicável ao contrato individual de trabalho terão necessariamente de obedecer, na falta de regulação expressa destas matérias no Código do Trabalho, ao disposto no art. 3.° da Convenção de Roma.

Pelo que diz respeito à segunda das questões postas, temos igualmente por inequívoco que o Código não impede a atribuição de primazia sobre a lei escolhida pelas partes às disposições imperativas da lei supletivamente aplicável quando esta for, nos termos do n.° 2 do art. 6.° da Convenção ou dos n.os 2 a 4 do art. 6.° do Código, uma *lei estrangeira*. Tal é, na verdade, a solução imposta pelo art. 6.°, n.° 1, da Convenção.

---

[7] Veja-se sobre o tema, na doutrina portuguesa, Jorge Miranda, «A relações entre ordem internacional e ordem interna na actual Constituição portuguesa», *in* Antunes Varela/Freitas do Amaral/Jorge Miranda/Gomes Canotilho (organizadores), *Ab uno ad omnes – 75 anos da Coimbra Editora*, Coimbra, 1998, pp. 275 ss., e a demais bibliografia aí citada.

No tocante à última das questões referidas — a que se prende com a eficácia das normas internacionalmente imperativas —, a solução correcta é a nosso ver a seguinte.

Nos termos do n.º 2 do art. 7.º da Convenção (que o Código não reproduz), podem os tribunais portugueses aplicar regras de fonte interna «que regulem imperativamente o caso concreto», ainda que não seja a lei portuguesa a aplicável ao contrato nos termos quer do Código quer da Convenção.

Por outro lado, os tribunais portugueses podem conferir efeitos às disposições imperativas de terceiros países, com fundamento no disposto nos n.os 5 e 6 do art. 6.º do Código, apesar de a regra convencional que inspirou estas disposições – o n.º 1 do art. 7.º — não estar em vigor entre nós[8].

É que a reserva a esse preceito, acima mencionada, não impede os tribunais de atender a tais disposições, antes originou uma lacuna.

Na ausência de uma disposição que regule em termos gerais a atribuição de efeitos às disposições em questão, quando pertencentes a terceiros Estados, tem de preencher-se essa lacuna por apelo aos princípios gerais do Direito Internacional Privado português. Entre estes, há que atender especialmente à tutela da confiança e à harmonia internacional de julgados por ela postulada, das quais pode o tribunal extrair a aplicabilidade das disposições imperativas daqueles Estados, mormente em matéria laboral[9].

Mas é manifestamente preferível, sob o ponto de vista da certeza do Direito e da segurança jurídica, que a aplicação dessas disposições seja disciplinada por uma regra de fonte legal ou convencional.

É essa regra que agora surge nos n.os 5 e 6 do art. 6.º do Código.

---

[8] Consoante, de resto, esses tribunais já vinham fazendo antes da adesão de Portugal à Convenção de Roma: veja-se, por exemplo, o acórdão do Supremo Tribunal de Justiça de 7 de Junho de 1983, *in Boletim do Ministério da Justiça*, n.º 328 (Julho de 1983), pp. 447 ss., onde, a respeito de um contrato de trabalho celebrado entre uma empresa portuguesa e um cidadão português, a executar na Arábia Saudita, se admitiu «a remissão para a lei e usos locais quanto a exigência[s] de carácter sanitário, a horários de trabalho, descanso, actividade política ou religiosa, segredo profissional em obras de carácter militar ou de segurança, e respeito pelas leis, usos e costumes e religiões locais», porquanto a mesma seria «perfeitamente compatível com a aplicação genérica da lei portuguesa, dado versar sobre pontos específicos inerentes a trabalho prestado no território daquele país, ou mesmo se impor por razões de soberania» (p. 449).

[9] Neste sentido nos pronunciámos na obra citada *supra* na nota 4, a pp. 657 ss.

Em síntese, diremos que os regimes constantes do Código e da Convenção apenas em parte se sobrepõem, pelo que a relação entre os mesmos se assemelha à que existe entre duas circunferências secantes; sendo que na área em que se verifica essa sobreposição não há, a nosso ver, contradição entre os normativos em apreço. Caso, porém, essa sobreposição se verificasse, as normas da Convenção primariam sobre as do Código.

2.4. Observe-se, por último, a respeito do art. 6.º do Código que, apesar da sua colocação sistemática e da respectiva epígrafe, ele apenas versa sobre a lei aplicável ao contrato individual de trabalho. Nada se dispõe nele acerca do âmbito de aplicação espacial das convenções colectivas de trabalho, que o Código também regula no Título III do Livro I.

Estoutro problema deve, quanto a nós, resolver-se tendo em conta o lugar que as convenções colectivas de trabalho ocupam entre as fontes do Direito do Trabalho. Trata-se, como é bom de ver, de uma questão que não pode ser respondida de modo uniforme para todos os países, pelo que o legislador de cada país apenas deve disciplinar aquele âmbito através de regras de conflitos unilaterais.

Entre nós as convenções colectivas de trabalho são, por força do disposto no art. 1.º do Código, fontes de Direito do Trabalho, ainda que de carácter negocial, consoante refere o art. 2.º, n.º 2[10]. Elas devem, por isso, ser aplicadas às relações internacionais nas mesmas circunstâncias em que o são as demais fontes internas de Direito do Trabalho, sem prejuízo de se admitir que nelas se delimite, por acordo das partes, o seu próprio âmbito espacial de aplicação[11].

Vale isto por dizer que ao contrato individual de trabalho serão aplicáveis as convenções colectivas de trabalho vigentes na ordem jurídica portuguesa sempre que o mesmo se encontre sujeito à nossa lei por força do disposto nos arts. 6.º e 7.º da Convenção ou 6.º do Código[12].

---

[10] Sobre o tema, *vide* Pedro Romano Martinez, *Direito do Trabalho*, Coimbra, 2002, pp. 183 ss. e 991 ss., e a demais bibliografia aí citada.

[11] Acerca deste problema, que não podemos desenvolver aqui, consulte-se Rui de Moura Ramos, *Da lei aplicável ao contrato de trabalho internacional*, Coimbra, 1991, pp. 33 ss, com mais referências.

[12] Uma solução próxima desta é sustentada, frente ao Direito espanhol, por Alfonso-Luis Calvo Caravaca *et al.*, *Derecho Internacional Privado*, vol. II, Granada, 1998, p. 460.

3. Destacamento internacional de trabalhadores

3.1. Passemos ao destacamento internacional de trabalhadores, matéria que é versada nos arts. 7.º a 9.º do Código.

Surgem essas disposições na sequência da Directiva n.º 96/71/CE, do Parlamento Europeu e do Conselho, de 16 de Dezembro de 1996, relativa ao destacamento de trabalhadores no âmbito de uma prestação de serviços, transposta para a ordem jurídica interna pela Lei n.º 9/2000, de 15 de Junho[13].

O conceito de destacamento de trabalhadores relevante para a aplicação das referidas normas infere-se do disposto no n.º 1 do art. 7.º, segundo o qual o destacamento «pressupõe que o trabalhador, contratado por um empregador estabelecido noutro Estado e enquanto durar o contrato de trabalho, preste a sua actividade em território português num estabelecimento do empregador ou em execução de contrato celebrado entre o empregador e o beneficiário da actividade, ainda que em regime de trabalho temporário».

Claro que neste preceito se alude apenas, como a própria epígrafe indica, ao destacamento para território português; mas dele podem também deduzir-se os pressupostos do destacamento para país estrangeiro, cujo regime consta do art. 9.º.

Seja como for, a determinação exacta das situações para as quais vale o disposto no art. 8.º depende do que for estabelecido na legislação complementar do Código a que se refere o n.º 2 do art. 7.º, nos termos do qual as normas do Código são aplicáveis «ao destacamento de trabalhadores para prestar trabalho em território português, efectuado por empresa estabelecida noutro Estado e que ocorra nas situações contempladas em legislação especial»[14].

3.2. A mencionada Directiva procurou resolver o problema do regime do destacamento internacional de trabalhadores, sujeitando certos aspectos das condições de trabalho e emprego dos trabalhadores

---

[13] No art. 2.º do diploma preambular do Código refere-se que com a aprovação do Código é efectuada a transposição, entre outras, dessa Directiva comunitária.

[14] Essa legislação acha-se igualmente prevista no art. 19.º, n.º 2, alínea a), do diploma preambular do Código.

temporariamente destacados às regras vigentes no *país de acolhimento* (art. 3.º, n.º 1).

Fê-lo a fim de evitar que as empresas estabelecidas em países onde vigoram salários mínimos mais baixos — como o nosso — recorram sistematicamente à transferência internacional de mão-de-obra para executarem os serviços que lhes são encomendados em países onde vigoram níveis de remuneração mais elevados, por forma a diminuirem os seus custos e a conquistarem vantagens competitivas. Por outras palavras, aquela regra justifica-se pela necessidade de prevenir o chamado *dumping social* e o eventual prejuízo para os trabalhadores e as empresas do país de acolhimento e para a própria paz social que dele podem advir.

Ressalvou a Directiva, no entanto, as condições de emprego e trabalho mais favoráveis aos trabalhadores, vigentes no país de origem ou em qualquer outro cuja lei seja aplicável ao contrato por força das regras de conflitos comuns (art. 3.º, n.º 7).

A Directiva garante, em suma, um *standard* mínimo de protecção ao trabalhador destacado: aquele que lhe é conferido no país de acolhimento. Este pode, todavia, ser derrogado por normas mais favoráveis ao trabalhador.

O regime da Directiva é, assim, dominado pelo princípio do *tratamento mais favorável*.

O Código consagrou fundamentalmente o mesmo regime, porquanto no art. 8.º determina que «os trabalhadores destacados nos termos do artigo anterior têm direito às condições de trabalho previstas neste Código e a regulamentação colectiva de trabalho vigente em território nacional» respeitantes a diversas matérias em seguida enunciadas[15]; mas ressalva no mesmo preceito «os regimes mais favoráveis constantes da lei aplicável à relação laboral ou previstos no contrato de trabalho».

Se, por conseguinte, o Direito vigente no país onde o trabalhador destacado para território nacional presta habitualmente o seu trabalho lhe for mais favorável, quedará o mesmo sujeito às normas desse país.

---

[15] A saber: segurança no emprego; duração máxima do tempo de trabalho; férias retribuídas; retribuição mínima e pagamento de trabalho suplementar, condições de cedência de trabalhadores por parte de empresas de trabalho temporário; condições de cedência ocasional de trabalhadores; segurança, higiene e saúde no trabalho; protecção das mulheres grávidas, puérperas ou lactantes; protecção do trabalho de menores; e igualdade de tratamento e não discriminação.

3.3. A referida Lei n.º 9/2000 apenas abrangia o destacamento de trabalhadores para prestar trabalho em território português, efectuado por empresa estabelecida noutro Estado (art. 2.º, n.º 1), nada dispondo sobre o destacamento para outros países de trabalhadores contratados por empresas estabelecidas em território nacional.

Ora, como salientámos noutro estudo que dedicámos a esta matéria[16], esta última é a situação mais comum entre nós; por conseguinte, também ela devia merecer a atenção do legislador nacional — até porque, em razão das regras de competência internacional vigentes entre nós, os tribunais portugueses podem, a vários títulos, ser chamados a decidir litígios emergentes do destacamento para o estrangeiro de trabalhadores portugueses.

É certo que a Directiva não exige que os Estados membros legislem sobre estas situações; mas também não impede que o façam.

Aliás, é dificilmente compreensível, até de um ponto de vista de política legislativa, que o Estado atribua maior relevância à protecção dos trabalhadores estrangeiros destacados para território nacional do que à dos trabalhadores portugueses destacados para o estrangeiro.

A principal consequência do *unilateralismo* do diploma português era, pois, que ele deixava por regular as situações que mais agudamente afectam a sociedade portuguesa.

Paradoxalmente, dele poderia ainda resultar, em muitos casos, uma protecção mais forte para os trabalhadores estrangeiros do que a de que gozam os trabalhadores portugueses.

Bem andou, por isso, o legislador do Código do Trabalho, ao contemplar, no art. 9.º, o destacamento de trabalhadores para outros Estados.

Fê-lo, porém, em termos carecidos de interpretação.

É que nesse preceito refere-se que o trabalhador destacado para outro Estado ao serviço de uma empresa estabelecida em Portugal tem direito, enquanto durar o contrato de trabalho e sem prejuízo de regimes mais favoráveis constantes da lei aplicável à relação laboral ou previstos contratualmente, «às condições de trabalho constantes do artigo anterior».

Ora, o artigo 8.º sujeita o trabalhador destacado para território português às condições de trabalho previstas na lei e na regulamentação

---

[16] Cfr. «Destacamento internacional de trabalhadores», in *Estudos em homenagem ao Prof. Doutor Raúl Ventura*, Coimbra, 2002 vol. II, pp. 789 ss. (reproduzido em *Direito Internacional Privado. Ensaios,* vol. I, Coimbra, 2002, pp. 85 ss.).

colectiva de trabalho vigente em Portugal; mas fá-lo em obediência ao princípio da aplicação da lei do país de acolhimento, que, como vimos, a Directiva consigna, pelas razões apontadas.

É, pois, a esta luz que o disposto no art. 9.º deve ser entendido: o que aí se estabelece é, a nosso ver, que os trabalhadores a que esse preceito se refere têm direito às condições de trabalho previstas na lei e nas convenções colectivas de trabalho *do país de acolhimento*, pelo que respeita às matérias enunciadas no artigo 8.º e sem prejuízo dos regimes mais favoráveis constantes da lei aplicável à relação laboral – que será em regra, na falta de escolha pelas partes, a lei portuguesa — ou previstos contratuamente.

3.4. Na disciplina jurídica do destacamento internacional de trabalhadores tem, além disso, de ter-se presente a jurisprudência do Tribunal de Justiça das Comunidade Europeias.

Ora, esta matéria foi objecto de um importante acórdão desse Tribunal, datado de 25 de Outubro de 2001[17] e proferido num processo de que foram partes diversas empresas estabelecidas em Portugal, que no ano de 1997 haviam destacado trabalhadores para a Alemanha, a fim de aí executarem trabalhos de construção civil.

Em causa estava a lei alemã relativa ao destacamento de trabalhadores (*Arbeitnehmerentsendegesetz*), de 26 de Fevereiro de 1996, que – à imagem do que agora faz o Código português — estende à relação laboral entre empresas sedeadas fora da Alemanha e trabalhadores destacados para a Alemanha a regulamentação alemã em matéria de salários mínimos e de férias remuneradas.

O Tribunal de Justiça, reconhecendo que «a aplicação aos prestadores de serviços das regulamentações nacionais do Estado-Membro de acolhimento é susceptível de proibir, perturbar ou tornar menos atraentes as prestações de serviços, na medida em que implica despesas bem como encargos administrativos e económicos suplementares», afirmou que «a livre prestação de serviços, enquanto princípio fundamental do Tratado, só pode ser limitada por regulamentações justificadas por razões imperiosas de interesse geral», entre as quais figura a protecção dos trabalhadores; e acrescentou que na hipótese de a regulamentação em causa no processo principal prosseguir

---

[17] Publicado na *Colectânea de Jurisprudência do Tribunal de Justiça*, 2001, I, pp. 7831 ss.

efectivamente um objectivo de interesse geral, caberá ainda «apreciar se a referida regulamentação é proporcionada à realização desse objectivo».

Com este fundamento, o Tribunal decidiu que «[o]s artigos 59.º do Tratado CE (que passou, após alteração, a artigo 49.º CE) e 60.º do Tratado CE (actual artigo 50.º CE) não se opõem a que um Estado--Membro imponha a uma empresa estabelecida noutro Estado-Membro, que efectua uma prestação de serviços no território do primeiro Estado--Membro, uma regulamentação nacional, como a que resulta do § 1, n.º 3, primeiro período, da Arbeitnehmerentsendegesetz (lei alemã relativa ao destacamento de trabalhadores), que garante aos trabalhadores destacados para o efeito pela empresa o direito a férias pagas, desde que, por um lado, os trabalhadores não beneficiem de uma protecção essencialmente equiparável nos termos da legislação do Estado-Membro de estabelecimento da sua entidade patronal, de modo a que a aplicação da regulamentação nacional do primeiro Estado-Membro lhes proporcione uma vantagem real que contribua significativamente para a sua protecção social e, por outro, que a aplicação da referida regulamentação do primeiro Estado-Membro seja proporcionada ao objectivo de interesse geral prosseguido».

Por força desta jurisprudência, a aplicação das disposições imperativas do Estado de acolhimento dos trabalhadores destacados encontra-se actualmente subordinada a três requisitos fundamentais: *a)* devem tais disposições, em primeiro lugar, prosseguir um *objectivo de interesse geral*, mormente a protecção dos trabalhadores; *b)* devem, por outro lado, proporcionar aos trabalhadores uma *vantagem real* e não uma protecção essencialmente equiparável à de que já beneficiam no Estado de origem; e *c)* devem, finalmente, ser *proporcionadas* ao objectivo através delas prosseguido.

Do referido acórdão do Tribunal de Justiça decorre uma importante restrição à aplicabilidade das normas de protecção dos trabalhadores destacados vigentes no Estado de acolhimento. Com efeito, estas normas não serão aplicáveis sempre que a lei do país de origem confira ao trabalhador uma *protecção superior* (conforme já resultava do art. 3.º, n.º 7, da Directiva), *idêntica ou equivalente* à do país de acolhimento.

Estas ressalvas devem, a nosso ver, considerar-se implícitas no regime do destacamento internacional de trabalhadores constante do Código.

4. Trabalhadores estrangeiros ou apátridas

4.1. A condição jurídica do trabalhador estrangeiro ou apátrida é objecto dos arts. 86.º a 90.º do Código.

Trata-se, como é sabido, de matéria da maior relevância social, devido ao elevado número de estrangeiros que hoje vivem e trabalham em Portugal.

Este não tem cessado de aumentar nos últimos anos: em 1975 eram pouco mais de 30.000 os estrangeiros residentes em Portugal; hoje, vivem no nosso país, em situação legal, mais de 300.000 estrangeiros, isto é, aproximadamente três por cento da população residente em Portugal consiste em cidadãos estrangeiros que residem ou permanecem legalmente entre nós. Na sua maioria, trata-se de pessoas oriundas de países africanos de língua oficial portuguesa; mas há também um número significativo de cidadãos originários da União Europeia e, mais recentemente, dos países da Europa do Leste[18].

Ora, mais de metade dos estrangeiros que aqui vivem vieram para o nosso país trabalhar. De país de emigração, Portugal transformou-se, assim, em *país de imigração*.

Este fenómeno tende a acentuar-se: segundo projecções da ONU recentemente divulgadas[19], a população portuguesa diminuirá em cerca de 1,7 milhões de pessoas nos próximos cinquenta anos, se o actual ritmo de envelhecimento se mantiver; pelo que terá de se aumentar proporcionalmente o fluxo de imigrantes a fim de sustentar as necessidades do mercado de trabalho e do sistema de segurança social. E de acordo com uma estimativa recente, dentro de 25 anos os estrangeiros a residirem em território nacional serão mais de um milhão, ou seja, mais de dez por cento da população[20].

4.2. Ora, que estabelece o Código a este propósito?

Segundo o art. 86.º, «[s]em prejuízo do estabelecido quanto à lei aplicavel e em relação ao destacamento de trabalhadores, a prestação de trabalho subordinado em território português por cidadão estrangeiro está sujeita às normas desta subsecção».

---

[18] Dados do Serviço de Estrangeiros e Fronteiras, publicados na edição do *Diário de Notícias* de 3 de Junho de 2002.
[19] Cfr. *Público*, edição de 24 de Março de 2000.
[20] Cfr. *Expresso*, edição de 30 de Dezembro de 2000.

E acrescenta o art. 87.°: «O trabalhador estrangeiro que esteja autorizado a exercer uma actividade profissional subordinada em território português goza dos mesmos direitos e está sujeito aos mesmos deveres do trabalhador com nacionalidade portuguesa».

Este preceito tem de ser entendido à luz da ressalva constante da disposição anterior.

Com efeito, pelo que respeita aos contratos de trabalho celebrados por trabalhadores estrangeiros vale também o disposto no art. 6.° do Código e no art. 6.° da Convenção de Roma; razão por que relativamente a esses contratos é também possível a escolha pelas partes de uma lei estrangeira ou a aplicação *ex officio* da lei estrangeira que possuir a conexão mais estreita com o contrato.

Os trabalhadores estrangeiros que prestem trabalho em Portugal não podem, assim, ser discriminados relativamente aos portugueses pelo facto de serem estrangeiros; mas isso não significa que estejam necessariamente sujeitos à lei portuguesa pelo que respeita à definição do conteúdo das relações individuais de trabalho de que são partes: tudo depende, neste particular, das regras de conflitos mencionadas.

Tais trabalhadores estão, todavia, imperativamente sujeitos às normas nacionais que exigem a observância de certas formalidades no contrato (arts. 88.° e 103.°, n.° 1, alínea *d*), do Código) e o cumprimento de certos deveres de comunicação previstos em legislação especial (art. 89.°).

Em todo o caso, deve entender-se que o princípio da equiparação consignado no art. 85.° do Código vale sob a condição de reciprocidade formulada no art. 14.°, n.° 2, do Código Civil, segundo o qual: «Não são, porém, reconhecidos aos estrangeiros os direitos que, sendo atribuídos pelo respectivo Estado aos seus nacionais, o não sejam aos portugueses em igualdade de circunstâncias».

Portanto, o reconhecimento de um direito a um trabalhador estrangeiro em Portugal supõe que, no caso de a sua legislação nacional reconhecer esse direito aos respectivos nacionais, o não recuse aos portugueses, quer por serem estrangeiros quer por serem portugueses.

Qual o sentido daquela norma?

Segundo se retira dos trabalhos preparatórios do Código Civil, visou-se através dela, fundamentalmente, *evitar a desigualdade do tratamento* concedido aos portugueses no estrangeiro.

Mediante a recusa aos estrangeiros dos direitos que, nos respectivos países de origem, forem negados aos portugueses que se encontrem em idênticas condições de facto, pretendeu-se dissuadir os Estados estrangeiros de adoptarem medidas discriminatórias contra os portugueses (ou os estrangeiros em geral); e assim influir, por via indirecta, no melhoramento das condições de vida dos cidadãos portugueses estabelecidos no estrangeiro[21].

Num país, como o nosso, que tem cerca de quatro milhões de cidadãos a viver e em grande parte a trabalhar no estrangeiro, não pode deixar de considerar-se esta norma da máxima relevância social e os objectivos que a inspiram inteiramente legítimos[22].

Seria, aliás, intolerável, num plano de política legislativa, que o nosso país não pudesse reagir às discriminações de que os portugueses são alvo em países estrangeiros; e a reciprocidade de facto, ou retaliação, é certamente um modo eficaz de combatê-las.

De notar ainda que no art. 282.º, n.º 1, do Código do Trabalho se consagra de novo o princípio da equiparação do trabalhador estrangeiro ao português, agora pelo que respeita à reparação dos danos emergentes de acidentes de trabalho. A regra é, em rigor, redundante, pois o mesmo princípio já consta do art. 87.º: os direitos a que este preceito alude compreendem necessariamente o de ser indemnizado dos danos sofridos em consequência de um acidente laboral.

5. Deveres de informação relativos à prestação de trabalho no estrangeiro

No art. 100.º consagra-se uma norma material de Direito Internacional Privado, que contempla os contratos de trabalho a executar no território de país estrangeiro por período superior a um mês.

Relativamente a esses contratos, estabelece-se que o empregador deve prestar ao trabalhador certas informações, por escrito e até à sua partida, no tocante à duração previsível do período de trabalho a prestar no

---

[21] Cfr. A. Ferrer Correia, «Direito Internacional Privado», *Boletim do Ministério da Justiça*, n.º 24, pp. 9 ss. (reproduzido em A. Ferrer Correia/F.A. Ferreira Pinto, *Direito Internacional Privado. Leis e projectos de leis. Convenções internacionais*, Coimbra, 1988, pp. 20 ss.).

[22] Apesar disso, têm-se suscitado dúvidas quanto à constitucionalidade do art. 14.º, n.º 2, do Código Civil. Sobre o tema, *vide* o parecer da Procuradoria-Geral da República n.º 65/82, de 22 de Julho de 1982, *in Boletim do Ministério da Justiça*, vol. 325 (1983), pp. 294 ss.; Jorge Miranda, *Manual de Direito Constitucional*, tomo III, 4ª ed., Coimbra, 1998, p. 152; Luís de Lima Pinheiro, *Direito Internacional Privado, vol. II*, 2ª ed., Coimbra, 2002, pp. 145 s.

estrangeiro, à moeda em que é efectuada a retribuição e o respectivo lugar de pagamento, às condições de eventual repatriamento e ao acesso a cuidados de saúde.

A aplicação desta disposição depende, consoante estabelece o n.º 1, de o contrato de trabalho ser regulado pela lei portuguesa.

6. Conselhos de empresa europeus e procedimentos de informação e consulta em empresas e grupos de empresas de dimensão comunitária

A sede legal desta matéria são os arts. 471.º e seguintes, que retomam o regime consagrado na Lei n.º 40/99, de 9 de Junho, mediante a qual foi transposta para a ordem jurídica interna a Directiva n.º 94/45/CE, do Conselho, de 22 de Setembro.

Nos termos do art. 471.º, n.º 1, os trabalhadores de empresas ou de grupos de empresas de dimensão comunitária — que o art. 472.º, n.º 1, define como as que empregam, pelo menos, mil trabalhadores nos Estados membros e cento e cinquenta trabalhadores em cada um de dois Estados membros diferentes — têm direito a informação e consulta, nos termos previstos em legislação especial.

Para o efeito, acrescenta o n.º 2, pode ser instituído um conselho de empresa europeu ou um procedimento de informação e consulta dos trabalhadores.

Embora a regulamentação do processo de negociações, dos acordos sobre informação e consulta e da instituição do conselho de empresa seja remetida no art. 464.º para legislação especial, o art. 471.º, n.º 3, estabelece uma norma que condiciona o âmbito espacial de aplicação de tal regulamentação.

Aí se dispõe: «O conselho de empresa europeu e o procedimento de informação e consulta abrangem todos os estabelecimentos da empresa de dimensão comunitária ou todas as empresas do grupo situados nos Estados--Membros, ainda que a sede principal e efectiva da administração esteja situada num Estado não membro».

Seja qual for o elemento de conexão adoptado na legislação que regulamentar o Código neste aspecto, a fim de delimitar o âmbito espacial de aplicação das disposições dela constantes que disciplinarem os conselhos de empresa europeus e os procedimentos de informação e consulta, tais disposições abrangerão, se bem cuidamos, todos os estabelecimentos da empresa sitos em Estados membros da União Europeia; e ainda, por força do disposto no art. 472.°, n.° 4, os que se situarem em Estados signatários do acordo sobre o Espaço Económico Europeu.

Nos termos do art. 6.°, n.° 1, da citada Lei n.° 40/99, aquele elemento de conexão é o lugar onde se situe a *direcção central* da empresa ou grupo de empresas, entendendo-se como tal, de acordo com o disposto no n.° 2 do art. 2.° do mesmo diploma, «a direcção da empresa de dimensão comunitária ou a direcção da empresa que exerce o controlo do grupo de empresas de dimensão comunitária» — definição que o art. 461.°, n.° 3, do Código do Trabalho retoma, embora reportada ao conceito de «administração».

Ora, no que diz respeito à regulação da vida das empresas os elementos de conexão acolhidos entre nós e no Direito Comunitário são a sede principal e efectiva da administração da pessoa colectiva e a sede estatutária: cfr. os arts. 33.° do Código Civil, 3.° do Código das Sociedades Comerciais e 3.°, n.° 1, 9.°, n.° 1, alínea *c)*, *ii)*, 15.°, n.° 1, e 63.° do Regulamento (CE) n.° 2157/2001, do Conselho, relativo ao estatuto da sociedade europeia[23].

Por força destas regras, uma empresa sedeada em Portugal e cuja administração funcione igualmente no nosso país poderá ficar simultaneamente sujeita às exigências do Direito societário português e às do Direito laboral (pelo menos em matéria de informação e consulta dos trabalhadores) de outro Estado membro da Comunidade Europeia, onde funcione, por exemplo, a empresa a cujo grupo a primeira pertence e que sobre ela exerce o controlo.

Temos dúvidas, nomeadamente sob o ponto de vista da unidade do ordenamento jurídico e da harmonia jurídica material, acerca da conveniência de semelhante resultado.

7. Balanço

Não pode, a respeito da regulamentação que o Código do Trabalho institui sobre questões de Direito Internacional Privado, falar-se de uma verdadeira reforma.

---

[23] Publicado no *Jornal Oficial das Comunidades Europeias*, n.° L 294, de 10 de Novembro de 2001, pp. 1 ss. O Regulamento é completado pela Directiva 2001/86/CE do Conselho, de 8 de Outubro de 2001 (publicada no *Jornal Oficial das Comunidades Europeias*, n.° L 294, pp. 22 ss.), no que respeita ao envolvimento dos trabalhadores nas actividades das sociedades anónimas europeias, a qual deve ser transposta para o Direito interno dos Estados membros da Comunidade o mais tardar até 8 de Outubro de 2004, data em que o Regulamento entrará em vigor.

No entanto, é inequívoco que essa regulamentação contém alguns traços inovadores, entre os quais se destacam a consagração de uma regra de conflitos autónoma em matéria de contrato individual de trabalho e a criação de um regime especial para o destacamento internacional de trabalhadores contratados por empresas estabelecidas em Portugal.

A primeira destas inovações corresponde a uma opção que tem sido seguida em outros sistemas jurídicos, como, por exemplo, o alemão, e que deve ser tida por legítima à luz do Direito Internacional.

A circunstância de a regra constante do art. 6.º do Código ter um teor parcialmente divergente da que lhe corresponde na Convenção de Roma, que sobre ela prevalece, poderá, decerto, suscitar algumas dificuldades — que aqui procurámos equacionar e resolver — na sua aplicação pelos tribunais.

Mas não pode deixar de considerar-se muito significativa, nomeadamente pela abertura que representa à cooperação com outros Estados na disciplina das relações laborais com carácter internacional, a possibilidade consignada no art. 6.º do Código — a despeito da reserva formulada pelo Estado português relativamente ao art. 7.º, n.º 1, da Convenção de Roma — de ser dada prevalência na regulação do contrato individual de trabalho a normas imperativas de uma lei diversa da *lex contractus*, vigente num Estado que possua com o contrato uma conexão estreita.

O CONTRATO DE TRABALHO A TERMO OU A TAPEÇARIA DE PENÉLOPE?

JÚLIO GOMES

> SUMÁRIO: 1. A evolução recente do contrato a termo no espaço comunitário 2. A Directiva 99/70/CE de 28 de Junho de 1999 sobre contrato a termo 3. A evolução recente em Portugal no plano legislativo: o Decreto--Lei n.º 64-A/89 4. A Lei n.º 18/2001 5. O projecto de Código de Trabalho.

Referindo-se à situação legislativa em França, em matéria de contrato a termo, CLAUDE ROY-LOUSTAUNAU caracterizou-a como sendo "uma verdadeira tapeçaria de Penélope"[1]. Ainda que poderosa e evocativa, a imagem não deixa de se revelar também algo imprecisa: Penélope, esperando ansiosamente pelo regresso de Ulisses e no intuito de ganhar tempo, desfazia intencionalmente de noite o que fizera de dia. Ora, estamos em crer que tal intenção não poderá ser imputada nem ao legislador francês, nem ao de outros ordenamentos em que, como sucedeu também entre nós, o contrato a termo sofreu uma evolução em ziguezague e apresenta no seu regime traços quase conflituantes. Como adiante veremos, o estado da matéria parece antes ficar a dever-se a um excesso de ambição dos vários legisladores, que procuraram solucionar com o mesmo instrumento problemas muito diversos entre si, à custa da coerência interna do regime do contrato a termo, e que o transformaram num expediente politicamente cómodo para, sem tocar formalmente nas regras de cessação do contrato de trabalho, introduzir ou intensificar uma segmentação do contrato de trabalho.

---

[1] CLAUDE ROY-LOUSTAUNAU, *Une avancée insuffisante en matière de contrat à durée déterminée (loi du 3 janvier 2003)*, Droit Social, 2003, págs. 265 segs., pág. 265.

É à evolução recente e anunciada do contrato a termo — a realizada pela Lei 18/2001 e a anunciada pelo Código que se avizinha — que dedicaremos este estudo, tendo como pano de fundo a Directiva sobre o contrato a termo, a Directiva 1999/70 do Conselho, de 28 de Junho de 1999, respeitante ao acordo-quadro CES, UNICE e CEEP relativo a contratos de trabalho a termo[2].

1. Antes ainda de proceder à análise da referida Directiva, convirá referir, em traços necessariamente gerais, a evolução a que o contrato a termo tem estado sujeito na maior parte dos ordenamentos dos Estados-Membros da Comunidade. Ainda que haja a este propósito uma grande diversidade de soluções — o que não surpreende, pois, como faz notar YASUO SUWA[3], decidir da regulamentação do contrato a termo é uma das questões mais delicadas num país industrializado e implica encontrar um ponto de equilíbrio sempre efémero entre o que se convencionou designar por flexibilidade e por segurança no emprego — e se pudessem encontrar ao lado de países que, antes da Directiva, não tinham qualquer regulamentação legal específica do contrato a termo (como era o caso do Reino Unido, da Irlanda e da Dinamarca[4]), outros com uma regulamentação bastante detalhada e restritiva — por exemplo, a Itália ou a Noruega — parece poder identificar-se alguns aspectos comuns àquela evolução.

Como destaca RICARDO MORÓN PRIETO[5], de 1945 a 1973, generalizou-se, na Europa continental, uma situação de emprego estável, que gerou a relação laboral *standard*, ou padrão, de trabalho dependente

---

[2] Publicada no JOCE L175/43 de 10.7.1999.

[3] YASUO SUWA, *How to regulate the Fixed-term Work: A Trade-off Relationship in Employment*, The International Journal of Comparative Labour Law and Industrial Relations, 1999, págs.175 segs., pág.175.

[4] Sobre a situação legal neste país, anteriormente à Directiva, cfr. ANN HUMHAUSER-HENNING, *Fixed-term Work in Nordic Labour Law*, International Journal of Comparative Labour Law and Industrial Relations, 2002, págs. 429 e segs., pág. 449, que destaca que "(e)m princípio a Dinamarca — em contraste com os outros países nórdicos — representa um sistema legal que não contempla normas específicas para o contrato a termo, nem quaisquer restrições legais ao uso de contratados a termo".

[5] RICARDO MORÓN PRIETO, *La Regulación Comunitaria de la Contratación Temporal (Comentario a la Directiva 1999/70/CE del Consejo, de 28 de junio de 1999, relativa al Acuerdo Marco de la CES, la UNICE y el CEEP sobre el trabajo de duración determinada)*, Temas Laborales, Revista Andaluza de Trabajo y Bienestar Social 55, 2000, págs. 131 e segs., pág. 133.

prestado para um único empregador, em regime de tempo completo e por tempo indeterminado.

É a partir de 1973, e do início da famigerada crise do Direito do Trabalho, que o contrato de trabalho a termo se expande, apresentando-se como um instrumento alternativo ao emprego estável e deixando de ser um fenómeno específico e pontual. Pode, pois, dizer-se que um dos traços característicos da evolução do contrato a termo foi precisamente este, o seu carácter expansivo e o incremento da sua utilização. Contudo, ainda que esta expansão seja um fenómeno quase universal, tratou-se de um fenómeno muito desigual, desigualdade esta visível, não apenas de país para país, mas até dentro da mesma economia nacional, de sector para sector ou, até, de empresa para empresa. Para se ter uma ideia da desigualdade existente entre vários países membros da União, as taxas de contratação a termo oscilavam, em 1998, entre 2,9%, no Luxemburgo, e 8% na Áustria e na Bélgica e 32,9% em Espanha[6]. Outro elemento comum, na evolução do contrato a termo, na Europa, é o que diz respeito à sua muito desigual distribuição por idades e em função da qualificação profissional. O contrato a termo afecta, de maneira muito marcada, os jovens, até porque se foi transformando num "instrumento primordial para regulamentar a aproximação e a entrada no mercado de trabalho"[7]. Além disso, e embora o contrato a termo não se restrinja, de modo algum, aos trabalhadores manuais e ao trabalho não qualificado, a verdade é que estes segmentos de trabalhadores parecem estar sobre-representados.

Por detrás destes aspectos, tendencialmente comuns, esconde-se, contudo, uma realidade muito diversificada, em razão, desde logo, das diferentes estratégias adoptadas pelos legisladores nacionais. O que se verificou foi que, em vários dos Estados-Membros, o contrato a termo foi utilizado, não apenas para fazer face a necessidades temporárias de mão--de-obra, começando, desde logo, por aquelas actividades de carácter sazonal, mas também como modo de criação de emprego, no quadro de uma política de promoção do emprego. Vários países europeus continentais permitem a contratação a termo de desempregados e de trabalhadores à procura de primeiro emprego ou, ainda, de idosos e de deficientes[8]. O contrato a termo acabou por, na prática, converter-se em

---

[6] *Cit apud* MORÓN PRIETO, *ob. cit*, pág. 135.
[7] MORÓN PRIETO, *ob.cit.*, pág. 134.
[8] Assim em Espanha, onde é possível a contratação a termo de deficientes; sobre o tema, cfr. TOMÁS SALA FRANCO, JUAN RAMÍREZ MARTINEZ, CARLOS ALFONSO MELLADO y

mecanismo de inserção no mercado de trabalho, processo de selecção de trabalhadores e modo de emprego sucedâneo do emprego estável.

É inegável que há aspectos particularmente preocupantes, no panorama da contratação a termo, em alguns países europeus. Em primeiro lugar, porque existem sectores económicos em que o contrato a termo, de algum modo, se concentra: alguns desses segmentos são caracterizados por um elevado nível de trabalho sazonal, como sucede na agricultura, na hotelaria e na construção civil. Contudo, o contrato a termo aparece também, de modo muito significativo, na administração pública e no sector de serviços a empresas, não faltando quem relacione a sua expansão com a terciarização da economia[9]. A elevada percentagem de contratos a termo, nestes sectores é, só por si, um indício de que uma parte da contratação a termo é, de facto, utilizada para fazer face a necessidades permanentes de mão-de-obra, isto é, para satisfazer tarefas ou funções de carácter permanente. No entanto, talvez o aspecto mais preocupante seja o do nível de permanência dos trabalhadores, na situação de contrato a termo. Assiste-se, por vezes, a uma genuína espiral de contratação a termo, em que o mesmo trabalhador é contratado sucessivamente a termo, com fundamentos formalmente diferentes, pela mesma empresa, ou é contratado a termo alternadamente, por empresas do mesmo grupo. Trata-se do que MORÓN PRIETO apelida de "substituição do emprego estável por contratos a termo e efeito rotação", ou seja, a permanência da situação de contratado a termo, de um trabalhador, vinculado a uma mesma empresa (pelo menos, a uma mesma empresa, em sentido económico) por vários contratos sucessivos, para a realização das mesmas tarefas, ou de tarefas ligeiramente distintas.

Sob o manto da invocação da flexibilidade, os custos sociais destas práticas têm permanecido, em grande medida, ignorados: desde logo, estes contratos sucessivos são, frequentemente, entrecortados por períodos de desemprego, onerando significativamente os sistemas públicos de Segurança Social. Por outro lado, a circunstância de que os contratados a

---

ÁNGEL BLASCO PELLICER, *La contratación temporal: un pacto posible*, Actualidad Laboral, Suplemento, crónica XIX, 2001, págs. 325 e segs., pág.325.

[9] PAOLO BARBIERI, *Il Lavoro a Termine nella recente esperienza italiana: uno sguardo sociologico e alcune considerazioni in proposito*, in Il Nuovo Lavoro a Termine, a cura di Marco Biagi, Giuffrè, Milano, 2002, págs. 21 e segs., pág. 24: "a rápida terciarização da economia favorece a flexibilização das relações de emprego, em consequência da natureza menos standardizável e mais precária dos serviços relativamente às tradicionais actividades industriais".

termo são, em grande percentagem, trabalhadores não qualificados, gera um círculo vicioso, que propicia a espiral da contratação a termo: porque são contratados a termo, e o custo da desvinculação é menor, serão os primeiros a ser sacrificados, quando houver necessidade de reduções de mão-de-obra; mas, por isso mesmo, uma empresa sentir-se-á menos estimulada a investir na formação profissional desses trabalhadores, que sente como "mais flutuantes". Menos qualificados, e beneficiando de menor investimento na sua formação profissional, tais trabalhadores continuarão a ser os menos qualificados, mantendo-se, assim, a referida espiral. Torna-se, também, quase desnecessário sublinhar que a precariedade, a incerteza acrescida quanto à duração e subsistência da relação laboral, se traduz, ela própria, num factor de instabilidade económica e psicológica. Tal instabilidade tem sido apontada, por alguns autores, como um factor que mina, ou de algum modo compromete, a produtividade, ao ponto de não ter sido demonstrada aquela afirmação, tão frequentemente esgrimida, segundo a qual facilitar o contrato a termo, ao aumentar a flexibilidade do mercado de trabalho, contribui para um aumento da eficiência ou da produtividade[10]. Bem pelo contrário, não falta quem denuncie, como ilusória e aparente, esta pretensa evidência: sirvam de exemplo as palavras de YASUO SUWA[11], segundo as quais uma instabilidade prolongada no

---

[10] TOMÁS SALA FRANCO, JUAN RAMÍREZ MARTINEZ, CARLOS ALFONSO MELLADO y ÁNGEL BLASCO PELLICER, *La contratación temporal: un pacto posible*, Actualidad Laboral, Suplemento, crónica XIX, 2001, págs. 325 e segs., pág. 326, consideram ser patente que uma contratação laboral excessivamente temporária a todos prejudica: à Segurança Social, porque o incremento da despesa, nas prestações por desemprego, derivado da rotação de trabalhadores a termo, pressiona fortemente o financiamento do sistema; aos próprios trabalhadores, cuja situação de instabilidade laboral se repercuta na sua vida pessoal e familiar, impossibilitando uma planificação mínima da mesma; à segurança e à saúde, atendendo às altas taxas de sinistralidade que acompanham a precariedade. Prejudicados são tanto os sindicatos, em número de filiados (já que os trabalhadores a termo se filiam pouco), como as empresas, em termos de competitividade (pensa-se no *dumping* social existente entre empresas com pessoal fixo e custos sociais elevados, directos ou indirectos, e empresas jovens). Verificam-se custos elevados para as empresas, também, em termos de formação profissional (impossível ou mais onerosa por causa da rotação) e em termos de espírito de empresa, por vezes necessário e impossível de atingir com contratados a termo. Finalmente há também consequências gravosas em termos macro-económicos, a saber, a redução da procura agregada de bens e serviços.

[11] YASUO SUWA, *ob. cit.*, pág. 175: "intermittent and incoherent employment practices do not give much to worker's career development, since people learn many matters from jobs they continue to engage in for a certain period thereby accumulating knowledge, experiences and core skills necessary for a better performance".

emprego acarreta a desmoralização da força de trabalho e prejudica a formação profissional, bem como as de KLAUS SCHÖMANN, RALF ROGOWSKI e THOMAS KRUPPE[12], segundo as quais a análise dos dados macro económicos disponíveis e da distribuição do contrato a termo, por sectores de indústria, indica que a redução da protecção no emprego, designadamente obtida através da generalização ou facilitação do contrato a termo, tem efeitos negativos na produtividade, pelo menos nos sectores económicos de crescimento rápido.

Acresce que o contrato a termo tem contribuído fortemente para a segmentação crescente do mercado de trabalho. Em vários países — embora este não seja, já, um fenómeno universal e não pareça abranger, por exemplo, o nosso país — tem-se verificado um predomínio do sexo feminino na contratação a termo, sendo que o regime menos favorável a que os contratados a termo são sujeitos, na prática, por exemplo em matéria retributiva, constitui uma forma de discriminação. Também se tem apontado uma maior taxa de sinistralidade laboral nos contratados a termo e a circunstância de que os contratados a termo não são representados adequadamente pelos mecanismos de representação colectiva[13], sobretudo sindical.

De toda esta evolução, parece poderem colher-se vários ensinamentos que, aliás, terão estado na base das soluções encontradas no acordo-quadro. Em primeiro lugar, a constatação de que o perigo genuíno do contrato a termo está na circunstância de se poder tornar numa armadilha, da qual não se sai, através da já referida espiral. Em suma, é sobretudo o perigo de sucessivas e fraudulentas utilizações do contrato a termo, que preocupa, hoje, os legisladores. Em contrapartida, o facto de que, hoje, comummente, se entra[14] no (ou se sai do...) mercado de

---

[12] KLAUS SCHÖMANN, RALF ROGOWSKI e THOMAS KRUPPE, *Labour Market Efficiency in the European Union, Employment protection and fixed-term contracts*, Routledge, London e New York, 1998, pág. 165: "the reviews of industry and occupation distributions (...) and macro-economic evidence (...) indeed indicate such negative effects on productivity, at least in industrial sectors with rapid growth and high productivity".

[13] Cfr., por todos, RENATA ALTAVILLA, *I Contratti a Termine nel Mercato Differenziato*, Giuffrè, Milano, 2001, pág. 209, que observa a este respeito que "(o)s trabalhadores contratados a termo são certamente titulares de interesses típicos conexos com o carácter temporário da relação, o qual impõe um certo grau de sujeição psicológica no confronto do empregador e face à perspectiva da eventual renovação do contrato ou de sucessivos contratos a termo". Em suma, trata-se de interesses que dificilmente encontram uma significativa agregação e que dificilmente podem ser representados eficazmente pelos mecanismos tradicionais de representação colectiva.

[14] KLAUS SCHÖMANN, RALF ROGOWSKI e THOMAS KRUPPE, *ob. cit.*, pág. 164: "fixed-term contracts function as "ports of entry" to labour markets".

trabalho, através de um contrato a termo, não parece ser um motivo de preocupação, tendo vários ordenamentos europeus assumido, abertamente, a possibilidade de se celebrar um contrato a termo, com fins experimentais, possibilidade que, aliás, é até vantajosa para os trabalhadores[15]. Um outro ensinamento que se pode retirar da rica e diversificada experiência legislativa europeia, na matéria, é o de que a enunciação taxativa de causas de contratação a termo não constituiu um método eficaz para conter o volume dessa contratação, como o demonstra o caso espanhol. Como fez notar CHRISTOPHE VIGNEAU[16], as causas normalmente referidas no elenco legal, tendem a sobrepor-se, a serem dificilmente distinguíveis[17] e apresentam, por vezes, um nível de generalidade que torna o controlo judicial muito delicado, ou mesmo ilusório.

2. É com este *background* que surge a Directiva sobre contrato a termo. Como veremos, trata-se de uma Directiva que tem como objectivo a aplicação de um acordo quadro, de conteúdo muito modesto. A própria Directiva é composta por quatro artigos, a que se segue, em Anexo, o referido acordo-quadro. Este, por seu turno, é composto de um Preâmbulo,

---

[15] CHRISTOPHE VIGNEAU, *Legal Restrictions on Fixed-term Work in EU Member States*, in Fixed-term Work in the EU, A European agreement against discrimination and abuse, Saltsa, National Institute for Working Life (Arbetslivsinstitutet), Stockolm, 1999, págs. 185 e segs., pág. 188. Na Suécia em 1996 permitiu-se a contratação a termo por curta duração sem necessidade de uma justificação específica. Os empregadores podem contratar a termo sem necessidade de um motivo específico por doze meses e em certos casos dezoito num período de três anos. Contudo, o contrato a termo não deve ter neste caso uma duração inferior a um mês e o empregador não pode ter mais de cinco trabalhadores nestas condições. Também na Alemanha em 1985 a lei alemã para a promoção do emprego (Beschäftigungsförderungsgesetz) veio permitir a contratação a termo sem necessidade de motivo ainda que com uma duração máxima e sem possibilidade de renovação. Esta possibilidade foi mantida pela nova lei alemã sobre contrato a termo.

[16] CHRISTOPHE VIGNEAU, *ob. cit.*, págs. 185 e segs. Na opinião do autor uma lista legal detalhada dos motivos da contratação a termo nem sempre funciona como um desincentivo para a contratação a termo e pode dificultar a verificação da realidade do motivo indicado. Além disso esta limitação de casos não conduz automaticamente (*ob. cit.*, págs. 188-189) a uma menor taxa de contratação a termo. Para uma crítica, entre nós, ao princípio da taxatividade dos motivos da contratação a termo, cfr. PEDRO ORTINS DE BETTECOURT, Erasmos Editora, Amamdora, 1996, págs. 116 e segs.

[17] No mesmo sentido pronuncia-se CLAUDE ROY-LOUSTAUNAU, *La lutte contre la précarité des emplois: une réforme du CDD, discrète mais non sans importance*, Droit Social 2002, págs. 304 e segs., pág. 311, para quem é delicado distinguir entre motivos legalmente previstos, mas que não são totalmente estanques: "il est malaisé de choisir entre l'embauche nécessitée par "un surcroît temporaire d'activité" et une "pointe saisonnière"

seguido de "Considerações Gerais" (mais concretamente doze considerações gerais[18]) e, finalmente, de oito artigos que integram o conteúdo do acordo propriamente dito. A própria estrutura do acordo tem suscitado algumas questões, designadamente a de saber que valor hermenêutico atribuir às considerações gerais, e se estas poderão ser encaradas como tendo um significado igualmente preambular. Os objectivos do acordo--quadro vêm expressos no seu artigo primeiro: trata-se tanto de "melhorar a qualidade do trabalho sujeito a contrato a termo garantindo a aplicação do princípio da não-discriminação" (alínea a), como "estabelecer um quadro para evitar os abusos decorrentes da utilização de sucessivos contratos de trabalho ou relações laborais a termo" (alínea b). A preocupação em evitar a discriminação dos trabalhadores contratados a termo é de particular importância, sobretudo num contexto caracterizado pela predominância, em vários países, do sexo feminino nos contratados a termo.

Por outro lado, o acordo parece preocupar-se, sobretudo, com os abusos decorrentes da celebração de contratos a termo sucessivos, isto é, com o fenómeno que apelidamos de "espiral da contratação a termo": que é essa a preocupação essencial, resulta tanto da já citada alínea b) do artigo primeiro, como das palavras iniciais do n.1 do artigo 5.º: "para evitar os abusos decorrentes da conclusão de sucessivos contratos de trabalho ou relações laborais a termo…". Parece, assim, poder afirmar-se, com relativa segurança, que a Directiva não configura o contrato de trabalho a termo propriamente dito, como um perigo. Bem ao invés, afirma-se, nas Considerações Gerais (consideração n.º 8), que "os contratos a termo constituem uma característica do emprego em certos sectores, ocupações e actividades, podendo ser da conveniência tanto dos empregadores como dos trabalhadores". A premissa fundamental de que a Directiva parte, parece ser a de que o perigo a exorcizar é o da renovação, sem restrições, do contrato a termo, e não tanto a contratação a termo, inicial, desde que se assegure a igualdade de tratamento com os trabalhadores por tempo indeterminado, isto é, com os trabalhadores permanentes, em situação comparável. Esta perspectiva foi denunciada por MANFRED

---

[18] Como observa JOSÉ FERNANDO LOUSADA AROCHENA, *La Directiva 70/99/CE, de 28 de junio, para aplicar el Acuerdo Marco sobre trabajo de duración determinada, y su incidência en el Derecho español interno*, Revista Española de Derecho del Trabajo, n.º 102, 2000, págs.413 segs., pág. 415, misturam-se, nas considerações, os fundamentos normativos da actuação comunitária e a sua oportunidade, bem como os trâmites de elaboração da Directiva.

WEISS[19] como ingénua, mas parece-nos ser, efectivamente, a que subjaz ao acordo-quadro.

Contudo, importa reconhecer que se poderia ser tentado a ir mais além, face às considerações gerais 6 e 7, em que se afirma, respectivamente, que "os contratos de trabalho de duração indeterminada constituem a forma comum da relação laboral, contribuindo para a qualidade de vida dos trabalhadores e a melhoria do seu desempenho" e "a utilização de contratos a termo, com base em razões objectivas, constitui uma forma de evitar abusos"[20]. Da afirmação de que os contratos de trabalho por tempo indeterminado são a forma comum da relação laboral, será possível, porventura, retirar a ilação de que as partes signatárias do acordo não pretenderam colocar o contrato a termo ao mesmo nível que o contrato de trabalho por tempo indeterminado, e continuaram a defender a perspectiva, tradicional na Europa continental, de que os contratos de trabalho por tempo indeterminado e a termo não são inteiramente fungíveis entre si. Sublinhe-se, no entanto, que não falta quem interprete esta consideração como um mero reconhecimento estatístico da predominância do contrato de trabalho por tempo indeterminado[21], sem lhe atribuir

---

[19] MANFRED WEISS, *The Framework Agreement on Fixed-term Work: a German Point of View*, The International Journal of Comparative Labour Law and Industrial Relations, 1999, vol. 15, págs. 97 e segs., pág. 103: "Esta perspectiva ingénua ignora, no entanto, os constrangimentos de facto a que o contratado a termo está sujeito: o medo permanente de ficar sem emprego com a caducidade do seu contrato e a incapacidade de desenvolver uma perspectiva de vida. Não há apenas uma necessidade de flexibilidade, há também uma necessidade de segurança no emprego".

[20] Não deixa, contudo, de ser significativo que estas afirmações de princípio apareçam apenas nas considerações gerais, ou seja naquilo que MICHELE TIRABOSCHI, *La recente evoluzione della disciplina in materia di lavoro a termine: osservazioni sul caso italiano in una prospettiva europea e comparata*, in Il Nuovo Lavoro a Termine, a cura di Marco Biagi, Giuffrè, Milano, 2002, págs. 41 e segs., pág. 51, designa como o "preâmbulo político" da Directiva. Ora, tal circunstância não pode deixar de reflectir-se (negativamente) na sua importância em sede hermenêutica. Como a própria CES reconheceu (*cit apud* TIRABOSCHI, *ob. cit.*, pág. 51, n. 38, ainda que o preâmbulo e as considerações gerais tenham importância política e possam influenciar o processo de transposição e auxiliar na solução de questões interpretativas, a verdade é que não têm o mesmo peso jurídico que a componente essencial do acordo ("do not have the same legal weight as the main part of the agreement").

[21] Assim, embora se trate de uma posição claramente minoritária, GIUSEPPE SANTORO PASSARELLI, *Note Preliminari sulla Nuova Disciplina del Contratto a Tempo Determinato*, Argomenti di Diritto del Lavoro 2002, págs. 177 e segs., pág. 177, para quem a afirmação nas considerações gerais preliminares da Directiva de que o contrato de trabalho por tempo indeterminado representa a forma comum de relação de trabalho

qualquer intenção normativa ou preceptiva. Por outro lado, parece-nos que a Directiva não tem como objectivo — ao contrário da Directiva sobre trabalho a tempo parcial — estimular ou incentivar o recurso a esta forma de contratação[22], ainda que reconheçamos que a consideração n.º 7 não parece ter tido muitas repercussões no texto do acordo-quadro — no art. 5.º, apenas se refere como uma das medidas que os Estados-Membros deverão introduzir, a exigência de "razões objectivas que justifiquem a renovação dos supra mencionados contratos ou relações laborais", sem nunca mencionar a exigência de razões objectivas para o contrato a termo inicial.

Da referência à utilização dos contratos a termo "com base em razões objectivas" já se procurou também — designadamente na vizinha Espanha — concluir pela incompatibilidade com a Directiva dos contratos a termo que se fundam apenas em razões de promoção do emprego (entre nós, os contratos celebrados com desempregados de longa duração e os trabalhadores à procura de primeiro emprego), mas parece-nos que tal interpretação peca por excessivo arrojo e tem uma base muito ténue (e quanto a nós insuficiente) no teor da Directiva.

---

não pretende traduzir qualquer juízo de desvalor, mas indica apenas a forma organizativa da qual comummente se socorre o empregador.

[22] Trata-se de um aspecto destacado, entre outros, por GABRIELE FRANZA, *La direttiva comunitaria 99/70/CE*, in *Il Contratto di Lavoro a Tempo Determinato nel D.LGS. 6 Settembre 2001, N. 368*, dirigido por Giancarlo Perone, G. Giappichelli Editore, Torino, 2002, págs. 13 e segs., pág. 18. Também ROBERTA NUNIN, *L'accordo quadro del marzo 1999 e la direttiva n. 99/70/CE sul lavoro a tempo determinato: profili regolativi ed obblighi di conformazione per l'Italia*, in La nuova disciplina del lavoro a termine, D. Lgs. n. 368/2001, a cura di Luigi Menghini, IPSOA, Milano, 2002, págs. 39 e segs., pág. 53, defende que uma leitura atenta, tanto das considerações gerais, como das cláusulas do acordo quadro, permite concluir que não é possível sustentar seriamente que o objectivo da Directiva seja incentivar ou difundir o trabalho a termo. Cfr., ainda, BRIAN BERCUSSON/ /NIKLAS BRUUN, *The Agreement on Fixed-Term Work — a First Analysis*, in Fixed-Term Work in the EU, A European agreement against discrimination and abuse, Saltsa, National Institute for Working Life Arbetslivsinstitutet, Stockholm, 1999, págs. 51 e segs., pág. 88: "the fixed-term work agreement's purpose of improving the quality of fixed-term work does not aim to facilitate the development of this type of work". A Directiva tem sido, todavia, criticada porque tenderia a "normalizar" o contrato a termo — sirvam de exemplo as palavras de ROGER BLANPAIN, *The European Agreement on Fixed-term Contracts and Belgian Law*, The International Journal of Comparative Labour Law and Industrial Relations, 1999, págs. 85 e segs., pág. 85, "(t)he so-called atypical agreements have become typical", e as de JILL MURRAY, *Normalising Temporary Work, The Proposed Directive on Fixed-Time Work*, Industrial Law Journal 1999, vol. 28, págs. 269 e segs., pág. 273, "the regulatory effect of the Agreement, which is to normalise this form of atypical work".

O juízo, quase universal, que esta Directiva tem merecido, tanto à doutrina que sobre ela se tem pronunciado, como, *inclusive*, a Instituições comunitárias[23], tem sido globalmente negativo[24]. Trata-se, desde logo, de uma Directiva que exclui qualquer referência à segurança social e que regulamenta o contrato a termo sem pretender, simultaneamente, abranger o trabalho temporário[25]. Este último ponto é, no entanto, controvertido, já

---

[23] Como destaca MICHELE TIRABOSCHI, *ob. cit.*, pág. 49, a modéstia, a extrema fragilidade do texto adoptado pelas partes sociais foi posta em evidência não apenas pelos observadores mais cépticos, mas até pelo Parlamento Europeu. Na relação de 30 de Abril de 1999 sobre a proposta de directiva do Conselho relativa ao Acordo-quadro sobre trabalho a tempo determinado, o Parlamento Europeu notou que o acordo admitia que os trabalhadores a tempo determinado pudessem ser tratados de modo menos favorável relativamente aos trabalhadores indeterminados na presença de motivações objectivas, sem contudo as definir; nota o facto de que o acordo entre as partes sociais apenas se refere ao contrato a tempo determinado e não inclui, por exemplo, o trabalho temporário; sublinha o facto de que o acordo se estende apenas às condições de trabalho e deixa de fora a segurança social; critica o facto de que o acordo disciplina a sucessão de contratos de trabalho a tempo determinado, sem contudo pôr limites ou condições à estipulação inicial do contrato a termo; lamenta o carácter não vinculante da norma que pretende evitar o abuso resultante de uma sucessão de trabalhos ou de contratos; evidencia o facto de que o acordo não fixa um requisito mínimo europeu uniforme para a sucessão de contratos de trabalho por tempo determinado.

[24] Para MICHELE TIRABOSCHI, *ob. cit.*, pág. 63, a directiva 99/70/CE representa de facto uma notável involução relativamente às propostas originais da Comissão. Mas para lá do conteúdo preceptivo escasso tratar-se-ia de "uma regulamentação pensada com técnicas do inicio dos anos 80, antes que se verificasse o processo de fragmentação das hipóteses legitimas de aposição de termo em favor da promoção do emprego".

[25] Para RICARDO MORÓN PRIETO, *ob. cit.*, pág. 151, impunha-se uma regulamentação conjunta do contrato a termo e do trabalho temporário, ainda que reconhecendo as especificidades do mercado das empresas de trabalho temporário. Também, como observa MICHELE TIRABOSCHI, *Formazione*, in Il Nuovo Lavoro a Termine, a cura di Marco Biagi, Giuffrè, Milano, 2002, págs. 193 e segs., pág. 196, não faz sentido regulamentar o trabalho a termo separadamente do trabalho temporário e, por exemplo, proibir a trabalhadores temporários o desempenho de certas actividades perigosas e permiti-las quando o trabalhador for directamente contratado a termo. Também BRIAN BERCUSSON e NIKLAS BRUUN, *The Agreement on Fixed-Term Work — a First Analysis*, in Fixed-Term Work in the EU, Arbetslivsinstitutet, Stockholm, 1999, págs. 51 e segs., pág. 75, criticam esta omissão da Directiva: "european regulation should cover both categories of fixed-term work, not artificially separate out agency work". Diferente é a posição assumida por RENATA ALTAVILLA, *ob. cit.*, pág. 22, para quem a disciplina do trabalho temporário e a do contrato a termo "entrecruzam-se, mas não se sobrepõem, mesmo na hipótese em que o contrato de trabalho entre a ETT e o trabalhador seja celebrado a termo". Muito embora a regulamentação do contrato a termo tenha tido alguma influência sobre a disciplina do trabalho temporário, este último tem uma função específica e

que o trabalho temporário não representa um equivalente funcional perfeito para o contrato a termo.

A verdade é que a Directiva sobre contrato a termo teve, sobretudo, impacto nos Estados-Membros onde, anteriormente à sua entrada em vigor, não existia qualquer regulamentação específica deste tipo contratual: era, como já se disse, o caso do Reino Unido, da República da Irlanda e da Dinamarca. O efeito reduzido, nos outros países, resulta de uma combinação de factores: por um lado, e quanto ao seu âmbito de aplicação, o acordo-quadro remete a definição de trabalhador contratado a termo ou parte numa relação laboral, à lei, convenção colectiva ou prática vigente, em cada Estado-Membro, permitindo ainda a exclusão, do âmbito de aplicação do acordo, se os Estados-Membros, após consulta dos parceiros sociais, ou os próprios parceiros sociais, assim decidirem, não só a relações de formação e de aprendizagem, mas também a "contratos e relações de trabalho estabelecidos no âmbito de um programa específico, público ou que beneficie de comparticipação de carácter público, de formação, integração ou reconversão profissional" (art. 2.º, alínea b)[26]. No que respeita ao princípio da não discriminação dos contratados a termo face aos trabalhadores permanentes em situação comparável, princípio que se diria representar um das mais importantes aspectos da Directiva, o art. 4.º vem, afinal, permitir que razões objectivas (que não define) justifiquem um tratamento diferente. O art. 4.º, n.º 4 reitera, aliás, que razões objectivas podem justificar a existência de diferentes períodos de qualificação de serviço, entre os contratados e termo e sem termo. Quanto às disposições para evitar abusos "decorrentes da conclusão de sucessivos contratos de trabalho ou relações laborais a termo e sempre que não existam medidas legais equivalentes para a sua prevenção", prevê-se a introdução, pelos Estados-Membros, de uma ou várias das seguintes medidas: razões objectivas que justifiquem a renovação; duração máxima total dos sucessivos contratos de trabalho ou de relações laborais a termo; número máximo de renovações dos contratos ou relações laborais a termo.

---

regras próprias que justificam a plena autonomia da *fattispecie*. A empresa que utiliza trabalho temporário não tem o mesmo tipo de exigências que está na base da contratação a termo: "se assim não fosse não se compreenderia por que é que a empresa utilizadora aceita suportar os maiores custos que a relação com a ETT acarreta". A função do trabalho temporário não estaria tanto na satisfação de necessidades efémeras do utilizador, como na "legítima dissociação entre organização da empresa e gestão da relação" (*ob. cit.*, pág. 24).

[26] MANFRED WEISS, *ob. cit.*, pág. 102, observa, a este respeito, que o acordo-quadro deixa praticamente tudo em aberto aos Estados.

Como se vê, apenas se impõe, aos Estados-Membros, a adopção de uma destas medidas; torna-se quase desnecessário sublinhar o carácter pouco ambicioso da norma, tanto mais que muitos dos Estados-Membros tinham já, antes da Directiva, incorporado na sua legislação, pelo menos, uma destas medidas, e não hesitamos em afirmar que um número significativo adoptara, *inclusive*, mais do que uma destas medidas.

Era essa, precisamente, a situação legislativa em Portugal, já que o Dec-Lei n.º 64-A/89, de 27 de Fevereiro, contém, tanto um limite ao número máximo de renovações dos contratos a termo, como a exigência de que se mantenham as razões objectivas que justifiquem a renovação dos contratos, ainda que tais renovações possam ser tácitas[27]. A exigência colocada, neste domínio, pela Directiva, é tanto mais pobre quanto um Estado-Membro poderia, no limite, satisfazê-la, estabelecendo, por exemplo, que a duração máxima dos sucessivos contratos de trabalho a termo não poderia ultrapassar os vinte anos, ou que o número máximo de renovações de contratos a termo não poderia exceder as cinquenta. Repare-se, também, que nos termos do art. 5.º n.º 2 lo acordo-quadro, serão os Estados-Membros e/ou os parceiros sociais a definir em que condições é que os contratos de trabalho devem ser considerados sucessivos ou celebrados sem termo. Face a todo o exposto, não é sequer de surpreender que se tenha assistido, em algumas legislações, como é o caso, por exemplo, da italiana, a um desmantelamento, posterior à Directiva, do aparelho legislativo protector, em matéria de contrato a termo. Ainda que o art. 8.º n.º 3 do acordo contenha uma cláusula genérica de não recuo — "da aplicação deste acordo não poderá resultar um motivo válido para diminuir o nível geral de protecção dos trabalhadores para efeitos do presente acordo"[28] — a verdade é que existe, aqui, um perigo genuíno de uma *race to the bottom*.

---

[27] Parece-nos, efectivamente, que as razões para a contratação a termo não terão que ser enunciadas ou repetidas aquando da renovação, a qual será, aliás, comummente tácita, mas tais razões deverão manter-se para que a renovação seja válida (caso contrário, o contrato passará a valer como contrato sem termo). Em França, a Cour de cassation (soc.) pronunciou-se, em Acórdão de 1 de Fevereiro de 2000, (Sté Servair c/M. Piron du Pérou, arrêt n.º 668 P) no sentido de que, tratando-se de um contrato a termo que tenha sido renovado, importa verificar se o motivo se mantém à data da renovação (cfr. FRANÇOISE BOUSEZ, *Contrat de Travail à Durée Déterminée*, numero hors série, Travail et Protection Sociale, 2001, Éditions du Juris-Classeur, págs. 6-7.

[28] Como destaca MASSIMO ROCCELLA, *Prime osservazioni sullo schema di decreto legislativo sul lavoro a termine*, in «hyperlink "http://www.cgil.it/giuridico"»., pág. 1, o respeito pela cláusula de não regresso constitui obviamente uma condição imprescindível

Pese embora todas as suas deficiências e limitações — e a falta de ambição, foi, certamente, uma delas — a Directiva não deixa, todavia, de tocar em dois pontos da máxima importância, para uma regulamentação moderna do contrato a termo: a informação e a formação. Quanto à primeira, prevê-se, à semelhança do que já dispunha a Directiva sobre o trabalho a tempo parcial, que os empregadores deverão informar os trabalhadores a termo sobre as vagas disponíveis em postos de trabalho permanentes, acrescentando-se que tal informação pode ser prestada "através de anúncio geral, afixado no local adequado da empresa ou do estabelecimento" (art. 6.º n.º 1 do acordo-quadro). Ainda que, ao contrário da nossa lei, não se preveja qualquer direito de preferência do contratado a termo, para a contratação por tempo indeterminado[29], este direito à informação reveste-se de algum interesse, embora seja, no mínimo, delicada a demonstração do dano resultante da violação deste direito, demonstração necessária para que possa operar a responsabilidade civil[30]. Como forma indirecta de controlo do volume da contratação a termo[31], estabelece-se, igualmente, que "na medida do possível, os empregadores deverão facultar a informação adequada aos órgãos de representação dos trabalhadores quanto aos contratos de trabalho a termo na empresa" (art. 7, n.º 3 do acordo-quadro), embora nada se diga quanto à periodicidade desta obrigação.

---

para ajuizar as normativas nacionais de transposição. Aliás, a existência no corpo da Directiva desta cláusula não pode ser entendida como proibição de quaisquer mudanças das normativas nacionais pré-existentes. Mas as mudanças têm de respeitar os conteúdos da própria Directiva e não utilizar a obrigação de transposição como um pretexto para piorar as condições de trabalho.

[29] Para LUCA RUGGIERO, *Informazioni*, in Il Nuovo Lavoro a Termine, a cura di Marco Biagi, Giuffrè, Milano, 2002, págs. 205 e segs., pág. 216, uma previsão que tivesse introduzido um direito de preferência generalizado para todos os contratos a termo, limitado aos postos de trabalho disponíveis na empresa, teria consentido uma melhor salvaguarda do princípio da tutela do património profissional.

[30] LUCA RUGGIERO, *ob. cit.*, págs. 227-228, admite a existência de responsabilidade contratual do empregador no caso de falta de informação (ou de informação falsa ou reticente) sobre a existência de postos de trabalho por tempo indeterminado disponíveis no interior da empresa e embora considere que a falta de informações não pode incidir sobre o contrato a termo, convertendo-o num trabalho por tempo indeterminado de maneira automática, entende que não é razão suficiente para excluir a responsabilidade civil a existência de dificuldades probatórias, nomeadamente quanto ao montante do dano.

[31] RENATA ALTAVILLA, *ob. cit.*, pág. 207, afirma que "informação e formação são instrumentos que reduzem, com efeito, indirectamente, os riscos da precarização do trabalho e da marginalização dos trabalhadores contratados a termo".

Relativamente à formação profissional, e se bem que a alusão que lhe é feita seja muito ténue e de conteúdo preceptivo muito reduzido — diz-se que "na medida do possível, os empregadores deverão facilitar o acesso dos trabalhadores contratados a termo às oportunidades de formação adequadas, com vista ao aumento das suas competências, do progresso na sua carreira e à mobilidade profissional" (art. 6.º n.º 2; o sublinhado é nosso) — ela reveste-se de valor simbólico e traduz uma mudança de atitude face à formação profissional: será sobretudo à formação profissional e ao direito à formação profissional que se fará apelo, em substituição gradual da categoria, ao ponto de alguns autores falarem, já hoje, na formação profissional como num elemento da contrapartida devida ao trabalhador, que se integra no sinalagma do próprio contrato de trabalho[32]. Numa época em que o perigo do contrato a termo é, sobretudo, perspectivado como consistindo no perigo da perpetuação da precariedade, isto é, na renovação sucessiva de contratos a termo ou na celebração de contratos em cadeia, para preencher o mesmo posto de trabalho, o direito à formação profissional do contratado a termo pode revelar-se como um dos meios mais importantes para quebrar o círculo dos contratos a termo, enriquecendo o "património profissional" do trabalhador[33].

Outro aspecto que convém realçar é o de que a Directiva, ao procurar combater o risco da discriminação dos contratados a termo, recusa o modelo de segmentação da mão-de-obra, assente na existência de círculos concêntricos de trabalhadores e, portanto, no reconhecimento da existência de trabalhadores do núcleo (*core work*) e de trabalhadores periféricos (*peripheral work*). A afirmação, ainda que com ressalvas[34], da

---

[32] Para RENATA ALTAVILLA, *ob. cit.*, pág. 206, a formação contínua faz hoje parte da estrutura causal do contrato de trabalho e qualifica-se como um direito-dever do trabalhador. Nos contratos caracterizados pelo carácter temporário do vínculo a formação assegura uma tutela dinâmica da profissionalidade: "as imprescindíveis exigências de tutela do trabalhador podem ser suportadas por uma formação profissional idónea a reforçar a sua posição contratual num mercado que requer competência e mobilidade".

[33] ANN HUMHAUSER-HENNING, *ob. cit.*, pág. 457: "(e)mployability in terms of qualification appears to be the crucial quality, regardless of mode of employment, when it comes to the risk for the individual of being subjected to unfavourable labour conditions, transfers and unemployment".

[34] Como destaca ANN HUMHAUSER-HENNING, *ob. cit.*, pág. 453, o princípio da não discriminação (cláusula 4) estipula que relativamente às condições de emprego, os contratados a termo não serão tratados de maneira menos favorável do que trabalhadores permanentes comparáveis só porque têm um contrato ou relação a termo, a não ser que tal

proibição de discriminação dos contratados a termo ganha outro relevo quando se tem em conta que noutros ordenamentos — é o caso do norte--americano — tal proibição não existe e é mesmo frequente que os contratados a termo aufirem significativamente menos pelas mesmas funções.

3. Feita esta referência, nos seus quadros gerais, à Directiva sobre contrato a termo, iremos agora proceder a uma descrição, também ela genérica, da evolução recente da matéria, no nosso ordenamento jurídico, a partir de 1989. Começaremos, assim, pelo Dec-Lei n.º 64-A/89, de 27 de Fevereiro, aludindo depois às suas alterações subsequentes, sobretudo às alterações de grande amplitude feitas pela Lei n.º 18/2001.

Concluiremos com uma referência ao novo rumo adoptado pelo Código de Trabalho já aprovado na Assembleia da República e cuja entrada em vigor se anuncia.

A LCCT (re)introduziu, no nosso sistema, a diferenciação entre contratos de trabalho a termo certo e a termo incerto[35], sendo que estes últimos, os contratos a termo incerto, são permitidos apenas num sub--grupo, ou sub-conjunto, das hipóteses em que é possível contratar a termo certo.

De acordo com a lei, o contrato a termo apresenta-se como um contrato necessariamente formal (com a única excepção do art. 5.º) e permitido apenas num *numerus clausus* de situações[36]. É a estas causas típicas da contratação a termo que vamos, agora, dedicar a nossa atenção.

O elenco das causas legalmente permitidas de contrato a termo, que nos parece ter sofrido uma influência da lei francesa, engloba oito casos, diferentemente classificados pela doutrina: uns distinguem entre casos

---

se justifique por razões objectivas. Diferentemente do que se passa em matéria de discriminação em função do sexo, a cláusula 4 só parece proibir a discriminação directa e mesmo assim permite tal discriminação directa quando justificada por razões objectivas.

[35] A doutrina alemã distingue entre um termo "de calendário" e um termo que resulta do próprio escopo do contrato a termo: cfr., por exemplo, MICHAEL KLIEMT, *Das neue Befristungsrecht*, NZA (Neue Zeitschrift für Arbeitsrecht) 2001, págs. 6 e segs., pág. 7, que fala de um "kalendarmässig befristeter Arbeitsvertrag" e de um "zweckbefristeter Arbeitsvertrag".

[36] Para JOSÉ JOÃO ABRANTES, *Contrato de trabalho a termo*, Estudos do Instituto de Direito do Trabalho, Almedina, Coimbra, 2002, págs.155 segs., pág.156, o carácter excepcional do contrato a termo e a necessidade duma razão específica que objectivamente o justifique já deveriam considerar-se válidas à luz do Dec-Lei 781/76 e "correspondem mesmo a uma imposição constitucional".

objectivos e subjectivos[37], outros distinguem entre actividades temporárias da empresa, casos em que o que está em jogo é a diminuição do risco empresarial e casos em que é fundamental a promoção do emprego[38], sendo que outros autores, ainda, preferem distinguir entre casos em que o que justifica o termo é a actividade da empresa, casos em que o que está em jogo é a especificidade de um certo sector, indústria ou actividade e, finalmente, casos em que predomina uma preocupação de fomento do emprego em razão do *status* dos trabalhadores[39]. A técnica adoptada — o elenco taxativo de casos de contratação a termo — era frequente, à época, muito embora outras legislações, como é o caso da italiana, tivessem um elenco um pouco mais aberto, já que permitiam que a lista legal de casos fosse ampliada por convenção colectiva. Tratou-se de um método — o elenco taxativo de casos — que se revelou historicamente ineficaz para travar o crescimento dos níveis de contratação a termo: recorde-se que, em Espanha, país onde a doutrina fala desassombradamente de um pesadelo[40] de contratação precária, sempre existiu uma lista taxativa, e tal não se revelou, só por si, suficiente para impedir que Espanha se tornasse recordista na contratação a termo, a nível europeu. Antecipando o que veremos em seguida, o relativo fracasso deste método parece ter ficado a dever-se a dois factores: por um lado, a relativa proximidade e até sobreposição parcial de alguns dos casos e, por outro, a introdução, como motivo justificativo da contratação a termo, das razões de fomento do

---

[37] BERNARDO DA GAMA LOBO XAVIER, *Curso de Direito do Trabalho*, 2.ª ed., Verbo, Lisboa, 1993, pág. 468, distingue entre "dois grandes grupos de casos", "um de carácter objectivo — que tem a ver com a precariedade dos próprios postos de trabalho (...) e outro de carácter mais subjectivo e que, de certo modo, resulta de situações específicas dos trabalhadores".

[38] PAULA PONCES CAMANHO, *Algumas Reflexões sobre o Regime Jurídico do Contrato de Trabalho a Termo*, in Juris et de Jure, Nos vinte anos da Faculdade de Direito da Universidade Católica Portuguesa — Porto, UCP (Porto), Porto, 1998, págs. 969 e segs., págs. 970-971.

[39] Esta é a tripartição sugerida por CHRISTOPHE VIGNEAU, *ob. cit.*, pág. 190, que distingue nos motivos da contratação a termo três tipos de categorias: a) os conexos com circunstâncias específicas que podem ocorrer numa empresa em determinados momentos; b) os relacionados com as características do sector e c) os relacionados com o *status* dos trabalhadores.

[40] AURELIO DESDENTADO BONETE, *La reforma de la contratación laboral en la Ley 12/2001*, in La Reforma Laboral de 2001 y el Acuerdo de Negociación Colectiva para el año 2002, coordenado por Ignacio García-Perrote Escartín, Editorial Lex Nova, Valladolid, 2002, págs. 56 e segs., pág. 57, caracteriza a elevada percentagem de contratos a termo como "um verdadeiro pesadelo do direito espanhol do trabalho".

emprego. Repare-se que, desde o momento em que os vários Estados europeus não resistiram à tentação de permitir o contrato a termo para fomento do emprego, ou do emprego de certos segmentos de trabalhadores (por exemplo, idosos ou deficientes), sobretudo quando não criaram, para o efeito, tipos específicos de contratos a termo, sujeitos a regras especiais, perdeu-se a coerência interna do sistema. Longe de se poder afirmar que o contrato a termo só é admitido num ordenamento para a satisfação de necessidades temporárias de mão-de-obra, abriu-se a porta para que uma empresa possa, licitamente, satisfazer necessidades permanentes de mão--de-obra: basta, entre nós, para tanto, que a empresa tenha o cuidado de recrutar desempregados de longa duração ou trabalhadores à procura do primeiro emprego ou, ainda, que se trate de empresa ou estabelecimento em início de laboração, ou que tenha lançado uma nova actividade, de duração incerta.

Começando agora a análise do art. 41.º n.º 1 da LCCT, vê-se que o contrato a termo é, desde logo, admissível, para "substituição temporária de trabalhador que, por qualquer razão, se encontre impedido de prestar serviço, ou em relação ao qual esteja pendente, em juízo, acção de apreciação da licitude do despedimento". Se, por um lado, a norma introduz uma permissão muito ampla, já que permite a substituição de um trabalhador[41], seja qual for a razão do seu impedimento — e, portanto, mesmo nas hipóteses de suspensão do contrato por doença, licença sem retribuição, gozo de férias[42], licença por maternidade, sendo apenas de

---

[41] Parece-nos que o trabalhador substituído poderá ele próprio ser um contratado a termo; neste sentido, pronuncia-se, em França, MARYAM GOLESTANIAN, *Les limites du remplacement par contrat à durée déterminée des salariés temporairement absents*, Le Droit Ouvrier 2001, n.º 631, págs. 98 e segs., pág. 98, para quem pode tratar-se tanto da substituição de um trabalhador contratado por tempo indeterminado, como da substituição de um trabalhador contratado a termo. Sublinhe-se que a nossa lei não refere expressamente a possibilidade de contratar o substituto alguns dias antes da ausência do trabalhador, o que na hipótese de uma ausência antecipada e programada, tem a vantagem de permitir que o trabalhador a substituir contribua para a formação do substituto, o informe quanto ao estado dos trabalhos que tem em mãos, etc.

[42] No sentido da admissibilidade de um contrato a termo para substituir um trabalhador em férias, cfr., entre nós, o Acórdão da Relação de Coimbra, de 16 de Maio de 2002, Colectânea de Jurisprudência 2002, vol. III, págs. 59 e segs. No sumário deste Acórdão pode ler-se que "nada na lei impede a contratação a termo certo para a contratação de trabalhadores em férias", acrescentando-se, no seu texto, que "(a)dmitidos que estão os contratos a prazo, não se compreenderia que uma empresa não os pudesse realizar para colmatar a falta de trabalhadores em período de descanso e com vista a manter, dentro do possível, níveis idênticos na sua produção (de bens e/ou serviços). Por

excluir, da possibilidade de substituição, a greve lícita[43] — por outro lado, apenas se permite a substituição de um trabalhador subordinado (e não, por exemplo, a de um trabalhador autónomo, colaborador da empresa, ou do próprio patrão, quando é uma pessoa física) e, na hipótese de despedimento, só se prevê a possibilidade de contratação a termo, quando esteja já pendente acção de apreciação da licitude do mesmo, com o que se exclui a possibilidade de contratar a termo, antes ainda da impugnação, pelo trabalhador, e durante o prazo em que este pode

---

tudo isto, embora sempre sem certezas absolutas, porque a questão não é efectivamente linear, propendemos para a solução de que, no nosso ordenamento jurídico, não é vedado este tipo de contratação" (*ob. cit.*, pág. 60). No sentido, que se nos afigura o mais correcto, do que é lícito tal contratação, cfr.,Pedro Ortins de Bettencour, ob. cit, pág 136

[43] Em França, não se permite o recurso ao contrato a termo em situações de conflito colectivo de trabalho, expressão mais ampla do que a greve. Como refere MARYAM GOLESTANIAN, *Les limites du remplacement par contrat à durée déterminée des salariés temporairement absents*, Le Droit Ouvrier 2001, n.º 631, págs. 98 e segs., pág. 103, se o empregador pudesse temporariamente substituir trabalhadores grevistas por contratados a termo, a greve não teria quaisquer repercussões sobre o funcionamento da empresa e o empregador poderia impor o seu ponto de vista aos trabalhadores. Esta disposição é considerada de ordem pública e a sua violação é penalmente sancionada (art. L.152-1-4 du Code du Travail que prevê nestes casos uma multa de 25.000 francos e no caso de reincidência uma multa de 50.000 francos e uma pena de prisão de 6 meses; cfr. DO 1999, pág. 78, MINÈ). Assim, como o tribunal de Ajaccio já decidiu a contratação a termo de um trabalhador para substituir um grevista implica a conversão do contrato a contrato sem termo. Um outro empregador usou um outro artifício mais engenhoso: deslocou o pessoal que não tinha aderido à greve de um estabelecimento para outro. Trata-se de uma conduta ilícita tanto mais que o empregador teria que contratar a termo trabalhadores para substituir os trabalhadores permanentes que deslocava. O empregador poderia assim fazer indirectamente o que lhe era proibido fazer directamente (RPDS 1999 n.º 649 pág. 151 e pág. 160). A jurisprudência francesa tem sido mais tolerante relativamente à subcontratação, bem como ao recurso a pessoas que agem por sua própria iniciativa e gratuitamente (*vide* a decisão da cassation de 11 de Janeiro de 2000, RJS 2/2000 pág. 135, DO 2000 pág. 252, RPDS 2000 pág. 292; sobre a subcontratação ver também DO 1998, pág. 257). Tratou-se de uma greve de camionistas encarregados de ir buscar o leite aos produtores os quais, face à greve se substituíram aos grevistas. O tribunal não considerou que esta prática fosse ilícita. O recurso a trabalhadores contratados a termo é possível se estes tiverem sido contratados anteriormente ao conflito e se forem afectados a postos com uma qualificação profissional correspondente à prevista nos seus contratos de trabalho. "No que respeita à substituição de trabalhadores não grevistas, tal não é proibido por lei. Convém, pois, limitar o alcance da proibição ao seu verdadeiro campo de aplicação. Assim, apenas são afectados pela interdição as substituições de trabalhadores grevistas por contratos a termo durante a duração da greve. Mas tal não pode em caso algum conduzir a substituições em cascata entre grevistas e não grevistas, em que estes últimos poderiam ser substituídos por contratados a termo.

impugnar[44]. A substituição do trabalhador parece — aspecto que o novo Código esclarece expressamente[45] — poder fazer-se, tanto directa, como indirectamente, através da chamada substituição "em cadeia": pode, por exemplo, recorrer-se ao *ius variandi* para colocar um outro trabalhador a exercer as funções próprias do posto de trabalho do substituído, enquanto o contratado a termo vai desempenhar as funções do posto de trabalho deixado vago pelo trabalhador em regime de *ius variandi*[46-47]. Como, nos termos do art. 42.º n.º 1 al. e) da LCCT, o contrato de trabalho a termo certo terá que indicar o motivo justificativo, e o contrato a termo incerto terá que fazer menção do nome do trabalhador substituído, o substituto saberá sempre quem está a substituir.

Face à letra da nossa lei, parece-nos de duvidosa admissibilidade a celebração de um único contrato a termo para substituir várias pessoas, sucessivamente. Refira-se, também, que, em França, os tribunais já tiveram ocasião de se pronunciar sobre uma situação em que um trabalhador foi contratado a termo, para substituir, ao longo de um ano, os trabalhadores que, porventura, ficassem doentes ou viessem a entrar de férias: nesta situação, o tribunal considerou nula a estipulação do termo, com o

---

[44] Também não se prevê — ao contrário do que se passa em matéria de trabalho temporário — a possibilidade de contratar a termo enquanto decorre um processo de recrutamento de um trabalhador por tempo indeterminado para preencher um posto de trabalho vago.

[45] As alíneas a), b) e c) do n.º 2 do artigo 129 falam expressamente em substituição "directa ou indirecta".

[46] CHRISTOPHE VIGNEAU, *ob. cit.*, págs. 191-192, refere precisamente que "a maior parte das leis nacionais aceita que o contratado a termo não tem que ocupar precisamente o posto de trabalho do trabalhador substituído. O empregador pode preencher o posto de trabalho com um dos seus trabalhadores e atribuir ao contratado a termo outra função" (tal possibilidade está expressamente prevista na lei espanhola: Real Decreto 2546/1994, 29.12.1994, art. 4(2) (a).

[47] O facto de um trabalhador ser contratado para substituir outro não parece impedir que o empregador possa, licitamente, recorrer, nos termos gerais, também em relação ao trabalhador substituto, às faculdades do *ius variandi* e da polivalência funcional. Neste sentido pronunciou-se, em Espanha, FRANCISCO JOSÉ TRUJILLO CALVO, *Apuntes sobre el contrato de interinidad por vacante*, Actualidad Laboral, crónica IX, 1999, págs. 143 segs., pág.145, que se questiona quanto à eventual transformação do contrato em contrato por tempo indeterminado, caso o trabalhador substituto seja chamado a prestar serviços diferentes daqueles para que foi contratado e responde, afirmando que a modificação de funções, a não ser que represente uma actuação dolosa e desde que caiba nas faculdades organizativas do empregador, não quebra a natureza e o carácter da relação, permanecendo a situação de substituição até que ela seja extinta, por amortização ou preenchimento do posto de trabalho.

argumento de que, em rigor, o trabalhador não era contratado para fazer face a uma necessidade temporária, mas sim a uma necessidade permanente[48]. De facto, a substituição de quaisquer trabalhadores que fiquem doentes, ou entrem de férias, acaba por corresponder a uma necessidade permanente de uma empresa. Por outro lado, haveria vantagem em prever e permitir que o substituto contratado a termo pudesse entrar em funções antes da "partida" do trabalhador substituído, quando tal partida é previsível (por exemplo, quando vai gozar férias ou uma licença sem retribuição) à semelhança da lei francesa que prevê expressamente tal hipótese[49] já que pode haver interesse em que o trabalhador substituído esteja presente quando o substituto entra em funções para, por exemplo, o informar sobre negócios ou processos pendentes.

Se o contrato para substituição de um trabalhador temporariamente impedido de realizar a sua prestação for celebrado a termo certo, o regresso do trabalhador substituído antes da verificação do termo, não é causa de caducidade do contrato, como a nossa jurisprudência teve já ocasião de decidir[50].

Relativamente à al.b) do n.º 1 do art. 41.º da LCCT, que permite o recurso ao contrato a termo, na hipótese de "acréscimo temporário ou excepcional da actividade da empresa", importa, desde logo, referir que a lei usa a disjuntiva e não a copulativa: assim, basta que se verifique um acréscimo temporário *ou* um acréscimo excepcional da actividade da empresa[51]. Se todo o acréscimo excepcional será, normalmente,

---

[48] Cfr., a propósito deste caso, MARYAM GOLESTANIAN, *ob. cit.*, pág. 101, para quem não se deve permitir a conclusão de um contrato a termo para a substituição de vários trabalhadores efectivos à medida em que se encontrem de férias ou em suspensão de contrato por doença (DS 1998, pág. 608). Tratava-se de um contrato concluído para a substituição geral de qualquer trabalhador efectivo nessas condições. Semelhante contrato, se for a termo incerto, não permite ao trabalhador saber a que momento terá fim. Quando a empresa tem permanentemente necessidade de substitutos para fazer face a postos de trabalho momentaneamente vagos, parece justificar-se muito mais a contratação de um trabalhador por tempo indeterminado.

[49] Art. L. 122-3-7 (Ord. n.º 86-948 du 11 août 1986): "lorsque le contrat de travail à durée déterminée est conclu pour remplacer un salarié temporairement absent ou dont le contrat de travail est suspendu, il peut prendre effet avant l'absence du salarié à remplacer. En outre, le terme du contrat initialement fixé peut être reporté jusqu'au surlendemain du jour où le salarié remplacé reprend son emploi".

[50] Sobre o tema cfr. PEDRO ROMANO MARTINEZ, *Direito do Trabalho*, Almedina, Coimbra, 2002, pág. 626, n. 1.

[51] Em França já se entendeu, usando a referida técnica da cascata, que é possível contratar um trabalhador a termo por um acréscimo excepcional de actividade, mas não

temporário[52], um acréscimo temporário não será necessariamente excepcional, podendo, até, ser previsível e planificável. Na hipótese de se tratar de um acréscimo temporário[53], que ocorra regular ou periodicamente, pode estar-se muito perto de uma outra situação, em que lei admite o recurso ao contrato a termo: as actividades sazonais[54]. Na sua origem, tratava-se de actividades que se repetiam ciclicamente, em função da *saison*, isto é, da estação do ano[55]. No seu sentido mais rigoroso,

---

afectar o trabalhador a essa actividade e sim à actividade normal da empresa; cfr. a decisão da Cour de cassation (Chambre sociale) de 18 de Fevereiro de 2003, Chapu c/Sté Selafa Belluard-Gomis ès qual, RJS (Revue de Jurisprudence Sociale) 2003, n.º 5, págs. 392 e segs., em que se afirmou que "la possibilité donnée à l'employeur de conclure un contrat à durée déterminée pour accroissement temporaire d'activité de l'entreprise n'implique pas pour lui l'obligation d'affecter le salarié à des tâches directement liées à ce surcroît d'activité".

[52] Como ensina ANTÓNIO MENEZES CORDEIRO, *Manual de Direito do Trabalho*, Almedina, Coimbra, reimp., 1997, pág. 629, um acréscimo permanente "perderá a sua natureza de excepcionalidade".

[53] Não pode tratar-se, como já decidiu a jurisprudência francesa — Cour de cassation (ch. sociale) de 4 de mars de 1992, Recueil Dalloz Sirey 1992, IR (Informations Rapides) 107 — de uma redução de actividade já que uma redução de actividade não é causa legítima de contratação a termo.

[54] Nas palavras de JOSÉ JOÃO ABRANTES, *ob. cit.*, pág.160, nota 14, "(a)ctividades sazonais são as que dependem de ciclos produtivos ou de exploração, isto é, as que surgem em determinado período do ano, perdendo posteriormente a sua utilidade (…). Exemplos por excelência são as actividades agrícolas e hoteleiras".

[55] As actividades sazonais têm uma natureza cíclica, previsível e regular. Como destaca GUY POULAIN, *Les Contrats de Travail à Durée Déterminée*, Litec, 2ª ed., Paris, 1994, pág. 131,"(o) qualificativo de sazonal é de utilização corrente, mas não reveste obrigatoriamente um significado idêntico consoante caracterize o contrato, a empresa, o trabalhador ou o emprego". Pode verificar-se em França uma evolução sensível do carácter de emprego sazonal. Em 1982 afirmava-se que a referência ao emprego de carácter sazonal encontrava a sua justificação em variações do volume de actividade de uma empresa em função da produção ligada ao ritmo das estações. Mais tarde e até porque o legislador não define o que seja actividade sazonal, em 1986, numa circular do Ministério do Trabalho afirma-se já que é trabalho sazonal "o trabalho que é normalmente chamado a repetir-se em cada ano, em data mais ou menos fixa, em função do ritmo das estações ou dos modos de vida colectivos e que é efectuado por conta de uma empresa cuja actividade obedece às mesmas variações". Aceita-se, pois, que a regularidade pode resultar de modos de vida colectivos. Em rigor não é necessário que se trate de empresas ou de sectores de actividade que sejam eles próprios sazonais. Existem sectores de actividade em que as empresas estão naturalmente sujeitas a variações de actividade em função do ritmo das estações. Trata-se essencialmente da agricultura, de indústrias alimentares a ela ligadas, do turismo e do termalismo. Mas mesmo sem pertencer a uma actividade sazonal uma empresa pode conhecer picos de actividade em razão do ritmo

abrangia sobretudo actividades agrícolas ou, porventura, actividades noutros sectores, muito marcadas pelo clima: turismo balnear ou turismo de Inverno, por exemplo. Nos ordenamentos em que se permite a contratação a termo por actividades sazonais tem-se verificado, contudo, uma expansão gradual, abrangendo-se, a título ilustrativo, o trabalho nas livrarias[56], no início da época escolar, ou nas portagens das auto-estradas, aquando das deslocações maciças, por ocasião das férias. Muito embora a nossa lei não o refira, parece evidente que um contrato a termo para o desempenho de uma actividade sazonal, terá de ter uma duração inferior a um ano (não se concebe uma *saison* com duração igual ou superior a um ano...).

Permite-se igualmente a contratação a termo, para a "execução de uma tarefa ocasional ou serviço determinado precisamente definido e não duradouro", como seja, por exemplo, o trabalho com a informatização de uma determinada secção de uma empresa[57], ou com a decoração ou redecoração de um estabelecimento[58]. Trata-se de um caso "contíguo"

---

das estações ou do modo de vida colectivo. O emprego sazonal é um emprego com carácter necessariamente intermitente. Trata-se aqui de uma condição necessária nas actividades sazonais. Qualquer trabalhador que tiver sido ocupado por um ano inteiro numa actividade pretensamente sazonal terá normalmente a possibilidade de invocar que é já trabalhador por contrato a tempo indeterminado. Assim, já se decidiu que a actividade das empresas de venda por correspondência não justifica a contratação a termo por actividade sazonal, na medida em que se realiza durante todo o ano sem interrupções e os picos de actividade são frequentemente imprevisíveis.

[56] Cfr. GUY POULAIN, *ob. cit.*, pág. 138. Como o autor refere, o carácter intermitente da actividade não é suficiente para que se trate de actividade sazonal. É preciso que se trate de um contrato cíclico por razões naturais ou sociológicas. Admitiu-se assim que um contrato celebrado por uma livraria com estudantes durante os meses de Verão podia ser considerado sazonal em razão do aumento de actividade ocasionado pela preparação do recomeço do ano escolar

[57] De acordo com CHRISTOPHE VIGNEAU, *ob. cit.*, pág. 196, o Ministro do trabalho francês indicou, numa recomendação, como tarefas ocasionais, o treino de trabalhadores, a computorização de um departamento ou a realização de uma auditoria. Também encomendas excepcionais de exportação cabem nesta categoria.

[58] Trata-se de um exemplo proposto por GUY POULAIN, *ob. cit.*, pág. 67, que menciona igualmente uma avaliação por uma empresa financeira ou especializada em orçamentos, a tradução de documentos técnicos necessários para uma operação, a acção de formação de uma parte do pessoal. Para este autor, a tarefa ocasional precisamente definida e não duradoura deve tratar-se de uma tarefa que não se reporta à actividade normal e permanente da empresa. Além disso, e quanto ao seu carácter preciso e temporário, este aspecto da tarefa pode apresentar dificuldades, mas "mesmo se existe alguma incerteza a propósito da medida exacta de tempo necessária para realizar a tarefa,

com o do acréscimo temporário da actividade de uma empresa e torna-se quase desnecessário sublinhar a importância da concretização do motivo justificativo exigida pelo art. 3.º n.º 1 da Lei 38/96, de 31 de Agosto, na esteira, aliás, de jurisprudência anterior.

A al. e) do n.º 1 do art. 41.º permite, ainda, o recurso ao contrato a termo — sujeito, aliás, a um regime especial, na sua duração — na hipótese de "lançamento de nova actividade de duração incerta, bem como o início de laboração de uma empresa ou estabelecimento". Esta causa justificativa suscita problemas vários, atinentes ao carácter genérico, e até um pouco vago, da terminologia empregue[59]: quando é que se pode falar (e durante quanto tempo?) do início de laboração de uma empresa? E em que é que consiste, propriamente, o "lançamento" de uma actividade? E quando é que uma actividade é, propriamente, nova[60]? Poderá falar-se em nova actividade quando se instala uma nova linha de montagem de um bem que já anteriormente se produzia?[61] Talvez se justifique, aqui, uma interpretação teleológica, que tenha em conta o escopo da norma (a redução do risco empresarial[62]) para abranger hipóteses como esta.

---

a verdade é que ela pode ser claramente individualizada e sendo geralmente única não dará lugar normalmente a prestações de carácter repetido" (pág. 67, n. 23). GIORGIO MANNACIO, *Contratto a termine: prime riflessioni sulla nuova disciplina*, Il Foro Italiano 2002, Parte Prima, cols. 57 e segs., col. 61, considera que serviços ocasionais são serviços contingentes e no limite irrepetíveis (tais como o desmantelamento de um edifício, a transferência de uma actividade).

[59] Nas palavras certeiras de JORGE LEITE, *Contrato a termo por lançamento de nova actividade*, Questões laborais 1995, n.º 5, págs. 76 e segs., pág. 82, "(s)ão, na verdade, vagos os símbolos linguísticos utilizados e, sobretudo, são vários os elementos extra-jurídicos para que remete o intérprete".

[60] No Acórdão da Relação de Lisboa de 27/05/1998 (Grande Enciclopédia de Jurisprudência) afirmou-se ser "admissível a contratação a termo de um trabalhador, quando a entidade patronal conta apenas cerca de dez meses de existência, de acordo com a alínea e) do n.º 1 do art. 41.º e n.º 3 do art. 44.º do Decreto-Lei n.º 64-A/89, de 27 de Fevereiro, que permite a celebração de contrato de trabalho a termo no caso de início de laboração de uma empresa ou estabelecimento, com o máximo de dois anos".

[61] Responde em sentido negativo, segundo nos parece, JORGE LEITE, ob. cit., pág. 82, quando afirma que "nova será a actividade que não se traduz numa mera continuação, nem mesmo numa simples ampliação quantitativa, de alguma das actividades que a empresa vinha realizando" (o sublinhado é nosso).

[62] Como refere LUIS FERNANDO ANDINO AXPE, *Los nuevos contratos temporales*, Actualidad Laboral, 1995, crónica XXXII, págs. 535 segs., pág. 546, o fundamento prosseguido pelo legislador é o de reduzir o perigo derivado da necessária incerteza, conexa com o início de uma actividade empresarial, a que se devem acrescentar os riscos inerentes a qualquer actividade criadora de emprego. Sobre o fundamento deste motivo

Muitas leis referem, como motivo especial de contratação a termo, as necessidades específicas de uma indústria ou actividade económica. Em Portugal, o legislador parece nutrir um especial carinho pela construção civil[63], permitindo o recurso ao contrato a termo para a realização ("execução, direcção e fiscalização") de trabalhos de construção civil, obras públicas, montagens e reparações industriais. Trata-se, aqui, de actividades que constituem o "núcleo duro" das empresas deste sector, que passam, por isso, a poder contratar quase todo o seu pessoal a termo. Finalmente, permite-se a contratação a termo para o "desenvolvimento de projectos, incluindo concepção, investigação, direcção e fiscalização, não inseridos na actividade corrente da entidade empregadora" (al.g) e no caso de "contratação de trabalhadores à procura do primeiro emprego ou de desempregados de longa duração, ou noutras situações previstas em legislação especial de política de emprego". Esta última causa justificativa tem sido, de resto, potenciada pelo entendimento jurisprudencial que um trabalhador está "à procura do primeiro emprego" enquanto não tiver tido um contrato de trabalho por tempo indeterminado e, portanto, mesmo que já tenha sido contratado a termo, anteriormente.

Trata-se de uma das questões mais debatidas, na nossa jurisprudência, o que não é surpreendente, porquanto a LCCT não define este conceito de trabalhador "à procura de primeiro emprego", situação que, aliás, se mantém no Código. A este propósito, parece terem já sido defendidos, pelos menos, três entendimentos: de acordo com um deles, deveriam considerar-se trabalhadores à procura do primeiro emprego os jovens, com idade compreendida entre os 16 e os 30 anos, que nunca tenham tido, anteriormente, um contrato de trabalho por tempo indeterminado, e que estejam inscritos nos centros de emprego; um segundo entendimento considera não haver razão para restringir a aplicação da norma aos jovens e, finalmente, há decisões judiciais que

---

cfr., entre nós, a análise de JORGE LEITE, ob. cit., págs. 79 e segs., que destaca a sua complexidade: por um lado, está presente uma ideia de criação de emprego, ao "pôr à disposição do empregador modalidades contratuais flexibilizadoras dos efectivos da empresa susceptíveis de contribuir para vencer as suas resistências à admissão de novos trabalhadores", ao mesmo tempo que se permite também uma maior flexibilização da própria qualidade da mão-de-obra, facilitando a sua eventual substituição, caso o empregador não fique satisfeito. O autor sublinha, por isso, que o fundamento desta alínea é sobretudo de natureza económica, "embora pareça razoável salientar igualmente a sua dimensão económica" (ob. cit., pág. 80).

[63] Na Finlândia, por exemplo, e segundo informa CHRISTOPHE VIGNEAU, ob. cit., págs. 199-200, é a indústria de pescas a beneficiar de uma disposição especial.

sustentam que, para este efeito da contratação a termo, deverá considerar-se trabalhador à procura do primeiro emprego quem não tenha tido um qualquer contrato de trabalho anterior, quer se tratasse de um contrato de trabalho a termo ou um contrato de trabalho por tempo indeterminado.

A questão prende-se com o peso hermenêutico a atribuir ao facto de que, quando a LCCT surgiu, existia já um diploma anterior que, no âmbito da política de fomento do emprego, definia o trabalhador à procura do primeiro emprego. Com efeito, o Decreto-Lei n.º 257/86, de 27 de Agosto, previa a atribuição de benefícios (nomeadamente a dispensa temporária de pagamento de contribuições devidas à segurança social) aos empregadores que celebrassem contratos de trabalho por tempo indeterminado com trabalhadores que estivessem em situação "de primeiro emprego", com idade compreendida entre os 16 e os 30 anos, esclarecendo o mesmo diploma, no n.º 2 do seu art. 3.º, que se consideravam em situação de primeiro emprego os trabalhadores que nunca tinham sido contratados por tempo indeterminado. Acresce que, na mesma data de publicação do Dec-Lei n.º 64-A/89, surgiu igualmente o Dec-Lei n.º 64-C/89 que, em matéria de incentivo à contratação de trabalhadores, veio consagrar, no art. 4 n.º 3 idêntica solução à que antes encontrava expressão no já citado n.º 2 do art. 3.º do Dec-Lei n.º 257/86. Ora, e como se pode ler no texto do acórdão do Tribunal da Relação do Porto, de 18 de Novembro de 2002, "perante tal circunstancialismo, parece evidente que o legislador, ao admitir a celebração de contratos de trabalho a termo com trabalhadores à procura de primeiro emprego, teve em vista as pessoas que nunca tinham sido contratadas por tempo indeterminado, independentemente da sua idade e independentemente de estarem ou não inscritas nos Centros de Emprego, uma vez que não podia ignorar a existência do Decreto-Lei 257/86 e do Decreto-Lei 64-C/89 e o conceito que davam de trabalhadores na situação de primeiro emprego. O facto de o legislador não ter esclarecido, no Decreto-Lei 64-A/89, o que se devia entender por trabalhador à procura de primeiro emprego significa que quis adoptar o conceito contido no DL 257/86 e reafirmado no DL 64-C/89. Não parece ser outra a solução a extrair do circunstancialismo referido, levando em conta o disposto no art. 9.º do Código Civil, nomeadamente a unidade do sistema jurídico".

Militariam no mesmo sentido, tanto a circunstância de, por um lado, o conceito de trabalhador em situação de primeiro emprego não se ter alterado na legislação subsequente, como também o próprio conceito constitucional de emprego, que só abrangeria postos de trabalho ocupados por tempo indeterminado. Neste último sentido, pronuncia-se o acórdão da Relação de Évora, de 24 de Novembro de 1998, nos termos do qual "o contrato de trabalho a termo nunca é considerado emprego, mas tão-só, e quando muito, uma situação vestibular de emprego", já que "primeiro emprego é a primeira vinculação estável, ou seja, o contrato de trabalho por tempo indeterminado". Neste mesmo sentido, segundo o qual quem tenha sido contratado antes, por contrato a termo (mesmo que tenha sido já contratado a termo por mais do que uma vez) se encontre ainda à procura de primeiro emprego, pode argumentar-se, igualmente, com a coincidência de escopos entre o Dec-Lei n.º 64-A/89 e a legislação de fomento de emprego, bem como com a própria remissão que, na alínea h) do n.º 1 do art. 41.º é feita, para a legislação especial, em matéria de fomento do emprego.

Apesar de ser este o entendimento dominante, confessamos a nossa hesitação em sufragá-lo e tendemos, por isso, a aderir à interpretação já proposta por MENEZES CORDEIRO segundo a qual "trabalhador à procura do primeiro emprego é aquele que nunca tenha celebrado um contrato de trabalho, com ou sem termo"[64]. Antes de mais, sublinhe-se que o conceito de trabalhador à procura de primeiro emprego, consagrado nos diplomas referidos quanto à promoção do emprego, foi introduzido a respeito de um problema muito distinto do âmbito da contratação a termo: tratou-se de conceder benefícios às entidades patronais que celebrassem contratos de trabalho por tempo indeterminado, com trabalhadores à procura de primeiro emprego. Parece-nos metodologicamente duvidoso estender um conceito que se destina a incentivar a criação de contratos de trabalho por tempo indeterminado à contratação a termo, funcionando agora como um motivo de contratação a termo. Não deve, certamente, constituir obstáculo aos benefícios fiscais, que a lei concede ao empregador, que este contrate por tempo indeterminado, quem já teve contratos a termo antes. Trata-se, inclusive, de um estímulo para que contratados a termo venham a ser contratados por tempo indeterminado. Mas não nos parece que a mesma lógica se aplique à contratação a termo, permitindo-se que quem já tenha tido numerosos contratos de trabalho a termo, antes, permaneça um (quase perpétuo...) trabalhador à procura de primeiro emprego. Este entendimento agrava o perigo que a Directiva identifica como principal perigo associado à contratação a termo: o de esta servir para a precarização de certos trabalhadores, ou de certos segmentos da população activa. Dir--se-á, em contrário, que, deste modo, o empregador resolverá o problema contratando a termo outro trabalhador. É exacto, mas importa não esquecer

---

[64] ANTÓNIO MENEZES CORDEIRO, *ob. cit.*, pág. 630.

que nem sempre será económico ou vantajoso, ao empregador, contratar outro trabalhador a termo, já que deixará de poder contar com a experiência, o treino, a adaptação ao posto de trabalho, do anterior contratado a termo.

Do elenco legal que, como se disse, e resulta do disposto do n.º 2 do art. 41.º do diploma em análise, é taxativo, não consta qualquer menção a uma finalidade experimental. Na prática, contudo, ela é frequente, servindo-se as empresas do contrato a termo para testarem ou experimentarem trabalhadores e seleccionarem os que, posteriormente, contratarão por tempo indeterminado (permitindo a conversão dos respectivos contratos) e é mesmo possível fazê-lo em total legalidade, desde que exista uma outra causa que permita a contratação a termo: tratar-se, por exemplo, de uma nova empresa ou da contratação de um trabalhador à procura de primeiro emprego. Será o caso, como adiante veremos, de perguntar se não será preferível assumir abertamente a possibilidade de um contrato a termo com finalidade experimental, à semelhança de outras leis e com benefícios para o próprio trabalhador. Afigura-se-nos, na esteira de HENRY BLAISE, que a circunstância de o contrato a termo certo poder ser um instrumento no processo de selecção é um mal menor, até porque o termo estabiliza a relação e dá ao trabalhador garantias de que não pode fruir no período experimental: "deste ponto de vista o trabalho precário não seria para o trabalhador um impasse definitivo, mas uma fase transitória que lhe permitiria evidenciar as suas qualidades e preparar o seu acesso a um emprego estável"[65].

Nos termos do art. 45.º n.º 1, o contrato a termo certo só pode ser celebrado por prazo inferior a seis meses, nas situações previstas nas primeiras quatro alíneas do n.1 do art. 41.º (substituição temporária de trabalhador, acréscimo temporário ou excepcional da actividade da empresa, actividades sazonais, execução de tarefa ocasional ou serviço determinado precisamente definido e não duradouro). Caso o contrato a termo seja celebrado por prazo inferior a seis meses, fora destas situações, considerar-se-á que o contrato foi celebrado por seis meses (n.º 3 do art. 45.º), desde que haja uma causa válida para a contratação a termo, porque, se assim não for, cair-se-á no âmbito do n.º 2 do art. 41.º, ou seja, será nula a estipulação do termo e o contrato valerá por tempo indeterminado. Trata-se, aqui, de uma conversão *ope legis* de um contrato a termo

---

[65] HENRY BLAISE, *Les contrats précaires après la loi du 12 juillet 1990*, Droit Social 1991, págs. 11 e segs., pág. 15.

em um contrato por tempo indeterminado, conversão esta não sujeita às regras gerais de conversão dos negócios jurídicos. A Lei n.º 18/2001 veio introduzir um esclarecimento, já que aditou um n.º 4 ao art. 41.º, nos termos do qual "cabe ao empregador o ónus da prova dos factos e circunstâncias que fundamentam a celebração de um contrato a termo". A mesma lei consagra a consequência da nulidade do termo, com a aquisição, pelo trabalhador, do direito à qualidade de trabalhador permanente, sempre que a estipulação do termo tenha por fim iludir as disposições que regulam os contratos sem termo (novo n.º 3 do art. 41.º). Como já se disse, o contrato a termo está sujeito a forma escrita, devendo ser assinado por ambas as partes, e contar várias indicações obrigatórias, ainda que, na prática, nem todas sejam legalmente obrigatórias. Na redacção inicial do Dec-Lei n.º 64-A/89, de 27 de Fevereiro, mencionavam-se o nome ou denominação ou residência ou sede dos contraentes, a categoria profissional ou funções ajustadas e a retribuição do trabalhador, o local e horário de trabalho, a data de início de trabalho, o prazo estipulado com indicação do motivo justi-ficativo ou, na hipótese de contrato a termo incerto, com a indicação da "actividade, tarefa ou obra cuja execução justifique a respectiva celebração ou nome do trabalhador substituído" e, finalmente, a data da celebração do contrato. Recorde-se que a obrigação de informação pode ser suprida, ou satisfeita, através destas menções, no contrato escrito, ainda que de modo parcial, porquanto a obrigação de informação que impende sobre o empregador tem um âmbito que ultrapassa as menções obrigatórias no contrato a termo. A Lei n.º 18/2001 acrescentou uma outra menção obrigatória, correspondente ao cumprimento de um dever específico de informação à comissão de trabalhadores e às estruturas sindicais existentes na empresa, previsto no n.º 1 do art. 53.º do Decreto-Lei n.º 64-A/89, de 27 de Fevereiro.

Contudo, embora todas estas menções sejam obrigatórias, o seu incumprimento tem consequências muito díspares: desde logo, apenas em alguns casos o contrato se converterá[66] em contrato por tempo indeterminado[67]. Tal é o que sucede, quando o contrato não for reduzido a

---

[66] Contrapondo a conversão à presunção e defendendo que nas situações de falta de redução a escrito, falta de assinatura das partes, do nome ou denominação, da indicação de motivo justificativo, de ambas as dtas (da celebração do contrato e do início da prestação de trabalho) há uma presunção inilidível de contrato sem termo (é essa também a tese dominante em França) e não uma conversão cfr. SÉRGIO GONÇALVES DO CABO, *O novo regime do contrato de trabalho a prazo*, AAFDL, Lisboa, 1992, págs. 41-42.

[67] Assim, também em França, onde a Cour de cassation (Chambre Sociale), em Acórdão de 26 de Outubro de 1999, publicado em Droit Social 2000, págs. 202 e seg., com

escrito, quando faltar a assinatura das partes — parece-nos que será suficiente que falte a assinatura de uma delas para que o requisito de forma não esteja satisfeito[68] — quando o contrato não contiver o nome ou denominação delas, o prazo com indicação circunstanciada do motivo ou, no contrato a termo incerto, a indicação circunstanciada da causa do contrato e, finalmente, quando faltarem, ao mesmo tempo, as referências temporais à data de início do trabalho e à data da celebração do contrato. Algumas das menções obrigatórias podem pois faltar, sem que haja, conversão *ope legis*.

Uma questão conexa que se tem colocado, na nossa jurisprudência, é a de saber em que medida é que se poderá alegar e provar que o montante retributivo que consta do contrato a termo escrito, não corresponde à realidade porque, por hipótese, a retribuição efectivamente paga é superior ao montante mencionado no contrato. As soluções encontradas pela jurisprudência têm variado substancialmente: em alguns Acórdãos, considerou-se que, sendo a forma escrita uma exigência *ad substantiam*, seria aplicável, nesta situação, o disposto no art. 394.º do Código Civil, segundo o qual, se a declaração negocial tiver de ser reduzida a escrito, por força de lei ou de convenção das partes, ou tiver de ser provada por escrito, não é admitida a prova testemunhal. Neste sentido pronunciou-se, por exemplo, o Tribunal da Relação de Évora, em acórdão de 13 de Março de 1997. Neste mesmo Acórdão admitia-se, contudo, a possibilidade de outra prova, que não a testemunhal, designadamente a prova por confissão, e por documentos, entre os quais se incluiriam os cheques mensais de pagamento. Contudo, uma parte da jurisprudência tem recusado tal entendimento, por uma variedade de razões: por um lado, porque a exigência de forma escrita em relação à retribuição tem um significado e um alcance bem mais modestos do que o que sucede com a necessidade de enunciar concreta e circunstanciadamente o motivo, como resulta, desde logo, da circunstância da falta de menção escrita da retribuição não acarretar a conversão do contrato e a nulidade do termo. Acresce, razão pela qual compartilhamos esta posição jurisprudencial, que a aplicação do artigo

---

uma anotação de CLAUDE ROY-LOUSTAUNAU, já decidiu que a falta de menção no contrato escrito da convenção colectiva aplicável, ainda que obrigatória, não acarreta a "requalificação" do contrato em contrato sem termo.

[68] Diferente é a posição adoptada por JOSÉ JOÃO ABRANTES, *ob. cit.*, pág.167, nota 40, que entende que, se faltar a assinatura de uma das partes, o termo será válido caso a assinatura que falte seja a do empregador. No mesmo sentido, *vide*, também, ANTÓNIO MENEZES CORDEIRO, *ob. cit.*, pág. 632.

394.º neste contexto é muito duvidosa, quer porque a forma escrita do contrato a termo tem sobretudo como escopo a protecção de uma das partes, quer porque parece conflituar, como o Supremo Tribunal de Justiça recentemente destacou, com o regime específico da retribuição.

Recorde-se, ainda, que a violação do n.º 1 do art. 41.º constitui contra-ordenação grave, nos termos no art. 60.º, se a entidade patronal não reconhecer, expressamente e por escrito, a existência de contrato de trabalho por tempo indeterminado.

Como é sabido, o motivo da contratação a termo tem que vir expresso, de maneira concretizada ou circunstanciada, no próprio contrato de trabalho. Trata-se de uma exigência que a jurisprudência já vinha fazendo — e quanto a nós com inteira razão — mesmo antes da Lei n.º 38/96[69]. O motivo aduzido pelo empregador há-de sê-lo de maneira a permitir o seu controlo, tanto pelo trabalhador, num primeiro momento, como pelas instâncias representativas dos trabalhadores e, finalmente, pelo tribunal. Só se o motivo for circunstanciado ou detalhado é que o trabalhador poderá verificar se ele corresponde à realidade ou se deixou de corresponder à realidade, num determinado momento, como sucederá, por exemplo, se um trabalhador for contratado para a conclusão de uma determinada obra ou serviço e, desde o início, ou inclusive, a partir de certo momento, for afectado a uma outra obra ou a um outro serviço. Parece-nos, por isso mesmo, de rejeitar o entendimento do STJ, no seu acórdão de 23 de Setembro de 1999 (in www.dgsi.pt), em cujo sumário se pode ler que "a expressão acréscimo temporário de serviço devido ao aumento de tráfego aéreo, utilizada num contrato a termo certo como justificação para a necessidade de ter sido celebrado esse tipo de contrato, se reproduz em parte a fórmula legal, não deixa de ter um conteúdo fáctico, acessível à compreensão comum". Não duvidamos que se trate de um conteúdo acessível à compreensão comum, mas afigura-se tão vago e genérico, que será praticamente impossível o controlo: de qual acréscimo temporário é que se fala? Assim, por exemplo, afigura-se-nos mais feliz a decisão encontrada pela Relação do Porto, no seu Acórdão de 18 de Março de 2002, em que se considerou que a indicação do motivo para a contratação a termo "em virtude do reforço da estrutura dos CFE's por

---

[69] Neste sentido, *vide* ANTÓNIO LEMOS MONTEIRO FERNANDES, *Direito do Trabalho*, 11ª edição, Almedina, Coimbra, 2001, págs.307-308: "tornou-se claro aquilo que, de algum modo, já derivava das formulações iniciais do n.º 1 do art. 41.º e da alínea e) do n.º 1 do art. 42.º Dec-Lei 64-A/89, como condição de consistência e efectividade do requisito do motivo justificativo".

acréscimo de trabalho, pelo facto da rede nacional dos CFE's não estar ainda concluída não satisfaz a exigência do art. 3.º n.º 1 da Lei 38/96, de 31 de Agosto, por ser vago e genérico"[70]. No nosso sistema legal não é

---

[70] Cfr., ainda, a título meramente exemplificativo, o Acórdão do Tribunal da Relação do Porto de 13/03/2000 («hyperlink "http://www.dgsi.pt" »), "III — A utilização de fórmulas genéricas e abstractas, susceptíveis de enquadrar diversas situações concretas não satisfazem a exigência legal. IV — É o que acontece com as fórmulas seguintes: "suprir necessidades transitórias de serviço por motivo de acréscimo temporário da actividade da empresa"; "por motivo de necessidades transitórias decorrentes da reestruturação dos serviços"; "satisfação de necessidades transitórias de pessoal, enquanto decorre o processo de racionalização de efectivos, acrescidas, numa primeira fase, pela ausência de trabalhadores em férias"; o Acórdão do Tribunal da Relação do Porto de 11/11/2002 («hyperlink "http://www.dgsi.pt"») segundo o qual "I — É nula a cláusula do contrato de trabalho de que "a celebração do presente contrato justifica-se por se estar perante uma situação da alínea b) do n.º 1 do art. 41.º do Decreto-Lei 64-A/89, de 27 de Fevereiro, ou seja, "acréscimo temporário ou excepcional da actividade da empresa que determina a criação de um terceiro turno de produção ou esmaltagem". II — É nula, por não satisfazer a exigência ínsita no art. 3.º n.º 1 da Lei 38/96 de 31 de Agosto de "mencionar concretamente os factos ou circunstâncias que integram esse motivo", ou seja, em que medida ocorre e porquê um acréscimo temporal ou excepcional da sua actividade para a criação de um terceiro turno; O Acórdão do Tribunal da Relação do Porto de 17/06/2002 («hyperlink "http://www.dgsi.pt"») em cujo sumário se pode ler que "(r)emeter para o disposto no art. 41.º n.º 1, alínea d) do Decreto-Lei 64-A/89 e para o caderno de encargos do Instituto Português de Oncologia não constitui a concretização suficiente dos motivos justificativos do termo aposto no contrato de trabalho"; o Acórdão do Tribunal da Relação de Lisboa de 23/10/2002 («hyperlink "http://www.dgsi.pt"») em que se afirma que "(u)m docente contratado pelo prazo de um ano por um estabelecimento de ensino "com vista a suprir as necessidades resultantes de acréscimo excepcional da actividade desse estabelecimento" deve considerar-se vinculado por um contrato de trabalho sem termo"; o Acórdão do Tribunal da Relação de Lisboa de 30/04/1997 (in «hyperlink "http://www.dgsi.pt"») em que se destacou que "(os) motivos justificativos da aposição do termo ao contrato de trabalho devem ser expressa e claramente definidos no próprio contrato, não sendo possível, válida e legal uma simples remissão para os termos de um qualquer diploma legal, v.g., os da Portaria n.º 193/79, de 21 de Abril, sob pena de nulidade da estipulação". Como exemplos de situações em que se considerou ter sido o motivo suficientemente concretizado no contrato, podem mencionar-se o Acórdão do Tribunal da Relação do Porto de 31/01/2000, in «hyperlink "http://www.dgsi.pt" », de acordo com o qual "satisfaz a exigência do art. 41.º n.º1 alínea e) do Decreto-Lei 64-A/89 de 27 de Fevereiro, o motivo justificativo do prazo mencionado no contrato "concluir as encomendas que temos para o mercado interno e exportação para a Alemanha" e o Acórdão do Tribunal da Relação do Porto de 20/05/2002 («hyperlink "http://www.dgsi.pt" ») "(é) motivo justificativo da celebração do contrato de trabalho a termo, não violando, assim, o disposto no n.º 1 do art. 41.º do Decreto-Lei 64-A/89, de 27 de Fevereiro, "estar a firma contraente a atravessar um crescimento temporário da actividade, em virtude de encomendas/contratos que têm de ser satisfeitas principalmente da EUREST e ainda dada

suficiente a remissão para os usos das empresas num determinado sector, uma vez que estes usos não são hoje, ao contrário do que sucedia na LCT, razão bastante para a contratação a termo[71].

Talvez se possa, contudo, introduzir uma *nuance* para a hipótese de o motivo da contratação consistir na contratação do trabalhador desempregado de longa duração ou à procura de primeiro emprego. Ainda que a lei refira que o ónus da prova da motivação do contrato a termo cabe ao empregador, a verdade é que se trata aqui de uma situação da esfera do trabalhador, pelo que nos parece que o empregador poderá, em princípio, confiar na declaração do trabalhador, de que se encontra na situação de desemprego de longa duração ou à procura de primeiro emprego e limitar-se, na minuta do contrato, a remeter para ela. Neste sentido pronunciou-se, entre nós, a Relação do Porto, em Acórdão de 29 de Outubro de 2001, em cujo sumário se pode ler que "no caso de contratação de trabalhador à procura de primeiro emprego, fica suficientemente especificado o motivo justificativo de aposição do termo no contrato, com a referência à alínea h) do n.º 1 do art. 41.º (...) uma vez que está em causa, neste caso particular, a política de fomento de emprego e não qualquer situação ligada à necessidade transitória da empresa como acontece nos casos previstos nas demais alíneas do mesmo normativo"[72-73].

---

a temporalidade da cessão de exploração que a primeira outorgante é beneficiária". Se neste último caso o motivo nos parece bem individualizado e controlável, temos dúvidas quanto àquele primeiro Acórdão: as encomendas para o mercado interno são quaisquer encomendas? E como é então controlável pelo trabalhador qual ou quais as encomendas para cuja satisfação foi contratado?

[71] Partilhamos, por isso, a solução encontrada pelo Acórdão da Relação do Porto, de 03/03/1997 (in Grande Enciclopédia de Jurisprudência, MCC) em cujo sumário se afirma que "III — Apesar se ser do conhecimento geral, que a prestação de serviços, pelas empresas de segurança, se processa, em geral, ao abrigo de contratos com duração determinada, a natureza da actividade prestada por essa empresa não é fundamento válido para justificar a ausência de motivo justificativo da aposição de termo. IV — Não satisfaz a obrigação de apresentar, em cada caso concreto, o motivo justificativo, imposta pelo art. 3.º da Lei n.º 31/96, a mera indicação de que a entidade patronal é uma "empresa de prestação de serviços, possuindo na área da sua actividade contratos com clientes, a termo certo, renováveis automaticamente até atingirem determinado período de tempo".

[72] Cfr., no entanto, o disposto no Acórdão do Tribunal da Relação do Porto de 07/01/2002 («hyperlink "http://www.dgsi.pt"») em cujo sumário se pode ler que "I — Depois da entrada em vigor do Decreto-Lei 34/96 de 18 de Abril, a declaração aposta no contrato de que o mesmo era celebrado ao abrigo da alínea h) do n.º 1 do art. 41.º (...) acrescida da declaração emitida pelo trabalhador de que nunca tinha sido contratado por tempo indeterminado não é suficiente para concluir que o trabalhador era um jovem

Se o motivo invocado pela entidade patronal, para a contratação a termo, for falso, a consequência será a conversão do contrato em contrato sem termo, mesmo que, porventura, a entidade patronal dispusesse de um outro motivo, efectivamente existente, mas não invocado, para a referida contratação[74].

Quanto ao contrato de trabalho a termo certo, antigamente designado por contrato de trabalho a prazo, a estipulação do prazo deve constar expressamente do contrato. A lei contempla limites à renovação do contrato, afirmando que "caso se trate de contrato a prazo sujeito a renovação, esta não poderá efectuar-se para além de duas vezes e a duração do contrato terá por limite, em tal situação, três anos consecutivos" (n.º 2 do art. 44.º). Da redacção deste preceito parece poderem retirar-se várias ilações: por um lado, nem todos os contratos a prazo estão sujeitos a renovação, devendo admitir-se, por exemplo, uma cláusula contratual que afaste a possibilidade de renovação. Por outro lado, a lei só contempla,

---

à procura de primeiro emprego. II — Tal declaração não constitui uma indicação válida do motivo justificativo do termo e implica que o contrato seja considerado sem termo, nos termos do n.º 1 do art. 3.º da Lei 38/96". No texto afirma-se que o juiz de primeira instância considerou suficiente que tenha ficado consignada numa cláusula do contrato a seguinte declaração: "o segundo contratante (trabalhador) declara nunca ter sido contratado por tempo indeterminado". O Tribunal da Relação entendeu, contudo, que não basta agora que o trabalhador não tenha sido contratado antes mediante contrato de trabalho por tempo indeterminado. "Também é necessário que tenha mais de 16 e 30 anos de idade e que esteja inscrito nos centros de emprego".

[73] Também em França se entendeu recentemente que a exigência de motivação neste caso pode ser mitigada. A Cour de cassation (Chambre sociale) decidiu, com efeito, em Acórdão de 17 de Outubro de 2000 (publicado com um comentário favorável de CLAUDE ROY-LOUSTAUNAU, em Droit Social 2000, págs. 1140-1141) que "dès lors que le contrat de travail conclu entre le salarié et l'employeur était intitulé «contrat initiative-emploi», cette seule mention, qui fait référence aux dispositions de l'article L. 122-2 du Code du travail, suffit à satisfaire à l'exigence de définition du motif du contrat à durée déterminée prévue à l'article L. 122-3-1 du même code».

[74] Neste sentido, que se nos afigura exacto, vide o sumário do Acórdão do Tribunal da Relação de Lisboa de 30/04/1997 (in «hyperlink "http://www.dgsi.pt" »): "(t)endo a Ré celebrado com a Autora um contrato de trabalho a prazo, alegando fazê-lo por "acréscimo temporário ou excepcional da actividade da empresa", quando, na realidade, a Ré iniciou, em 1-6-1994, a exploração de um estabelecimento para o exercício do mesmo ramo a que se dedica, de comércio de mercearia e charcutaria, para cujo normal funcionamento contratou naquela data vários trabalhadores, incluindo a Autora, mediante contratos de trabalho a termo certo, com utilização de impressos idênticos ao utilizado para a contratação da Autora, é evidente que a motivação indicada no contrato é impertinente e descabida e não conforme a verdade, por falta de fundamentação".

neste preceito, limites à renovação do contrato, prevendo-se, "em tal situação", que a renovação do contrato não pode efectuar-se mais de duas vezes e que a duração do contrato, quando renovado, terá como limite três anos consecutivos. Diferentemente, estipula-se, para a hipótese de lançamento de uma nova actividade de duração incerta e início de laboração de uma empresa ou estabelecimento, que a duração do contrato — aqui sim, haja ou não renovação — não pode exceder dois anos. A doutrina dominante entende, e na nossa opinião correctamente, que não existe, pois (fora do âmbito da al.e) do n.º 1 do art. 41.º) um limite ao prazo inicial de um contrato a termo certo, podendo, por exemplo, estipular-se um termo de cinco anos, desde que haja um motivo justificativo (por exemplo, uma determinada empreitada) que o explique. No contrato e termo certo, a cessação do motivo não deve acarretar, só por si, a caducidade do contrato: assim, se o trabalhador for contratado pelo termo de dois anos, para a realização de uma determinada obra, cuja duração previsível era de dois anos, mas que, na realidade, ficou concluída antes de decorridos aqueles dois anos, nem por isso o contrato caducará antes do fim do prazo[75].

A lei esclarece ainda que o contrato a termo, que seja renovado, se considera como um único contrato. Da conjugação do Dec-Lei n.º 64--A/89 com o disposto na Lei n.º 38/1996, parecia resultar uma *nuance* terminológica, já que se fala, na lei, tanto em renovação como em prorrogação do contrato a termo, por período diferente do inicialmente estipulado: poder-se-ia ser tentado, assim, a distinguir entre a renovação, que poderia ser tácita, mas seria sempre por período igual ao inicialmente estipulado, e a prorrogação do contrato a termo, por período diferente do inicialmente estipulado, sujeita, como se viu, aos requisitos formais da celebração do próprio contrato a termo. No entanto, a Lei n.º 18/2001 veio alterar o n.º 2 do art. 3.º da Lei n.º 38/1996, estabelecendo que "a prorrogação do contrato a termo, por período diferente do estipulado inicialmente, está sujeita aos requisitos formais e materiais da sua celebração e contará, para todos os efeitos, como renovação do contrato

---

[75] Em sentido contrário, em Espanha, pronunciou-se, por exemplo, LUIS FERNANDO ANDINO AXPE, *Los nuevos contratos temporales*, Actualidad Laboral, 1995, crónica XXXII, págs.535 segs., pág.543, para quem mesmo que as partes tenham fixado um termo certo, a cláusula deve operar de modo indicativo ou orientador, já que deve dar-se sempre primazia à realização real da obra, sobre o termo. Esta construção esvazia, quanto a nós, o efeito estabilizador do termo certo e esquece que, neste contrato a termo certo, a duração do contrato não depende directamente da sua causa, mas da autonomia da vontade das partes.

inicial". Parece ter-se equiparado a prorrogação à renovação, nos seus efeitos (o contrato prorrogado conta igualmente como um único contrato), mas, quanto a nós, parece ser possível continuar a distinguir entre a renovação normalmente tácita[76] e por período igual ao inicialmente estipulado, e a prorrogação expressa (com forma escrita e indicação do motivo) por período diferente do inicialmente estipulado. A distinção pode ter algumas consequências práticas, já que, por exemplo, o n.º 1 do art. 53.º do Dec-Lei n.º 64-A/89, na redacção que lhe foi dada pela Lei n.º 18/2001, prevê a obrigação de informação, pelo empregador, no prazo máximo de cinco dias úteis, à comissão de trabalhadores e estruturas sindicais, existentes na empresa, "da celebração, prorrogação e cessação do contrato a termo", mas já não da sua renovação. Caso os limites à duração do contrato a termo sejam ultrapassados[77], o contrato converte-se em contrato sem termo, "contando-se a antiguidade do trabalhador desde o início da prestação de trabalho".

Relativamente à caducidade do contrato a termo, a lei estabelece que a mesma não opera automaticamente, porquanto é necessário que o empregador comunique ao trabalhador "até oito dias antes do prazo expirar, por forma escrita, a vontade de o não renovar" (n.º 1 do

---

[76] Na renovação tácita, ainda que o motivo da contratação a termo não tenha que ser reiterado formalmente, é necessário que o referido motivo ainda subsista para que a renovação do contrato a termo seja válida, pois que se o motivo, existente aquando da celebração inicial do contrato tiver entretanto desaparecido e já não existir no momento da renovação, o contrato converter-se-á em contrato por tempo indeterminado. Idêntica doutrina vale em França, como a Cour de cassation (Chambre sociale) decidiu no Acórdão de 1 de Fevereiro de 2000, Droit Social 2000, págs. 435 e segs. (com uma anotação de CLAUDE ROY-LOUSTAUNAU): "dés lors que le contrat de travail à durée déterminée a été renouvelé, il convient de se placer à la date du renouvellement pour apprécier le motif du recours". Como refere CLAUDE ROY-LOUSTAUNAU, ob. cit., pág. 435, "no momento da renovação deve subsistir o motivo de recurso originário que justificou a conclusão do contrato de trabalho a termo. É uma condição essencial da licitude da renovação do contrato a termo".

[77] É interessante recordar a este respeito o disposto no Acórdão da Relação de Lisboa de 22/01/1997 (Grande Enciclopédia de Jurisprudência) "II — Ocorrendo o termo do contrato de trabalho, não significa renovação daquele, a deslocação ocasional da professora, por dois dias, para apreciação de uma nota por ela dada e, no dia seguinte, para assistir a um exame, representando tudo isso apenas uma mera execução do mesmo contrato, que já caducara no termo do prazo". Podemos concordar com a existência aqui de uma certa eficácia pós-contratual que, em rigor, não corresponde à continuação da execução de um contrato após o seu termo, como sucede quando um professor explica uma nota anteriormente dada, mas já nos parece representar uma execução do contrato após o seu termo o serviço de júri ou de vigilância num exame.

art. 46.º)[78]. Prevê-se igualmente uma compensação pela caducidade que, na versão inicial do Dec-Lei n.º 64-A/89, era de dois dias de remuneração de base por cada mês completo de duração, enquanto na versão introduzida pela Lei n.º 18/2001 é de "três dias de remuneração de base por cada mês completo de duração (...) não podendo ser inferior a um mês". A letra da lei é equívoca, já que não resulta, com clareza, o que é que não pode ser inferior a um mês: o valor da compensação ou a duração do contrato a termo, para este efeito? Parece-nos que tem apoio, no teor literal do preceito, a tese que reputamos de mais razoável, e que é a de que um trabalhador que tenha um contrato a termo, com duração inferior a um mês, não pode deixar de receber três dias de remuneração base. A expressão legal *não podendo ser inferior a um mês* parece remeter, exactamente, para a duração do contrato, e não para o valor da compensação (deveria, então, dizer *não podendo ser inferior à remuneração base de um mês* ou *a um mês de remuneração base*). Até porque a solução oposta encarece, de modo quase intolerável, os contratos a termo de curtíssima duração, e o recurso ao trabalho temporário, a que esta norma também é aplicável: pense-se num contrato a termo de um mês, cuja caducidade daria ao trabalhador uma compensação de um mês de remuneração base. Sendo certo que tal solução poderia ser utilizada para desencorajar, de modo muito significativo, os contratos a termo de curta ou curtíssima duração, julgamos que tal solução deveria resultar inequivocamente da lei.

A existência de uma compensação pela caducidade, para lá de compensar o trabalhador pela precariedade do seu emprego[79], revela-se um factor indirecto de controlo e desincentivo[80] do contrato a termo, já que o encarece.

---

[78] No sumário do Acórdão do Supremo Tribunal de Justiça de 27/11/1996 (in www.dgsi.pt) pode ler-se que "se no contrato individual de trabalho se estabelecer um prazo maior para a denúncia do mesmo contrato (prazo mínimo de oito dias) deve prevalecer o prazo fixado na cláusula contratual".

[79] Sobre esta compensação pela precariedade cfr. CLAUDE ROY-LOUSTAUNAU, *La lutte contre...*, cit., pág. 306.

[80] Em Itália, MARCO PAPALEONI, *Le Linee Fondamentali della Nuova Disciplina del Rapporto di Lavoro a Tempo Determinato: D. LGS, 6 settembre 2001, N. 368*, Argomenti di Diritto del Lavoro 2002, págs. 665 e segs., pág. 668, considera que a compensação pela caducidade (premio di fine lavoro) tem uma finalidade desincentivante do recurso ao contrato a termo como mero instrumento de redução de custos. Sobre a natureza jurídica da compensação pela caducidade e a sua complexidade, *vide*, entre nós, ANTÓNIO JOSÉ MOREIRA, *Caducidade do Contrato de Trabalho a Termo*, IV

Na sua redacção inicial, o n.º 4 do art. 46.º do Dec-Lei n.º 64-A/89 dispunha que "a cessação por motivo não imputável ao trabalhador, de um contrato a prazo que tenha durado mais de doze meses impede uma nova admissão, a termo certo ou incerto, para o mesmo posto de trabalho, antes de decorridos três meses". A Lei n.º 18/2001 veio alargar este prazo, reiterando que o impedimento da contratação a termo, para o mesmo tempo de trabalho, vale agora por seis meses. As consequências da violação deste preceito são debatidas na doutrina, entendendo uns que o novo contrato a termo, celebrado antes de decorrido o prazo legal, se converte em contrato sem termo, e defendendo outros, apenas, a existência de uma contra-ordenação. Pela nossa parte, afigura-se-nos mais correcta aquela primeira tese, já que se trata da violação de uma norma legal imperativa, e a violação da norma é realizada para iludir, ou contornar, as disposições que limitam a contratação a termo, além de que indicia que o recurso ao contrato a termo tem lugar para fazer face a necessidades de mão-de-obra que, em rigor, não se podem ter por temporárias.

Além da compensação pela caducidade, a lei portuguesa concede, ao contratado a termo (art. 54.º do Dec-Lei 64-A/89) um direito de preferência até ao termo de vigência do seu contrato, no acesso a um contrato por tempo indeterminado, sempre que a entidade empregadora proceda a um recrutamento externo para o exercício, com carácter de permanência, "de funções idênticas àquelas para que foi contratado". Este direito de preferência acarretava, quando violado, na redacção inicial do preceito, o direito do trabalhador a uma indemnização correspondente a meio mês de remuneração de base, indemnização cujo valor foi aumentado significativamente pela Lei n.º 18/2001 (para nada menos que seis meses de remuneração de base), vindo agora a ser reduzido pelo Projecto (para três meses de remuneração de base)[81]. A Lei n.º 18/2001 veio também esclarecer que "cabe ao empregador o ónus da prova de não ter preterido o trabalhador no direito de preferência na admissão" (n.º 3 do art. 54.º).

Congresso Nacional de Direito do Trabalho, Almedina, Coimbra, págs. 381 e segs., págs. 385-386.

[81] Segundo informa ANTONIO VALLEBONA, ob. cit., pág. 10, a lei italiana só prevê um direito de preferência na contratação por tempo indeterminado quanto aos trabalhadores contratados a termo para fazer face a actividades sazonais e a picos de actividade. Em contrapartida, se tal direito for violado o trabalhador pode não apenas pedir um ressarcimento do dano, mas propor uma acção de constituição *ope iudicis* da relação laboral.

Um dos traços distintivos do Decreto-Lei n.º 64-A/89 foi a reintrodução[82], no nosso sistema jurídico, da possibilidade de contratar a termo incerto. Torna-se quase desnecessário sublinhar que o termo incerto gera uma instabilidade acrescida, na relação laboral. Não é também inteiramente claro que o termo incerto dependa sempre de circunstância objectivas e que a sua verificação, ou não, não possa estar dependente, em alguma medida, da vontade do empregador. Pense-se na eventualidade de um empreiteiro, que contratou a termo incerto os seus trabalhadores, resolver o contrato de empreitada, respeitante à obra para a qual os contratou. A lei portuguesa apenas permite a celebração do contrato a termo incerto num número limitado de situações, em que seria possível recorrer ao contrato a termo certo. Não se regulamenta, por seu turno, a possibilidade de conversão de um contrato a termo incerto num contrato a termo certo, ou *vice versa*, na vigência do próprio contrato e por acordo das partes. O art. 49.º dá alguma estabilidade à relação, uma vez que estipula que "o contrato de trabalho a termo incerto dura por todo o tempo necessário à substituição do trabalhador ausente ou "à conclusão da actividade, tarefa ou obra cuja execução justifica a sua celebração". O alcance preciso da norma não é, contudo, facilmente determinável: suponha-se, por exemplo, que um trabalhador é contratado a termo incerto, para a conclusão de uma determinada empreitada, mas que, antes da obra acabar, a entrada do próprio trabalhador no estaleiro ou nas instalações do dono da obra é por este proibida[83], ou que o próprio contrato de empreitada é resolvido pelo dono da obra por incumprimento culposo do empreiteiro. Poderá considerar-se que o contrato de trabalho a termo incerto caducou, nos termos gerais, ou seja, por impossibilidade absoluta, definitiva e superveniente de o trabalhador realizar a sua prestação ou da entidade patronal a receber? Ainda que com dúvidas, a figura-se-nos que a resposta deve ser negativa, de molde a não esvaziar o art. 49.º e a não onerar o trabalhador com um risco económico da actividade, que deve impender sobre o seu empregador. Reconhecemos,

---

[82] Como destaca, a este respeito, JOSÉ JOÃO ABRANTES, *Breve apontamento sobre o regime jurídico do contrato de trabalho a prazo*, in Direito do Trabalho, Ensaios, Editora Cosmos, Lisboa, 1995, págs. 93 e segs., pág. 99, n. 9, "voltou-se à tradição do ordenamento laboral português (cfr. art. 13.º da Lei n.º 1952 e arts. 10.º, 2 e 100.º, 1, b da LCT)".

[83] Cfr. o Acórdão do Supremo Tribunal de Justiça de 15/07/1999 (in «hyperlink "http://www.dgsi.pt" »), em cujo sumário se pode ler que "se o trabalhador foi contratado para efectuar uma obra que terceiro empreitou à sua entidade patronal, o contrato não caduca se esse terceiro proíbe a continuação da actividade pelo trabalhador".

no entanto, que se suscitam, aqui, dificuldades práticas, porquanto não nos parece que o trabalhador possa ser afectado a outra obra, sem que o contrato se converta em contrato sem termo. Uma vez que, aqui, a substituição do trabalhador ausente, ou a conclusão da actividade, obra ou tarefa são, não apenas a causa do contrato a termo, mas os factores decisivos para a sua duração, parece-nos que a afectação do trabalhador a termo a uma outra função (por exemplo, a sua afectação a uma outra actividade ou empreitada) implicará a conversão do contrato em contrato por tempo indeterminado.

4. A Lei n.º 18/2001 introduziu uma série de importantes alterações ao regime do contrato a termo. Entre elas — e a algumas já tivemos ocasião de aludir ao longo do texto — merece destaque a adição de um novo preceito ao Decreto-Lei n.º 64-A/89, o artigo 41.º. De acordo com o disposto no seu n.º 1, "a celebração sucessiva e ou intervalada de contratos de trabalho a termo entre as mesmas partes, para o exercício das mesmas funções ou para a satisfação das mesmas necessidades do empregador determina a conversão automática da relação jurídica em contrato sem termo". Exceptuam-se, no entanto, os contratos a termo com fundamento em actividades sazonais ou em serviços ocasionais e tarefas precisamente definidas e não duradouras (n.º 2). Por seu turno, o n.º 3 do artigo 41.º-A dispõe que "(s)em prejuízo do disposto no artigo 5.º, é nulo e de nenhum efeito o contrato de trabalho a termo que seja celebrado posteriormente à aquisição pelo trabalhador da qualidade de trabalhador permanente".

Apesar de a Lei n.º 18/2001 ter já a sua morte anunciada pelo Código que se avizinha e de tal regime ser por este parcialmente demolido, pode ainda revestir-se de alguma utilidade esclarecer o alcance e o escopo destas alterações, até porque, muito recentemente, foi proposta uma interpretação[84] que, em grande medida, no nosso entender, esvazia a lei de sentido útil.

Relativamente ao estatuído nos números 1 e 2 do artigo 41.º-A, importa ter presente que, antes desta norma, era perfeitamente possível a uma entidade empregadora contratar a termo por um ano invocando, por exemplo, que o trabalhador estava à procura de primeiro emprego, renovar o contrato duas vezes por igual período, fazer funcionar nesse momento a

---

[84] Referimo-nos ao estudo de LUÍS MIGUEL MONTEIRO e PEDRO MADEIRA DE BRITO, *Alteração ao regime jurídico do contrato de trabalho a termo introduzida pela Lei n.º 18/2001, de 3 de Julho*, RDES (Revista de Direito e de Estudos Sociais), 2002, págs.93 segs.

caducidade do contrato e depois — deixando passar o prazo de três meses previsto no artigo 54.º, antes da lei n.º 18/2001 por uma questão de cautela ou até imediatamente por confiar que prevaleceria o entendimento da doutrina dominante segundo o qual a violação do artigo 54.º só acarreta uma coima e não afecta a validade do termo do segundo contrato — celebrar novo contrato a termo de um ano com a invocação de um determinado acréscimo temporário de actividade. Este contrato a termo seria levado até ao lomite das renovações legalmente permitidas, para depois o empregador fazer operar a caducidade. E o "jogo" poderia continuar, voltando a contratar o mesmo trabalhador que, aliás, continuava ainda "à procura de primeiro emprego" já que ainda não tivera um contrato de trabalho por tempo indeterminado. Este tipo de situação corresponde, precisamente, ao principal perigo que a Directiva identificou na contratação a termo: o de a contratação a termo funcionar como uma "armadilha" que precariza o emprego sobretudo de trabalhadores pouco qualificados. Além disso, tal prática permite a uma empresa ocupar um posto de trabalho permanente com o mesmo trabalhador, ao abrigo de sucessivos contratados a termo e isto porque algumas das causas de contratação a termo legalmente admitidas são "opacas" quanto à natureza temporária ou permanente das funções exercidas pelo trabalhador: pense-se na contratação de desempregados de longa duração ou abertura de um novo estabelecimento...Compreende-se, pois, que a lei exclua da conversão automática a situação de um trabalhador ser contratado a termo sucessivamente pelo mesmo empregador por força de uma actividade sazonal ou para a realização de um serviço determinado e precisamente definido e não duradouro. Quanto às actividades sazonais, trata-se de actividades pela sua natureza intermitentes em que não parece haver o risco de encobrir, com tal invocação, o recurso ao contrato a termo para fazer face a necessidades permanentes de mão-de-obra. Quanto à contratação por tarefas precisamente definidas e não duradouras ou serviços ocasionais, embora a margem de risco seja maior, importa recordar que tais motivos terão de ser especificados e corresponderão, em geral, a necessidades que embora se possam repetir com a mesma natureza não representarão via de regra a um posto de trabalho permanente: pense-se na necessidade de informatizar primeiro uma determinada secção ou filial e, depois, informatizar uma outra. A lei refere-se, não apenas às mesmas funções mas, em alternativa, à satisfação das mesmas necessidades, quanto a nós para impedir que o empregador, alterando, porventura, até, ligeiramente, a categoria ou funções referidas no novo contrato a termo, se furtasse à aplicação do disposto nesta norma.

Face ao exposto, torna-se patente a nossa discordância, no essencial, da solução interpretativa proposta por LUIS MIGUEL MONTEIRO e PEDRO MADEIRA DE BRITO. Embora concordemos com algumas das afirmações dos autores, nomeadamente a de que o art. 41.º-A não se aplica, na hipótese de mera renovação contratual, expressa ou tácita, bem como a necessidade de não interpretar restritivamente a expressão "entre as mesmas partes"[85], não podemos, de todo, sufragar o entendimento de que, onde a lei diz *ou*, quis na realidade dizer *e*, com a consequência de que "só a celebração sucessiva ou intervalada de contratos de trabalho a termo, para o mesmo posto de trabalho (as mesmas funções) e cumulativamente com a mesma justificação (necessidades) cai no âmbito de aplicação da norma"[86]. Pretendem os autores justificar esta conclusão com a asserção de que a expressão "mesmas funções" não pode pretender identificar o conjunto de tarefas que o trabalhador exerce ou a que se obrigou, a sua categoria contratual, mas sim as suas funções concretas, numa empresa determinada, ou seja, o seu posto de trabalho. Mas a referência às funções teria que atender à necessidade empresarial, pelo que "a verificação da coincidência de funções nada revela sobre a precariedade ou agravamento da precariedade de determinada situação laboral"[87]. Daí que os autores parecem sugerir que as mesmas funções teriam de vir acompanhadas da mesma justificação (necessidades) para que a norma se aplicasse. Refira-se, desde já, que a invocação de uma das causas legalmente tipificadas para o contrato a termo pode nada nos dizer, em rigor, sobre a necessidade

---

[85] Assim, por exemplo, a aquisição da qualidade de empregador, em virtude de transmissão de estabelecimento (art. 37.º) não constitui alteração dos sujeitos, para efeitos de aplicação desta norma (ob. cit., pág. 104) porquanto o transmissário se sub-roga legalmente na posição do transmitente. Os autores admitem, também, e afigura-se-nos que correctamente, a aplicação da norma quando se celebre contratos a termo com pessoas jurídicas distintas, mas que correspondem ao mesmo empregador material (é o que sucede, por exemplo, no âmbito dos grupos de empresas). Importa, no entanto destacar, que não tem sido esse o entendimento dominante na nossa jurisprudência. Sirva de exemplo o Acórdão do Tribunal da Relação de Lisboa de 31/1/2001 (in «hyperlink "http://www.dgsi.pt" »): "I — O trabalhador tendo sido contratado pela empresa agravada, outorgando o documento denominado contrato de trabalho a termo, veio a receber uma comunicação de uma outra empresa, supostamente integrada no mesmo grupo económico e com direcção unificada, a invocar a caducidade do contrato. II — Incumbia ao trabalhador fazer prova, o que não foi feito, da relação de subordinação jurídica em relação ao grupo societário. III — Nos grupos societários só é empregador a sociedade vinculada através de contrato de trabalho ao trabalhador".

[86] *Ob. cit.*, pág. 111.
[87] *Ob. cit.*, pág. 109.

satisfeita pela empresa: não só certas causas de contratação a termo são opacas, quanto à natureza, mais ou menos precária, do posto de trabalho (pense-se na contratação de trabalhadores desempregados de longa duração ou de trabalhadores à procura de primeiro emprego, que podem, obviamente, ser afectados a funções permanentes) como pode até suceder que uma empresa possa, simultaneamente, "dispor" de várias causas, e escolha entre uma delas: uma nova empresa, que iniciou a sua laboração e que contrata um desempregado, para uma actividade sazonal, tem à sua disposição um leque de justificações plausíveis. Em suma, a repetição de uma determinada fundamentação que, nomeadamente, caiba na mesma alínea do art. 41.º n.º 1, não é, obviamente, necessária, para que se possa afirmar que o trabalhador satisfaz as mesmas necessidades. Mas, e sobretudo, não podemos deixar de discordar com aquela afirmação de que "a verificação de coincidência de funções nada revela sobre a precariedade ou agravamento da precariedade de determinada situação laboral": a sucessão de contratos a termo, em que o trabalhador é chamado a desempenhar as mesmas funções, sugere, desde logo, que um posto de trabalho permanente está a ser preenchido com o recurso a sucessivos contratos a termo. E é precisamente esta contratação a termo em cadeia, do mesmo trabalhador, que contribui para uma segmentação da mão-de-obra e para uma precarização de certos trabalhadores...

Valerá a pena invocar, aqui, um dos exemplos propostos pelos autores: "pondere-se, como hipótese de estudo, na contratação a termo para proceder à substituição de empregado, em gozo de férias, criando a necessidade de prolongar a substituição. As exigências de fundamentação do contrato impõem que o texto deste refira a justificação do termo; neste caso, indicação de substituição por férias do concreto trabalhador ausente. Se o trabalhador adoece, a justificação será distinta e torna inviável a renovação do contrato. No entanto, porquanto se mantém a necessidade transitória de trabalho, para as mesmas funções e para o mesmo posto de trabalho, seria absurda a proibição de nova contratação, que poderia decorrer da alternatividade dos requisitos em análise. É que, neste caso, o empregador sempre contratará um trabalhador a termo, pois a necessidade é claramente temporária. O absurdo está em não poder contratar o trabalhador que já tinha desempenhado funções na sua organização, com vantagens reconhecidas, no que respeita à produtividade e qualidade do trabalho". Sublinhe-se, desde já, que os autores escolheram como exemplo uma conduta do empregador bem mais razoável, ou plausível, do que aquela que acima indicamos como alvo primordial do art. 41.º-A: não se trata, na verdade, de manter o mesmo contratado a termo, durante anos, a desempenhar as mesmas funções, com invocação alternada de motivos diversos. Trata-se, antes, da situação de um contratado a termo para substituir um trabalhador em gozo de férias que, depois, adoece. Os autores pretendem que seria impossível contratar de novo o mesmo trabalhador, a termo, agora para substituir aquele, no período da doença. E rematam considerando que se trata de uma demonstração da necessidade de considerar as duas exigências, cumulativas (as funções e a necessidade).

Destaque-se, antes de mais, que na realidade da vida empresarial frequentemente, o contratado a termo, para substituição, sê-lo-á a termo incerto, e o seu contrato durará enquanto durar a necessidade de substituição. Mas mesmo que o seja a termo certo, o art. 41.º-A, como os autores reconhecem, não impede a renovação do contrato, enquanto a necessidade (a de substituição do trabalhador que, primeiro, estava de férias, e que agora está doente) se mantiver. O que parece cair no âmbito da proibição da norma é a situação do trabalhador contratado a termo para substituir um outro, cujo contrato atinge o limite das renovações, e é agora contratado novamente para continuar a substituir aquele. Pode efectivamente duvidar-se da bondade da solução legal, que, aliás, foi revista pelo Código do Trabalho, muito embora, repetimo-lo, o problema seja significativamente reduzido, no plano prático, pela possibilidade de contratar a termo incerto.

Em todo o caso, admitimos que a Lei n.º 18/2001 possa ter ido longe de mais neste aspecto da sucessão de contratos de substituição, ainda que o outro lado da medalha não deva ser esquecido: sirva de exemplo um caso francês em que um trabalhador foi contratado a termo noventa e quatro vezes (!) para substituir ora um ora outro dos trabalhadores de uma empresa. Numa situação destas pode duvidar-se que a mera invocação da fraude à lei seja suficiente: a Cour d'appel de Limoges, em decisão de 8 de Fevereiro de 1993, entendeu que não existia aqui qualquer fraude porquanto cada um dos motivos invocados era verdadeiro e foi necessário esperar pelo Acórdão da Cour de cassation (Chambre sociale) de 4 de Dezembro de 1996 que decidiu que devia ser requalificado em contrato de trabalho por tempo indeterminado, o contrato do trabalhador que, com o mesmo salário e qualificações, fora contratado a termo sucessivamente (noventa e quatro vezes!) para substituir vários trabalhadores de uma empresa, já que, na realidade, "ocupava um posto permanente na empresa". Em suma, e como observou JEAN MOULY, "não é em si mesma a celebração de contratos sucessivos (de substituição) que é proibida (...) mas a utilização de tais contratos para preencher um posto ligado à actividade normal e permanente da empresa"[88]. O que efectivamente sucede, também entre nós, quando uma empresa sub-dimensiona o seu quadro de pessoal efectivo (contratado por tempo indeterminado) e depois contrata a termo outros trabalhadores, que recebem a formação necessária aquando do primeiro contrato a termo, para sistemática e reiteradamente substituírem aqueles que se encontrem de baixa ou de férias, celebrando sucessivos contratos para o efeito[89].

Os autores consideram, também, que o art. 41.º-A se aplica, tanto à celebração sucessiva, como à celebração intervalada, de contratos a termo. Interrogam-se, contudo, quanto à conjugação entre o art. 41.º-A e o art. 54.º e perguntam-se se, passados seis meses, o empregador não poderá voltar a contratar a termo o mesmo trabalhador, para as mesmas funções e necessidades da empresa. A sua resposta é a de que não é admissível que, pela circunstância de ter contratado um trabalhador a termo para determinadas funções e necessidades da empresa, o empresário fique impedido, para todo o sempre, de contratar esse mesmo trabalhador (de contratar a termo, está bom de ver...). "Haverá um momento, decorrido que seja determinado hiato temporal, em que a celebração de novo contrato a termo, para a satisfação das mesmas necessidades, não constitui a extensão de preexistente precariedade do vínculo contratual, mas uma nova precariedade que não retoma a anterior"[90]. E acrescentam que "não faria sentido admitir-se a contratação a termo de novo trabalhador para o mesmo posto de trabalho, decorridos que fossem seis meses sobre o termo da anterior contratação, também a título transitório e, nas mesmas circunstâncias, impedir a contratação do anterior trabalhador"[91]. Muito embora a questão seja delicada, parece-nos que a solução encontrada pelos autores potencia a tal espiral de contratação a termo e a precarização de certos e determinados trabalhadores. Dir-se-á que é absurdo permitir que a entidade patronal contrate outro trabalhador a termo e não aquele que já anteriormente foi contratado a termo por ela; mas isso é esquecer que o

---

[88] JEAN MOULY, *Note à Cour d'appel de Limoges 8 février 1993*, Recueil Dalloz Sirey 1993, págs. 432 e segs., pág. 433.

[89] Como refere JEAN MOULY, *Note à Cour de cassation soc. 4 décembre 1996*, Recueil Dalloz Sirey 1997, Jurisprudence, págs. 460 e segs., pág. 461, "lorsqu'une entreprise a en permanence des emplois de personnel absent à pourvoir, par définition, elle ne fournit plus aux salariés remplaçants des tâches temporaires et non durables pouvant être effectuées par contrats à durée déterminée, mais leur offre des fonctions permanentes seulement susceptibles d'être pourvues par contrats à durée indéterminée".

[90] *Ob. cit.*, pág. 112.

[91] *Ob. cit.*, pág. 113.

maior risco ou perigo do contrato a termo não está na existência de contratos a termo, em si, que devem ser encarados, como já se disse, como realidades de contratação frequentes, mormente em início de carreira: o verdadeiro perigo está em permitir que uma pessoa seja contratada e recontratada a termo, para ocupar o mesmo posto de trabalho, com motivos pretensa e formalmente distintos, e com intervalos mais ou menos longos, com evidente prejuízo para a sua formação profissional e às custas da comunidade, isto é, da segurança social. Até porque, em certas actividades económicas, a contratação a termo de um outro trabalhador pode não representar uma opção satisfatória: tal dependerá da taxa de *turn-over*, dos custos da formação, do investimento que já se tenha realizado, no primeiro trabalhador.

Em suma, afigura-se-nos que onde a Lei 18/2001 disse "ou" queria efectivamente dizer "ou": o que está em jogo é impedir que o mesmo trabalhador seja contratado sucessivamente para realizar as mesmas funções, ao abrigo de contratos a termo com motivos diferentes (o que nem sequer é difícil de suceder porquanto alguns dos motivos legalmente previstos da contratação a termo são "opacos" e nada nos dizem quanto à natureza temporária ou permanente do trabalho a realizar) ou que a entidade empregadora, alterando o conteúdo funcional da prestação do trabalhador tal como vem descrito no contrato a termo (o que com o *ius variandi* e a polivalência funcional pode nem sequer ser grande impedimento a que continue a exigir as mesmas tarefas ou tarefas muito próximas), modificando a *job description*, possa furtar-se à aplicação do artigo 41.º-A. Mesmo que as funções não sejam exactamente as mesmas, tal artigo aplicar-se-á se o contrato se destinar à satisfação das mesmas necessidades do empregador.

5. Uma das inovações mais significativas do novo Código consiste, como já atrás dissemos, no abandono da técnica da tipicidade das causas de justificação. Tal técnica, ainda mantida no Anteprojecto, foi abandonada na fase do Projecto e, em sua substituição, optou-se por uma cláusula geral — segundo a qual é possível o recurso ao contrato a termo, para fazer face a quaisquer necessidades temporárias de mão-de-obra[92] — cláusula geral seguida de uma enumeração meramente exemplificativa e,

---

[92] Artigo 129.º, n.º 1: "(o) contrato de trabalho a termo só pode ser celebrado para a satisfação de necessidades temporárias da empresa e pelo período estritamente necessário à satisfação dessas necessidades". A referência às necessidades temporárias da empresa é tanto mais curiosa quanto o empregador, no nosso ordenamento, não é necessariamente uma empresa...

ainda, da enunciação de dois casos (o início de laboração de um estabelecimento ou lançamento de uma nova actividade de duração incerta e a contratação de trabalhadores desempregados de longa duração ou à procura de primeiro emprego) que não cabem na cláusula geral, por não corresponderem, forçosamente, a necessidades temporárias da empresa. Não nos parece que o abandono da enunciação taxativa seja, só por si, criticável[93]: não só noutros ordenamentos, como no italiano, ou no alemão, se adoptou recentemente a técnica da cláusula geral[94], como também o método do *numerus clausus* de motivação para a contratação a termo, não impediu a proliferação deste. A expressão "necessidades temporárias"[95] é, no entanto, muito ampla[96] e porventura excessivamente

---

[93] Nem contrário à Directiva: como refere ARMANDO TURSI, *Il contributo dei giuslavoratori al dibattito sulla riforma del mercato del lavoro: note critiche in tema di fornitura di lavoro e lavoro a termine*, Rivista Italiana di Diritto del Lavoro, 2002, págs.451 segs., pág.468, não se regista, na Directiva, um desfavor pelo contrato a termo que justifique a configuração de tal contrato, em termos de excepcionalidade e taxatividade das hipóteses, com a conexa conversão em contrato a tempo indeterminado, onde não ocorram tais hipóteses. Afirma-se mesmo que o contrato a termo pertence às formas de organização flexível do trabalho, que contribuem para aumentar o emprego, correspondendo tanto aos desejos dos trabalhadores, como às exigências da competitividade (consideração n.º 5). Já se nos afigura contrário pelo menos ao espírito da Directiva a opção por facilitar a sucessão de contratos a termo e permiti-la até um prazo substancialmente mais longo (seis anos) que o anterior.

[94] Em sentido diferente cfr., todavia, SALVATORE HERNANDEZ, *Cause giustificatrice del contratto a termine ed eventuale nullità del contratto en assenza delle medesime*, Il Diritto del Lavoro, 2002, págs. 31 e segs., pág. 32, que duvida que a normativa italiana contenha uma genuína cláusula geral: "trata-se de norma completa e auto-suficiente que não requer ao juiz a actividade inventiva que se encontra na presença de normas que contêm cláusulas gerais".

[95] A lei alemã sobre trabalho a tempo parcial e contrato a termo, que entrou em vigor a 1 de Janeiro de 2001, refere-se, também, a uma necessidade temporária como motivo, entre outros, da contratação a termo, como resulta do §14,1: "ein sachliche Grund liegt insbesondere vor, wenn (1) der betriebliche Bedarf an der Arbeitsleistung nur vorübergehend besteht". De acordo com o §14 Abs.1 TzBfG (*Teilzeit-und Befristungsgesetz*) o termo tem, em regra, que ter um fundamento material. Contudo, o §14 Abs.2 permite a existência de um termo sem indicação do motivo, até dois anos (como, de resto, já era permitido na Lei alemã, desde 1996), muito embora agora se exija, também, que nenhuma relação de trabalho anterior existisse com o mesmo empregador. Sobre este e outros aspectos da lei alemã, cfr. CHRISTIAN ROLFS, *Teilzeit- und Befristungsgesetz Kommentar*, C.H. Beck, München, 2002 e WOLFGANG DÄUBLER, *Das neue Teilzeit-und Befristungsgesetz*, Zeitschrift für Wirtschaftsrecht (ZIP), 2001, págs.217 e segs.

[96] Já em 1998 JEAN-PIERRE KARAQUILLO, Anotação a Cour de cassation 17 décembre 1997 (deux arrêts: AS Satellimage TV 5 c/Mme Mani; Mme Leprevost c/Radio

abrangente, quando confrontada com uma fórmula como empregue na lei italiana que se refere a "razões de carácter técnico, produtivo, organizativo ou substitutivo"[97]. Possibilita-se, assim, um entendimento segundo o qual seriam temporárias as necessidades que o empregador definisse como tais. Num exemplo proposto por SALVATORE HERNANDEZ, a decisão de testar ou de experimentar uma nova máquina por um certo período, colocando-a ao lado de outras que se destinam a uma produção por tempo indeterminado ou indefinido, justificaria a contratação a termo. A questão é delicada porque, por um lado, não pode bastar que o empregador diga que a necessidade é temporária sob pena de esvaziar a necessidade de motivação do recurso ao contrato a termo[98], mas, por outro, é inegável que "o carácter temporário é ou pode ser resultado de decisões empresariais: são estas que atribuem carácter contingente a determinadas actividades produtivas"[99]. Recorde-se que, entre nós, o Código continua a estabelecer que "a indicação do motivo justificativo da aposição do termo deve ser feita pela menção expressa dos factos que o integram, devendo estabelecer-se a relação entre a justificação invocada e o termo estipulado" (n.º 3 do artigo 131.º).

France), Recueil Dalloz 1998, págs. 557 e seg., pág. 558, destacava a dificuldade em definir os empregos com natureza temporária ("l'emploi ayant un caractère par nature temporaire") e acrescentava que, se bem que existissem funções cuja continuidade está tão estreitamente ligada à sobrevivência da empresa que normalmente não se poderão considerar temporárias — é o caso, por exemplo, de funções de administração ou direcção — mesmo estas podem em certos casos concretos corresponder a necessidades temporárias até em razão do sector de actividade em que a empresa se insere: pense-se, a título de ilustração, nas actividades de espectáculos em que mesmo tais funções se deverão considerar "por essência temporárias, em virtude das condições particulares de exercício [desta actividade]".

[97] É certo que também esta fórmula foi criticada em Itália: assim, para MASSIMO ROCCELLA, ob. cit., pág. 3, trata-se de "uma simples folha de figueira, por detrás da qual se esconde, e mal, a vontade de remeter qualquer escolha em matéria de contratação [a termo] à pura e simples avaliação discricionária da empresa".

[98] Como destaca GIAMPIERO PROIA, Brevi Note nelle Ragioni che Consentono L'Apposizione del Termine al Contrato di Lavoro, Argomenti di Diritto del Lavoro 2002, págs. 187 e segs., pág. 188, qualquer que seja a interpretação a dar às razões que permitem o contrato a termo estas não podem coincidir com todas as razões que podem dar lugar ao contrato por tempo indeterminado. Seria ilógico se o legislador quisesse impor que a contratação a termo era justificada pelas mesmas razões que poderiam estar na base de qualquer contrato, introduzindo, simultaneamente, a obrigação de explicitá-las em função de um controlo que seria desprovido de qualquer sentido ou utilidade. Por outro lado, deve ter-se presente que uma necessidade temporária não tem, em rigor, que ser excepcional, imprevisível, fortuita ou irrepetível, sendo que o seu carácter temporário pode nem sequer ser forçoso ou intrínseco (ob. cit., pág. 91).

[99] SALVATORE HERNANDEZ, ob. cit., pág. 32.

O que já se nos afigura de acerto mais duvidoso é o não se ter previsto outro mecanismo de controlo, tal como, por exemplo, e à semelhança da lei italiana, um limite percentual[100], fixado por convenção colectiva, para a contratação a termo. Por outro lado, num sistema de cláusula geral, a concretização ou precisão do motivo do contrato a termo, cujo ónus da prova recai sobre o empregador, assume uma importância essencial, já que só essa concretização permitirá que o trabalhador, primeiro, e, eventualmente, o tribunal, depois, controle a veracidade do motivo.

Um outro aspecto que se nos afigura estranho, e até incompatível com alguns dos princípios do nosso Direito, em matéria sindical, é a solução encontrada pelo Código, de permitir a um instrumento de regulamentação colectiva que afaste ou modifique os artigos 129.º e seguintes (art. 128.º), aplicáveis ao contrato a termo, com a excepção do preceito respeitante à promoção do emprego. Assim, por exemplo, parece permitir-se à convenção colectiva que exclua algumas das causas de contratação a termo, num determinado sector, com a única ressalva das causas ligadas à

---

[100] Sobre a questão dos limites percentuais na nova lei italiana cfr. CARMELO ROMEO, *La questione dei limiti percentuali di lavoratori da assumere a termine e i casi di escluzione*, Il Diritto del Lavoro 2002, págs. 199 e segs. O legislador italiano confiou aos contratos colectivos nacionais de trabalho estipulados pelos sindicatos comparativamente mais representativos a tarefa de determinar limites numéricos à utilização do contrato a termo. O instituto dos limites percentuais ao contrato a termo não é novo em Itália porquanto foi introduzido, pela primeira vez, pela lei de 25 de Março de 1986, n. 84 que fixava para o contrato a termo nas empresas de transporte aéreo ou de serviços aeroportuários a taxa máxima de 15%. O instituto dos limites percentuais representa um limite ao poder discricionário do empregador de assumir mão-de-obra menos garantida e visa evitar abusos, pelo que se pode afirmar que a previsão de lotes percentuais constitui "um último e resistente baluarte com o fim de evitar um recurso desenfreado ao contrato a termo" (*ob. cit.*, pág. 206). "A regra da quota percentual é pois confiada à contratação colectiva que a interpreta segundo as exigências dos vários sectores em razão da especificidade das diferentes organizações do trabalho" (pág. 208). Contudo, importa reconhecer a existência de um amplo leque de excepções à regra do limite percentual a contratação: na fase de lançamento de novas actividades; os contratos estipulados com o fim de substituir outros trabalhadores ou por actividades sazonais; a necessidade contingente de contratos a termo por causa da intensificação da actividade laboral em certos períodos do ano; a contratação para espectáculos e programas radiofónicos ou televisivos; os contratos termo estipulados depois de um período de tirocínio ou de estágio para facilitar o ingresso de jovens no mercado de trabalho; a possibilidade de contratar a termo trabalhadores idosos, isto é, com idade superior a 55 anos; todos os contratos concluídos para a execução de uma obra ou serviço determinado e, portanto, com carácter temporário; os contratos que no seu conjunto (compreendida a renovação) não excedam a duração de 7 meses (ou período superior fixado pela contratação colectiva).

promoção de emprego. Ora, num sistema como o nosso, em que rege o princípio da liberdade sindical, em que as convenções colectivas não têm eficácia *erga omnes* e em que não há critérios de representatividade sindical, não se percebe muito bem qual o fundamento e o alcance desta eficácia restritiva[101]. Para um trabalhador não sindicalizado, ou sindicalizado noutro sindicato, a convenção colectiva que proíbe a contratação a termo por um determinado motivo numa certa indústria, surge como um acordo exógeno, restritivo da sua liberdade de acesso ao emprego. Mais ainda, se a empresa, em violação da convenção colectiva, celebrar um contrato de trabalho a termo com um trabalhador não sindicalizado, por um motivo afastado pela convenção colectiva, estamos em crer que esse contrato a termo não será inválido, melhor, que não será inválida a aposição do termo, por não se tratar da violação de uma norma legal, mas de uma norma convencional, de que não é parte o trabalhador; quando muito, haverá lugar, apenas, ao pagamento de uma indemnização por violação da convenção, muito embora a quantificação do dano seja, no mínimo, delicada. Não é fácil prever se e até que ponto é que uma norma destas funcionará como um desincentivo à sindicalização...

São, porventura, de menor monta, outras inovações introduzidas pelo Código. Por um lado, permitiu-se a renovação de um contrato a termo, até atingir a duração máxima de seis anos, prazo significativamente mais longo do que o prazo máximo permitido nas legislações congéneres, nomeadamente nas legislações espanhola, francesa, italiana e alemã.

A compensação por caducidade é agora fixada (artigos 388.º e 389.º, n.º 3) em três dias de retribuição base e diuturnidades por cada mês de serviço, nos contratos com duração até seis meses, e em dois dias[102] de

---

[101] Mesmo em sistemas em que existem critérios de representatividade sindical esta solução tem sido criticada: com efeito "se é certamente verdade que através do pluralismo da contratação colectiva se podem atingir as soluções mais idóneas, tendo na devida conta a peculiaridade dos vários sectores", é também exacto que a convenção colectiva não proporciona os mesmos níveis de imparcialidade e de abstracção da lei (neste sentido cfr. CARMELO ROMEI, *ob. cit.*, pág. 213). Acresce que, se se interpretar o art. 4.º, n.º 1, como permitindo que a Convenção colectiva afaste o regime legal, mesmo num sentido menos favorável para o trabalhador, como a letra do preceito sugere, acaba por ser possível à convenção colectiva afastar todos os limites à contratação a termo, desemborcando assim em resultados claramente incompatíveis com a Directiva.

[102] Recorde-se que actualmente, após a entrada em vigor da lei 18/2001, a compensação é de três dias de remuneração base por cada mês completo de serviço. No Código passa a ter-se em conta as diuturnidades, mas nos contratos com duração superior a seis meses passa a atribuir-se apenas dois dias por mês de retribuição base (e agora diuturnidades). Além disso, já não se atende só aos meses completos, mas "para efeitos

retribuição base e diuturnidades nos contratos com duração superior a seis meses. Por outro lado, esclareceu-se — na sequência, aliás, de alguma doutrina e jurisprudência[103] anteriores — que a compensação pela caducidade do contrato a termo não será devida, quando for o trabalhador a obstar à renovação ou manutenção do contrato e a dar azo a essa caducidade[104]. A compensação pela caducidade do contrato a termo, representa uma técnica de desincentivo ao seu uso, já que o encarece, além de representar uma compensação pela precariedade do vínculo; a evolução, noutras legislações, tal como na lei espanhola e na recente lei francesa de modernização social[105], tem sido no sentido do seu agravamento, e não no da atenuação deste custo. Contudo, o que aqui nos

---

da compensação (...) a duração do contrato que corresponde a fracção de mês é calculada proporcionalmente" (n.º 3 do artigo 388.º), desaparecendo a referência a um valor mínimo da compensação. Repare-se, ainda, que, tomado à letra, o critério do Código acarreta que a caducidade de um contrato a termo de duração igual a seis meses dará azo a uma compensação de 18 dias de retribuição base e diuturnidades, superior àquelas que têm lugar na hipótese de caducidade de um contrato a termo com uma duração de sete ou de oito meses (respectivamente 14 e 16 dias)!

[103] Vide o ponto I do sumário do Acórdão do Tribunal da Relação de Lisboa de 28/04/1999 (in «hyperlink http://www.dgsi.pt): » "só a caducidade do contrato de trabalho, por iniciativa da entidade patronal e não já por iniciativa do trabalhador, dá direito ao reconhecimento da compensação a que alude o n.º 3 do art. 46.º da LCCT/89".

[104] Vide artigo 388.º, n.º 2: "a caducidade (...) que decorra de declaração do empregador, confere ao trabalhador direito a uma compensação...".

[105] Sobre esta cfr. JEAN-YVES KERBOURC'H, Le nouveau droit des contrats précaires, Bulletin Social Francis Lefebvre, 2002, n.º 7, págs.379 segs. De acordo com o autor, a lei de modernização social (Loi 2002/73, de 17 de Janeiro de 2002) e a lei de financiamento da segurança social para 2002 (Loi 2001/1246, de 21 de Dezembro de 2001) trouxeram modificações à regulamentação dos contratos de trabalho a termo, tendo a primeira modificado as regras de conclusão, renovação e ruptura e tendo a segunda criado um contrato a termo específico para a realização das vindimas. A lei de modernização social fixou a compensação pela precariedade de emprego em 6 a 10% da remuneração bruta devida ao trabalhador (ob. cit., pág. 381). O objectivo do legislador é o de encarecer o custo do trabalho precário. O art. 214.º da lei de modernização social inseriu no Code du travail um novo art. L 122-3-4-1, segundo o qual "Le salarié dont le contrat de travail a durée détérminé est rompu avant l'échéance en raison d'un sinistre relevant dans le cas de force majeure a le droit a une indemnité compensatrice dont le montant est égal a celui qui aurait résulté de l'application de l'article L 122-3-8". Esta compensação é suportada pelo seguro, melhor, pelo fundo de garantia (vide art. L 143-11-1). Segundo informa CLAUDE ROY-LOUSTAUNAU, ob. cit., pág. 265, a lei de 3 de Janeiro de 2003 (Loi n.2003-6) introduziu pequenas diferenças no regime do contrato a termo, autorizando, designadamente, uma diminuição da compensação pelo fim do contrato, para permitir o financiamento da formação.

interessa sublinhar é que a solução encontrada pelo Código não corresponde, sequer, à da lei que parece ter servido de matriz e de modelo à nossa legislação sobre contrato a termo: a legislação francesa. Nesta, a compensação pela caducidade não será paga ao trabalhador, para além de casos em que a actividade é necessariamente intermitente, como é o caso das actividades sazonais, quando o trabalhador tiver recusado uma conversão do contrato em contrato sem termo, mas já será pago ao trabalhador, se este se tiver simplesmente recusado a renovar um contrato a termo, enquanto tal, ou seja, caso se tenha tão-somente recusado a continuar na precariedade.

Um dos aspectos mais positivos do Código, em matéria de contrato a termo, é o de prever um direito à formação profissional, específico do contrato a termo. Trata-se de um dos mecanismos que mais poderá contribuir para evitar aquela espiral, ou cadeia de contratação a termo, dos mesmos trabalhadores, que representa um dos perigos mais sérios inerentes à utilização do contrato a termo. Contudo, a inovação tem um alcance relativamente modesto: por um lado, não existe nos contratos de curta duração[106], isto é, de duração inferior a 6 meses, e, a sua intensidade varia com a duração do contrato e, por outro lado, as consequências do incumprimento desta obrigação são muito limitadas e de difícil aplicação prática: pense-se na dificuldade em avaliar o valor da formação que não ocorreu.

Um aspecto em que o Código, infelizmente, não inova, é o de manter, no seio da contratação a termo "normal", a hipótese de contratação de trabalhadores à procura do primeiro emprego e desempregados de longa duração. Esta contratação a termo, por motivo de criação de emprego, veio, na opinião de alguns autores, quebrar a lógica interna da contratação a termo e facilitar o recurso ao contrato a termo, para fazer face a necessidades permanentes de mão-de-obra[107]. O sistema peca, assim, por um excessivo pragmatismo, ou por uma falta de princípios[108]. Em

---

[106] Embora se deva reconhecer que, por razões práticas, é difícil inserir este dever de formação profissional nos contratos de curta duração. Cfr. CLAUDE ROY-LOUSTAUNAU, *ob. cit.*, pág. 268.

[107] Cfr., por exemplo, RENATA ALTAVILLA, *ob. cit.*, pág. 86, "a previsão de *fattispecie* de contratos a termo de tipo subjectivo (contratação de desempregados de longa duração ou de trabalhadores à procura de primeiro emprego) produziu a fragmentação de um contexto normativo que se referia apenas a hipóteses do tipo objectivo, como as que legitimam a contratação a termo (pela natureza temporária da actividade)", com a consequente liberalização do recurso ao contrato a termo.

[108] Nas palavras de RAQUEL AGUILERA IZQUIERDO, *El principio de «causalidad» en la contratación temporal*, Revista del Ministerio de Trabajo e Asuntos Sociales,

alternativa, poderiam divisar-se várias soluções: em primeiro lugar, e à semelhança da recente opção espanhola, poderia permitir-se, antes, a contratação por tempo indeterminado (e não a contratação a termo) de trabalhadores à procura do primeiro emprego ou de desempregados de longa duração, mas com um regime de protecção no emprego diferente e mais atenuado que no regime geral[109], pelo menos enquanto não

---

n.º 33, 2001, págs. 99 e segs., pág. 99, podem distinguir-se dois tipos de contratos a termo: os estruturais, que correspondem ao princípio da causalidade e os conjunturais que, para solucionar situações económicas, que se reputam passageiras, permitem a contratação a termo de trabalhadores, independentemente da natureza, temporária ou permanente, do trabalho a desempenhar. Procura-se o aumento do emprego através de uma via conjuntural, que permite a contratação temporal de determinados trabalhadores, mas sem que se flexibilizem as possibilidades de contratação estrutural. Criam-se assim, nas palavras de MANUEL ALONSO OLEA, citado pela autora, "dois sistemas paralelos, contraditórios entre si". Também em Itália já se observou que quando se recorre ao contrato a termo como instrumento para incentivo da contratação de certos trabalhadores, se assiste do ponto de vista sistemático à perda por parte do contrato a termo de uma causa objectiva, prevendo-se antes como mero benefício subjectivo: como referiu PERA (cit apud MARCO PAPALEONI, *Le Linee Fondamentali della Nuova Disciplina del Rapporto di Lavoro a Tempo Determinato: D. LGS, 6 settembre 2001, N. 368*, Argomenti di Diritto del Lavoro 2002, págs. 665 e segs., págs. 674-675) a normativa sobre o contrato a termo transforma-se numa normativa "sem princípios".

[109] O RDL 8/1997, de 16 de Maio, introduziu um novo tipo contratual, o contrato de trabalho para fomento da contratação indefinida, que se apresenta como contrato por tempo indeterminado, mas que tem, para os empresários, a vantagem de baixar o custo das indemnizações, em certos casos de despedimentos (quando se verifique a extinção do posto de trabalho, por razões objectivas, a indemnização baixa para 33 dias de salário por ano, com máximo de 24 mensalidades). Talvez valha a pena referir a evolução ocorrida nesta matéria no país vizinho. Segundo informa RAQUEL AGUILERA IZQUIERDO, *El principio de «causalidad» en la contratación temporal*, Revista del Ministerio de Trabajo e Asuntos Sociales, n.º 33, 2001, págs. 99 e segs., autora cuja exposição seguiremos aqui muito de perto, a Ley de Relaciones Laborales, de 8 de Abril de 1976, consagrou, pela primeira vez, e expressamente, em Espanha, o princípio da estabilidade do emprego (*ob. cit.*, pág. 100). Apenas se permitia o contrato a termo nas situações previstas no art. 15.º, cuja redacção se ficou, em grande medida, a dever à influência da experiência italiana. Os contratos a termo eram excepcionais, e só podiam ser celebrados para a realização de obra ou serviço determinados, trabalhos eventuais, substituição de trabalhadores com direito a reserva do posto de trabalho, actividades artísticas ou desportivas e trabalhos especiais, autorizados por lei. Seis meses depois da entrada em vigor da Ley de Relaciones Laborales, a 31 de Março de 1977, autorizou-se a celebração de contratos eventuais, por prazo não superior a seis meses, e fosse qual fosse a natureza do trabalho, de trabalhadores à procura do primeiro emprego, e desempregados. Os *Pactos de la Moncloa* confirmaram a tendência para usar o contrato a termo como incentivo para gerar emprego, possibilidade que foi utilizada frequentemente em diplomas subsequentes (RDL 49/1978, RD 41/1979

atingissem certa antiguidade. Por outro lado, seria talvez melhor encarar de frente a realidade e assumir abertamente a possibilidade de celebração de um contrato a termo, com finalidade experimental, ainda que

e RD 42/1979), relativamente a trabalhadores jovens e desempregados. Na sequência do *Acuerdo Nacional sobre Empleo*, de 9 de Junho de 1981, aprovaram-se vários decretos — o Decreto 1361/1981, de 3 de Julho, o Decreto 1362/1981, da mesma data, o Decreto 1363/1981 e 1364/1981, todos da mesma data, que regularam o contrato "*en práticas y para la formación*", bem como o contrato a tempo parcial, e outras medidas de fomento do emprego. Tais medidas conjunturais foram sendo sucessivamente renovadas, ainda que pontualmente modificadas: assim, a redução da duração máxima do contrato, de três para dois anos, o aumento da sua duração máxima de três para seis meses e a redução, nas empresas com mais de cem trabalhadores, das percentagens máximas de contratos a termo conjunturais. Em suma (*ob. cit.*, pág. 102), as normas conjunturais foram-se sucedendo umas às outras, e convertendo-se num fenómeno estrutural. Em 1984, a *Ley 32/1984*, de 2 de Agosto, altera substancialmente o regime legal e introduz uma nova figura contratual: o contrato a termo para o lançamento de uma nova actividade, inspirado numa proposta de Directiva, de 4 de Abril de 1982, proposta que, contudo, não logrou ser aprovada. A *ratio legis* desta reforma é atribuir uma maior elasticidade ao pessoal das empresas recém lançadas, em correspondência com o carácter experimental das suas gestões ou tarefas iniciais. Introduziu-se, também, no RD 1989/1984, de 17 de Outubro, o chamado contrato a termo para o fomento do emprego. Estes contratos a termo podiam ser celebrados para a realização de qualquer tipo de trabalho (permanente ou temporário) com trabalhadores que estivessem desempregados, e como tal inscritos nas *Oficinas de Empleo* e sem qualquer limitação percentual ao número de trabalhadores numa empresa, nestas condições. A contratação temporal conjuntural converteu-se na realidade mais dinâmica, e que mais alterações teve, desde a fórmula inicial da *Ley de Relaciones Laborales*. A possibilidade de contratar a termo trabalhadores desempregados para os afectar a funções permanentes foi um dos factores responsáveis por uma explosão da contratação a termo em Espanha. A médio e a longo prazo, contudo, fizeram-se notar os efeitos perniciosos desta medida: aumento das desigualdades e das diferenças no nível de protecção da mão-de-obra, contracção do consumo e também da produção, escassa qualificação e formação de trabalhadores, que impede a introdução de novas tecnologias, aumento da sinistralidade laboral. A partir de 1990, inicia-se uma etapa de retrocesso na economia espanhola, que vai forçar o legislador a reformar o contrato de trabalho. A reforma iniciou-se com o RDL 18/1993, de 3 de Dezembro, e a Ley n.º 22/1993, de 29 de Dezembro, e completa-se com a Ley 10/1994 e a Ley 11/1994, ambas de 19 de Maio, bem como a Ley 14/1994, de 1 de Junho. Um dos vectores principais desta reforma consistiu no restabelecimento do princípio da causalidade na contratação laboral, "(...) de forma a que os contratos de duração determinada tenham por objecto satisfazer necessidades da empresa que, por sua própria natureza, sejam temporárias". Tratou-se de introduzir uma nova rigidez, no acesso ao emprego, que se compensaria com a maior flexibilidade no desenvolvimento da relação laboral e na saída desta, aligeirando os trâmites e o custo do despedimento. A Ley 11/1994, de 19 de Maio, suprimiu o art. 15.º n.º 2 do Estatuto, que previa, como situação à parte das restantes modalidades do contrato a termo, a possibilidade de contratar por tempo determinado, como medida de fomento do emprego. Contudo, manteve-se o art. 17.º n.º 3, que permitia ao Governo desenvolver programas de fomento de ocupação de trabalhadores. Mas, a partir desse momento, só poderiam celebrar-se contratos de trabalho a termo para a realização de tarefas ou serviços de natureza temporária. Contudo, tendo em atenção a existência de grupos de trabalhadores, cuja inserção, no mercado de emprego, se revela extremamente problemática, o legislador espanhol acabou por manter a possibilidade de contratar a termo, como medida de fomento de emprego, certos trabalhadores, mesmo para o desempenho de tarefas permanentes: era o caso de trabalhadores desempregados com mais de 45 anos e deficientes, entre outros (Ley 10/1994, de 19 de Maio). O art. 15.º n.º 1 do ET continuava a manter as mesmas causas para a contratação a termo, muito embora a Ley 11/1994 tenha permitido que as convenções colectivas concretizassem o conteúdo e a configuração de dois contratos estruturais a termo, muito utilizados: o contrato para obra ou serviço determinado e o contrato eventual, por circunstâncias de produção. Na prática, a negociação colectiva fez um uso fraudulento (*ob. cit.*, pág. 106) desta faculdade legal e foi, sobretudo, ampliar ou flexibilizar o recurso a estas modalidades de contrato a termo, designadamente nos anos de 1995 a 1997. Os contratos de "interinidad" e de lançamento de nova actividade foram objecto de ampliação, por via regulamentar. O RD 2546/1994, de 29 de Dezembro, sobre contratação a termo, admitiu a possibilidade de contratar trabalhadores, para preencher vagas pendentes do processo de selecção ou de promoção e introduziu, em relação ao contrato de lançamento de nova actividade, a possibilidade de o contrato se celebrar em qualquer momento dos três anos que durava o período de lançamento. De acordo com RAQUEL AGUILERA IZQUIERDO, *ob. cit.*, pág. 108, esta reforma de 1994 revelou-se um fracasso, pelo menos ao tentar recuperar a causalidade no contrato a termo. A negociação colectiva defraudou a razão de ser destes contratos, que deixaram de estar relacionados com a natureza temporária da actividade a realizar. Em 1997, realiza-se, por isso, uma nova reforma, com as Leyes 63 e 64/1997, de 26 de Dezembro. Esta reforma pretende reintroduzir, efectivamente, o princípio da causalidade, na contratação temporal. Propuseram-se, pois, limites à contratação temporal e uma duração máxima do contrato a termo: 13,5 meses num período de 18. Previu-se também que as convenções colectivas pudessem fixar critérios de proporcionalidade entre o número de contratados a termo e o total dos trabalhadores da empresa. Além disso, suprimiu-se o contrato por lançamento de nova actividade e elimina-se o contrato temporário (ou a termo) para fomento do emprego. Com efeito, (pág.109) não se trata de fomentar qualquer tipo de emprego, mas sim o emprego estável ou por tempo indeterminado. Verifica-se, pois, uma mutação na política de emprego, cada vez mais dirigida para o fomento dos contratos por tempo indeterminado. Contudo, recentemente (RDL 5/2001 e a Ley 12/2001) voltou a utilizar-se, ainda que de maneira modesta, o contrato a termo como medida de fomento de emprego, através do chamado *contrato de inserção*. Este contrato terá que ser realizado pela Administração Pública e o seu objectivo é o de realizar uma obra ou serviço de interesse geral ou social, dentro do âmbito da Administração Pública e das suas competências, melhorando a profissionalidade do trabalhador desempregado, que é, assim, contratado. Há que reconhecer que esta modalidade de contrato a termo vai aumentar o número de contratos a termo, já elevado, na Administração Pública.

claramente balizado no tempo, e não renovável[110]. Importa, contudo, reconhecer que o Código vem, pelo menos, estabelecer limites temporais mais limitados para o contrato a termo celebrado com trabalhador à procura de primeiro emprego "cuja contratação a termo não pode exceder dezoito meses" (n.º 3 do art. 139.º)[111].

Um aspecto que se nos afigura de bondade duvidosa no novo Código consiste em, aparentemente, esta matéria ter sido regulamentada sem cuidar em simultâneo do regime do trabalho temporário. Embora não nos pareça que as figuras sejam inteiramente fungíveis haveria toda a vantagem em "pensá-las paralelamente" até porque há facetas em que um tratamento comum se impõe: para dar apenas um exemplo, qual a razão para proibir que trabalhadores temporários sejam afectados a postos de trabalho perigosos e permitir tal afectação a contratados a termo[112]?

Não podemos também deixar de lamentar o desmantelamento parcial da Lei n.º 18/2001. Independentemente das suas incorrecções termino-

---

[110] O §14 Abs.1, Satz 4, TzBfG (*Teilzeit-und Befristungsgesetz*) permite expressamente o termo com finalidade experimental: "Ein sachlicher Grund liegt insbesondere vor, wenn (...) die Befristung zur Erprobung erfolgt".

[111] A letra da lei suscita-nos, de resto, algumas dificuldades interpretativas: efectivamente, o n.º 3 do artigo 139.º dispõe que "a duração máxima do contrato a termo certo, incluindo renovações, não pode exceder dois anos nos casos previstos no n.º 3 do artigo 129.º, salvo quando se tratar de trabalhadores à procura de primeiro emprego cuja contratação a termo não pode exceder dezoito meses"; ora, enquanto no início do preceito se dispõe que "a duração máxima do contrato a termo certo, incluindo renovações" não pode ultrapassar dois anos, relativamente a trabalhadores à procura de primeiro emprego, em vez de repetir a expressão (ou dizer, por exemplo, "tal duração") o legislador esclareceu que a contratação a termo destes trabalhadores não pode exceder dezoito meses. E dizer que a contratação a termo destes trabalhadores não pode ultrapassar tal limite temporal é, na nossa opinião, ir substancialmente mais além do que introduzir um limite à duração de um contrato a termo certo e suas renovações: parece-nos que o limite dos dezoito meses se aplica não só a um contrato a termo e suas renovações, mas também à eventualidade de contratos a termo sucessivos em que "a contratação a termo", mesmo que se entenda que o contratado a termo anteriormente ainda está à procura de primeiro emprego, não poderá exceder tal limite.

[112] Para MICHELE TIRABOSCHI, *Formazione...*, pág. 196, deveria haver aqui precisamente um paralelo entre trabalho temporário e o contrato a termo: não se percebe qual a razão para proibir certas actividades a trabalhadores temporários, mas permiti-las quando os trabalhadores forem directamente contratados (a termo) pela empresa. A lei francesa veda, precisamente, o recurso, ao contrato a termo para a ocupação de postos de trabalho perigosos como resulta do. art. L. 122-3: "en aucun cas un contrat de travail à durée déterminée ne peut être conclu (...) pour effectuer des travaux particulièrement dangereux...".

lógicas[113], o artigo 41.º-A era animado pela "preocupação de evitar situações fraudulentas"[114] e introduzia, nas palavras de PEDRO ROMANO MARTINEZ, uma "solução, compreensível para obstar a situações fraudulentas (...) injusta nos casos em que a sucessão de contratos se relaciona com o modo de funcionamento da empresa, como por exemplo, as empresas de construção civil"[115]. Ora, uma parte substancial do artigo 41.º-A é amputada: desaparece, desde logo, o seu último número e a proibição de contratar a termo quem já tivesse entretanto adquirido a qualidade de trabalhador contratado por tempo indeterminado. Desaparecimento que é de lamentar sobretudo num contexto como o português em que a nossa jurisprudência, ao contrário da francesa ou da espanhola[116], não tem entendido que a falsidade do motivo invocado num contrato a termo (que acarretaria a sua conversão em contrato por tempo indeterminado) afecte sucessivos contratos a termo que venham a ser celebrados posteriormente entre as mesmas partes. Sirva de exemplo o Acórdão do Tribunal da Relação do Porto de 13/01/2003 («hyperlink "http://www.dgsi.pt"»), em cujo sumário se pode ler que "se as partes tiverem celebrado dois contratos de trabalho a termo, a invalidade do termo aposto no primeiro não acarreta, só por si, a invalidade do termo aposto no segundo" e "deste modo, da eventual ilicitude da cessação do primeiro contrato não resulta automaticamente a ilicitude da cessação do segundo". No texto do Acórdão pode ainda ler-se que "mesmo que estivesse em causa a ilicitude da cessação do primeiro contrato, daí não

---

[113] Apontadas, por exemplo, por PEDRO ROMANO MARTINEZ, *ob. cit.*, pág. 623, n. 5 ("deplorável redacção") e LUÍS MIGUEL MONTEIRO/ PEDRO MADEIRA DE BRITO, *ob. cit.*, pág. 106, ("flutuação terminológica (...) manifesta falta de rigor").

[114] PEDRO ROMANO MARTINEZ, *ob. cit.*, pág. 625.

[115] *Aut., ob. e lug. cit.*

[116] Sobre a jurisprudência espanhola, quanto a este aspecto, cfr., por todos, LUIS MIGUEL CAMPS RUIZ, *La contratación laboral temporal*, 2ª ed., tirant lo blanch, Valencia, 1998, págs. 137-138, que refere como ponto de viragem o Acórdão do STS de 20 de Fevereiro de 1997 em que se decidiu que "as novações aparentes dos contratos a termo posteriores ao [contrato a termo] inválido carecem de valor para transformar em temporária uma relação indefinida já constituída como tal entre as partes". Em suma, e como destaca CAMPS RUIZ, *ob. cit.*, pág. 136, o Tribunal Supremo Espanhol considera que "um contrato a termo ilegal ou fraudulento pode impugnar-se judicialmente mesmo que o mesmo tenha chegado pacificamente ao seu termo e que, em continuação se tenha concertado [entre as mesmas partes] um novo contrato a termo e mesmo que este último tenha suficiente cobertura legal, porque em tal caso a situação traduziria uma intenção de novação ilícita de um contrato de duração indefinida- ainda que formalmente a prazo — em um contrato de duração determinada".

decorria a ilicitude da cessação do segundo (...) mesmo que se entendesse que entre as partes existia um contrato sem termo, quando o segundo [foi] celebrado, tínhamos de concluir que aquele contrato sem prazo tinha terminado por vontade das partes aquando da celebração do segundo, por ser incompatível a subsistência simultânea dos dois contratos". A argumentação aduzida não se nos afigura convincente: a celebração de um novo contrato a termo não significa, quanto a nós, que o trabalhador tenha querido fazer cessar o anterior contrato sem termo. Em primeiro lugar, porque o trabalhador pode nem sequer se ter apercebido de que a falsidade do motivo invocado para fundamentar a primeira contratação a termo significava que ele era já um contratado por tempo indeterminado. Mas, e sobretudo, porque é artificial retirar uma vontade de cessação do contrato do comportamento do trabalhador que, provavelmente o que não quis foi uma solução litigiosa que se converteria para ele numa vitória pírrica...De facto, se o trabalhador tivesse invocado a sua qualidade de trabalhador permanente e recusado a celebração de um novo contrato a termo, ou teria sido despedido, ou veria seriamente comprometido o seu ambiente de trabalho. E daí que o trabalhador tenha cometido o erro de ter esperança que tudo se resolveria pacificamente, suportando mais um contrato a termo para atingir o limite das renovações ou da duração, sem necessidade de hostilizar a sua entidade patronal e de a forçar, por via judicial, a reconhecer o seu estatuto de trabalhador contratado por tempo indeterminado. Só que o Tribunal transformou o receio do trabalhador relativamente às consequências do recurso à via judicial numa espécie de renúncia ou cessação tácita da parte deste, como se as partes estivessem numa posição de igualdade...Por seu turno, a supressão do aditamento da Lei n.º 18/2001 vem permitir que trabalhadores que entretanto atingiram a qualidade de trabalhadores contratados por tempo indeterminado sejam pressionados pelo empregador — e frequentemente a coacção será de prova quase impossível porque feita sem testemunhas ou de maneira insidiosa — para voltarem a aceitar uma nova contratação a termo.

É também significativa a opção por deixar de referir as mesmas funções ou a satisfação das mesmas necessidades, para mencionar apenas a sucessão no mesmo posto de trabalho, o que pode ser interpretado como reportando-se apenas às funções concretamente exercidas, esquecendo todo a ampliação do objecto do contrato de trabalho introduzida entre nós com a polivalência funcional. Torna-se, assim, de novo possível a uma empresa contratar a termo o mesmo trabalhador para substituir outros trabalhadores à medida que tal se torne necessário por razão de doença, gravidez, etc., ou seja, ter uma espécie de "suplente permanente" o que alguns autores parece considerarem até positivo: no fim de contas, a entidade patronal já conhece aquele trabalhador, já confia nele, para quê obrigá-la a contratar um outro[117]? Pela nossa parte, contudo, perfilhamos o entendimento de JEAN MOULY segundo o qual permitir a repetição reiterada (e não apenas pontual) de contratos a termo mesmo que de substituição com o mesmo contratado a termo acaba por representar "um recuo do direito positivo de cerca de um século" e o retorno a uma situação digna das primeiras décadas de novecentos[118].

Pode legitimamente questionar-se se a solução encontrada — remeter o problema dos contratos a termo sucessivos no essencial para a invocação da fraude à lei em que boa parte da jurisprudência exige do trabalhador a demonstração do intuito fraudulento — não terá gerado uma injustiça bem maior e não terá representado, no essencial, uma traição ao espírito da Directiva, ao voltar a facilitar a contratação a termo em cadeia ou em espiral que potencia a segmentação do mercado de trabalho.

O que comprova como mesmo uma Directiva tão modesta e tão pouco ambiciosa pode revelar-se uma quimera para o legislador nacional.

Correndo embora o risco de ser acusado de confundir o debate jurídico e o debate político, uma confusão que tem atormentado toda a discussão em torno do contrato a termo[119], não podemos também concluir este nosso estudo sem exprimir a nossa preocupação com a obsessão nacional em repetir erros alheios: em vez de aprender com o exemplo da vizinha Espanha onde se procura combater hoje o pesadelo da precariedade com os custos sociais que a mesma acarreta — custos de organização familiar, de reduzida natalidade, de deficiente formação profissional, de baixa sindicalização e de menor solidariedade entre trabalhadores — parece apostar-se num modelo em que a famosa flexibilidade assenta (também) no contrato a termo, em nome de um (indemonstrado) acréscimo de produtividade[120]. E parece não importar

---

[117] Esquecendo quando se faz esta questão a resposta óbvia: é que se um empregador necessita permanentemente de um trabalhador deve, normalmente, contratá-lo por tempo indeterminado...

[118] JEAN MOULY, Recueil Dalloz Sirey, 1993, pág. 434: "l'excès dans l'utilisation du contrat à durée déterminée ne peut être guère nié dans de tels cas. Reste à trouver les moyens de le combattre, afin d'éviter au droit positif un retour en arrière de près d'un siécle".

[119] Como faz notar ARMANDO TURSI, ob. cit., pág. 466.

[120] Na realidade, um relatório elaborado para a Comissão em 1994 sugeria exactamente o oposto: "when contractual relationships are more durable, firms are more willing to invest in their personnel; when employment relationships are more precarious,

que esta flexibilidade seja a dos empregos de menor qualidade e que, na prática, como é sabido, e por mais que a lei apregoe a igualdade de tratamento entre os contratados a termo e os contratados por tempo indeterminado, a flexibilidade assim conseguida seja a da violação frequente dos direitos legal e convencionalmente reconhecidos aos trabalhadores, porquanto o contratado a termo tenderá a suportar com maior silêncio e estoicismo o atropelo dos seus direitos na esperança de ver renovado o seu contrato ou — miragem que muitos verão desfeita ao atingir os seis anos de duração máxima possível, seja qual for a sua docilidade — de "entrar nos quadros"[121].

Reforça-se, assim, um factor de desigualdade na concorrência entre as empresas (sobretudo as jovens empresas) que podem usar, praticamente sem limites, a contratação a termo e aquelas que têm já uma larga proporção de contratados por tempo indeterminado nos seus quadros. E o abaixamento das condições de trabalho de todos os trabalhadores que uma expansão significativa da contratação a termo acarreta não deixará de se fazer sentir... Até porque não será possível manter indefinidamente um Direito do Trabalho "a duas velocidades" e estarão criadas, em definitivo, as condições sociais, políticas e psicológicas para vir a fazer mais tarde aquilo que o legislador não parece ter considerado oportuno fazer agora: atacar frontalmente os limites ao poder do empregador de fazer cessar unilateralmente o vínculo no contrato por tempo indeterminado.

---

employee motivation and willingness to cooperate are likely to be lower, with negative consequences for firms' productivity" (G. BOSCH, *Flexibility and Work Organisation*, Report of Expert Working Group, 1994, *cit apud* JILL MURRAY, *ob. cit.*, pág. 274).

[121] Cfr. neste sentido ANDINO AXPE, *ob. cit.*, pág.537, para quem se permitem assim práticas abusivas ou ilegais pelo empregador, piores condições laborais mantidas e não denunciadas "em troca" da manutenção do posto de trabalho.

BIBLIOGRAFIA

ABRANTES, JOSÉ JOÃO — *Breve apontamento sobre o regime jurídico do contrato de trabalho a prazo*, in Direito do Trabalho, Ensaios, Editora Cosmos, Lisboa, 1995, págs. 93 e segs.
ABRANTES, JOSÉ JOÃO — *Contrato de trabalho a termo*, Estudos do Instituto de Direito do Trabalho, Almedina, Coimbra, 2002, págs.155 segs.
AGUILERA IZQUIERDO, RAQUEL — *El principio de «causalidad» en la contratación temporal*, Revista del Ministerio de Trabajo e Asuntos Sociales, n.º 33, 2001, págs. 99 e segs.
ALTAVILLA, RENATA — *I Contratti a Termine nel Mercato Differenziato*, Giuffrè, Milano, 2001.
ALVARO, FRANCESCO — *Spunti di riflessione sul contratto a termine nel decreto legislativo N.368/2001*, Il Diritto del Lavoro 2002, págs. 77 e segs.
ANDINO AXPE, LUIS FERNANDO — *Los nuevos contratos temporales*, Actualidad Laboral, 1995, crónica XXXII, págs.535 segs.
ANGIOLINI, VITTORIO — *Sullo "schema" di decreto legislativo in materia di lavoro a tempo determinato (nel texto conosciuto al 6 luglio 2001)*, «hyperlink "http://www.cgil.it./giuridico" ».
BALESTRIERI, FEDERICO — *Brevi Osservazioni sulla Nuova Disciplina del Contratto di Lavoro a Tempo Determinato (D.L.G.S. Delegato 6 settembre 2001, N.368)*, Argomenti di Diritto di Lavoro 2002, págs. 155 e segs.
BARBIERI, PAOLO — *Il Lavoro a Termine nella recente esperienza italiana: uno sguardo sociologico e alcune considerazioni in proposito*, in Il Nuovo Lavoro a Termine, a cura di Marco Biagi, Giuffrè, Milano, 2002, págs. 21 e segs.
BERCUSSON, BRIAN/ BRUUN, NIKLAS — *The Agreement on Fixed-Term Work — a First Analysis*, in Fixed-Term Work in the EU, A European agreement against discrimination and abuse, Saltsa, National Institute for Working Life Arbetslivsinstitutet, Stockholm, 1999, págs. 51 e segs.
BETTENCOURT, PEDRO ORTINS DE — *Contrato de trabalho a termo, Erasmos Editora Amadora, 1996*
BLAISE, HENRY — *Les contrats précaires après la loi du 12 juillet 1990*, Droit Social 1991, págs. 11 e segs.
BLANPAIN, ROGER — *The European Agreement on Fixed-term Contracts and*

Belgian Law, The International Journal of Comparative Labour Law and Industrial Relations, 1999, págs. 85 e segs.

BOUSEZ, FRANÇOISE — *Contrat de Travail à Durée Déterminée, Bilan jurisprudentiel de l'année 2000*, Travail et Protection Sociale, Mars 2001, Hors Série, Éditions du Juris-Classeur.

BRUUN, NIKLAS — *vide* BERCUSSON, BRIAN.

CABO, SÉRGIO GONÇALVES DO — *O novo regime do contrato de trabalho a prazo (Comentário ao capítulo VII do Decreto-Lei n.º 64-A/89, de 27 de Fevereiro)*, AAFDL, Lisboa, 1992.

CAMANHO, PAULA PONCES — *Algumas Reflexões sobre o Regime Jurídico do Contrato de Trabalho a Termo*, in Juris et de Jure, Nos vinte anos da Faculdade de Direito da Universidade Católica Portuguesa — Porto, UCP (Porto), Porto, 1998, págs. 969 e segs.

CAMPS RUIZ, LUIS MIGUEL — *La contratación laboral temporal*, 2ª ed., tirant lo blanch, Valencia, 1998.

CORDEIRO, ANTÓNIO MENEZES — *Manual de Direito do Trabalho*, Almedina, Coimbra, reimpressão, 1997.

DÄUBLER, WOLFGANG — *Das neue Teilzeit-und Befristungsgesetz*, Zeitschrift für Wirtschaftsrecht (ZIP), 2001, págs.217 e segs.

DE ANGELIS, LUIGI — *Il nuovo contratto a termine: considerazioni sul regime sanzionatorio*, Il Foro Italiano 2002, Parte V, cols. 36 e segs.

DE LUCA, MICHELLE — *Direttiva comunitaria in materia di lavoro a tempo determinato: attuazione nei paesi dell'Unione europea*, Il Foro Italiano 2002, Parte V, cols. 93 e segs.

DE LUNA, ANTONELLA — *La forma del contratto di lavoro a tempo determinato, in Il Contratto di Lavoro a Tempo Determinato nel D.LGS. 6 Settembre 2001, N. 368*, dirigido por Giancarlo Perone, G. Giappichelli Editore, Torino, 2002, págs. 53 e segs.

DESDENTADO BONETE, AURELIO — *La reforma de la contratación laboral en la Ley 12/2001*, in La Reforma Laboral de 2001 y el Acuerdo de Negociación Colectiva para el año 2002, coordenado por Ignacio García-Perrote Escartín, Editorial Lex Nova, Valladolid, 2002, págs. 56 e segs.

FERNANDES, ANTÓNIO LEMOS MONTEIRO — *Direito do Trabalho*, 11ª edição, Almedina, Coimbra, 2001.

FILI, VALERIA — *Gli obblighi di informazione ai lavoratori e alle rappresentanze*, in La nuova disciplina del lavoro a termine, D. Lgs. n. 368/2001, a cura di Luigi Menghini, IPSOA, Milano, 2002, págs. 160 e segs.

FRANZA, GABRIELE — *La direttiva comunitaria 99/70/CE*, in *Il Contratto di Lavoro a Tempo Determinato nel D.LGS. 6 Settembre 2001, N. 368*, dirigido por Giancarlo Perone, G. Giappichelli Editore, Torino, 2002, págs. 13 e segs.

GOLESTANIAN, MARYAM — *Les limites du remplacement par contrat à durée déterminée des salariés temporairement absents*, Le Droit Ouvrier 2001, n.º 631, págs. 98 e segs.

HERNANDEZ, SALVATORE — *Cause giustificatrice del contratto a termine ed eventuale nullità del contratto en assenza delle medesime*, Il Diritto del Lavoro 2002, págs. 31 e segs.

HUMHAUSER-HENNING, ANN — *Fixed-term Work in Nordic Labour Law*, International Journal of Comparative Labour Law and Industrial Relations, 2002, págs. 429 e segs.

KARAQUILLO, JEAN-PIERRE — Anotação a Cour de cassation 17 décembre 1997 (deux arrêts: AS Satellimage TV 5 c/Mme Mani; Mme Leprevost c/Radio France), Recueil Dalloz 1998, págs. 557 e seg.

KERBOURC'H, JEAN-YVES — *Le nouveau droit des contrats précaires*, Bulletin Social Francis Lefebvre, 2002, n.º 7, págs. 379 e segs.

KLIEMT, MICHAEL — *Das neue Befristungsrecht*, NZA (Neue Zeitschrift für Arbeitsrecht) 2001, págs. 6 e segs.

LEITE, JORGE — *Contrato a termo por lançamento de nova actividade*, Questões laborais 1995, n.º 5, págs. 76 e segs.

LOUSADA AROCHENA, JOSÉ FERNANDO — *La Directiva 70/99/CE, de 28 de junio, para aplicar el Acuerdo Marco sobre trabajo de duración determinada, y su incidencia en el Derecho español interno*, Revista Española de Derecho del Trabajo, n.º 102, 2000, págs.413 e segs.

MANNACIO, GIORGIO — *Contratto a termine: prime riflessioni sulla nuova disciplina*, Il Foro Italiano 2002, Parte Prima, cols. 57 e segs.

MARÍN CORREA, JOSÉ MARÍA — *La contratación temporal*, Revista del Ministério de Trabajo y Asuntos Sociales, 2002, págs.51 segs.

MARTINEZ, PEDRO ROMANO — *Direito do Trabalho*, Almedina, Coimbra, 2002.

MONTEIRO, LUÍS MIGUEL / BRITO, PEDRO MADEIRA DE — *Alteração ao regime jurídico do contrato de trabalho a termo introduzida pela Lei n.º 18/2001, de 3 de Julho*, RDES, 2002, págs.93 segs.

MOREIRA, ANTÓNIO JOSÉ — *Caducidade do Contrato de Trabalho a Termo*, IV Congresso Nacional de Direito do Trabalho, Almedina, Coimbra, págs. 381 e segs.

MORÓN PRIETO, RICARDO — *La Regulación Comunitaria de la Contratación Temporal (Comentario a la Directiva 1999/70/CE del Consejo, de 28 de junio de 1999, relativa al Acuerdo Marco de la CES, la UNICE y el CEEP sobre el trabajo de duración determinada)*, Temas Laborales, Revista Andaluza de Trabajo y Bienestar Social 55, 2000, págs. 131 e segs.

MOULY, JEAN — *Note à Cour d'appel de Limoges 8 février 1993*, Recueil Dalloz Sirey 1993, págs. 432 e segs.

MOULY, JEAN — *Note à Cour de cassation soc. 4 décembre 1996*, Recueil Dalloz 1997, Jurisprudence, págs. 460 e segs.

MURRAY, JILL — *Normalising Temporary Work, The Proposed Directive on Fixed-Term Work*, Industrial Law Journal 1999, vol. 28, n.º 3, págs. 269 e segs.

NUNIN, ROBERTA — *L'accordo quadro del marzo 1999 e la direttiva n. 99/70/CE sul lavoro a tempo determinato: profili regolativi ed obblighi di conformazione per l'Italia*, in La nuova disciplina del lavoro a termine, D. Lgs. n. 368/2001, a cura di Luigi Menghini, IPSOA, Milano, 2002, págs. 39 e segs.

PAPALEONI, MARCO — *Le Linee Fondamentali della Nuova Disciplina del Rapporto di Lavoro a Tempo Determinato: D. LGS, 6 settembre 2001, N. 368*, Argomenti di Diritto del Lavoro 2002, págs. 665 e segs.

PASSARELLI, GIUSEPPE SANTORO — *Note Preliminari sulla Nuova Disciplina del Contratto a Tempo Determinato*, Argomenti di Diritto del Lavoro 2002, págs. 177 e segs.

POULAIN, GUY — *Les Contrats de Travail à Durée Déterminée*, Litec, 2ª ed., Paris, 1994.

PROIA, GIAMPIERO — *Brevi Note nelle Ragioni che Consentono L'Apposizione del Termine al Contrato di Lavoro*, Argomenti di Diritto del Lavoro 2002, págs. 187 e segs.

PSAUME, MARIE-CHRISTINE — *L'indemnité pour rupture anticipée d'un contrat de travail à durée déterminée: distinction entre son évaluation et sa nature*, JCP, La Semaine Juridique, ed. générale, 1999, II, 10031, págs.376 e seg.

ROCCELLA, MASSIMO — *Prime osservazioni sullo schema di decreto legislativo sul lavoro a termine*, in «hyperlink "http://www.cgil.it/giuridico"».

ROLFS, CHRISTIAN — *Teilzeit- und Befristungsgesetz Kommentar*, C.H. Beck, München, 2002.

ROMEO, CARMELO — *La questione dei limiti percentuali di lavoratori da assumere a termine e i casi di escluzione*, Il Diritto del Lavoro 2002, págs. 199 e segs.

ROY-LOUSTAUNAU, CLAUDE — *Observations* à Cour de cassation (Chambre sociale) 26 octobre 1999, M. Régis Dubois c./ Société Les journaux de Saône et Loire, Droit Social 2000, págs. 201-202.

ROY-LOUSTAUNAU, CLAUDE — *Observations* à Cour de cassation (Chambre sociale) 26 octobre 1999, Mme A.Lebrun c./ Association Notre Dame de Liéru, Droit Social 2000, págs. 202-204.

ROY-LOUSTAUNAU, CLAUDE — *Observations* à Cour de cassation (Chambre sociale), 1er février 2000, Société Servair c./ M. Chrisophe Piron du Pérou, Droit Social 2000, págs. 435-436.

ROY-LOUSTAUNAU, CLAUDE — *Observations* à Cour de cassation (Chambre sociale), 28 novembre 2000, Folliat c./ société cooperative, Droit Social 2001, págs. 194 e seg.

ROY-LOUSTAUNAU, CLAUDE — *La lutte contre la précarité des emplois: une réforme du CDD, discrète mais non sans importance*, Droit Social 2002, págs. 304 e segs.

ROY-LOUSTAUNAU, CLAUDE — *Une avancée insuffisante en matière de contrat à durée déterminée (loi du 3 janvier 2003)*, Droit Social, 2003, págs. 265 segs.

RUGGIERO, LUCA — *Informazioni*, in Il Nuovo Lavoro a Termine, a cura di Marco Biagi, Giuffrè, Milano, 2002, págs. 205 e segs.

SALA FRANCO, TOMÁS / RAMÍREZ MARTINEZ, JUAN / ALFONSO MELLADO, CARLOS / BLASCO PELLICER, ÁNGEL — *La contratación temporal: un pacto posible*, Actualidad Laboral, 2001, Suplemento, crónica XIX, págs. 325 e segs.

SARAMITO, FRANCIS — *Le Contrat de Travail à Durée Déterminée après la loi du 12 juillet 1990*, Le Droit Ouvrier 1991, págs. 237 e segs.

SCHÖMANN, KLAUS / ROGOWSKI, RALF / KRUPPE, THOMAS — *Labour Market Efficiency in the European Union, Employment protection and fixed-term contracts*, Routledge, London e New York, 1998.

SUWA, YASUO — *How to regulate the Fixed-term Work: A Trade-off Relationship in Employment*, The International Journal of Comparative Labour Law and Industrial Relations, 1999, págs.175 segs.

TIRABOSCHI, MICHELE — *La recente evoluzione della disciplina in materia di lavoro a termine: osservazioni sul caso italiano in una prospettiva europea e comparata*, in Il Nuovo Lavoro a Termine, a cura di Marco Biagi, Giuffrè, Milano, 2002, págs. 41 e segs.

TIRABOSCHI, MICHELE — *Formazione*, in Il Nuovo Lavoro a Termine, a cura di Marco Biagi, Giuffrè, Milano, 2002, págs. 193 e segs.

TRUJILLO CALVO, FRANCISCO JOSÉ — *Apuntes sobre el contrato de interinidad por vacante*, Actualidad Laboral, crónica IX, 1999, págs.143 segs.

TURSI, ARMANDO — *Il contributo dei giuslavoratori al dibattito sulla riforma del mercato del lavoro: note critiche in tema di fornitura di lavoro e lavoro a termine*, Rivista Italiana di Diritto del Lavoro, 2002, págs.451 segs.

VALLEBONA, ANTONIO — *La nuova disciplina del contratto a termine*, Il Diritto del Lavoro 2002, págs. 1 e segs.

VIGNEAU, CHRISTOPHE — *Legal Restrictions on Fixed-term Work in EU Member States*, in Fixed-term Work in the EU, A European agreement against discrimination and abuse, Saltsa, National Institute for Working Life (Arbetslivsinstitutet), Stockholm, 1999.

XAVIER, BERNARDO DA GAMA LOBO — *Curso de Direito do Trabalho*, 2.ª ed., Verbo, Lisboa, 1993.

WEISS, MANFRED — *The Framework Agreement on Fixed-term Work: a German Point of View*, The International Journal of Comparative Labour Law and Industrial Relations, 1999, vol. 15, págs. 97 e segs.

TRABALHO TEMPORÁRIO*

GUILHERME MACHADO DRAY
Assistente da Faculdade de Direito de Lisboa

SUMÁRIO: § 1.º— *Enquadramento geral* 1. Noção e características. 2. Distinção de figuras afins. § 2.º — *O regime do trabalho temporário na versão inicial do Decreto-Lei n.º 358/89, de 17-10*. 1. O contrato de utilização de trabalho temporário (CUTT). 2. O contrato de trabalho temporário (CTT). 3. A actividade das empresas de trabalho temporário (ETT). 4. O estatuto do trabalhador temporário. § 3.º *Evolução legislativa: as alterações introduzidas pela Lei n.º 39/96, de 31 de Agosto, e pela Lei n.º 146/99, de 1 de Setembro*. 1. A Lei n.º 39/96, de 31 de Agosto. 2. A Lei n.º 146/99, de 1 de Setembro. § 4.º — *Alguns pontos críticos: incoerências sistemáticas e substantivas*. 1. Quanto à sistematização. 2. Em termos substantivos: alguns aspectos em especial. § 5.º — *Contributos comunitários — a recente Proposta de Directiva do Parlamento Europeu e do Conselho relativa às condições de trabalho dos trabalhadores temporários*.

§ 1.º — ENQUADRAMENTO GERAL

1. Noção e características

I. É conhecida a relação triangular emergente do trabalho temporário[1].

---

* O presente texto corresponde, no essencial, à conferência proferida no âmbito do IV Curso de Pós-Graduação em Direito do Trabalho, no ano lectivo 2002-2003, sob a coordenação do Prof. Doutor Pedro Romano Martinez.

[1] A propósito do trabalho temporário veja-se, nomeadamente, MENEZES CORDEIRO, *Manual de Direito do Trabalho*, Almedina, Coimbra, 1991, pp. 607ss; PEDRO ROMANO

No trabalho temporário, descortinam-se dois negócios jurídicos bilaterais e três sujeitos: por um lado, duas entidades que partilham entre si os poderes típicos do empregador; no pólo oposto, um único trabalhador, contratado por uma empresa de trabalho temporário (ETT) para ser cedido temporaria e onerosamente a um terceiro beneficiário.

O trabalho temporário caracteriza-se, assim, por dois aspectos: por um lado, pela dissociação entre o empregador (ETT) e a pessoa individual ou colectiva que beneficia efectivamente da actividade do trabalhador temporário (utilizador); por outro lado, pela existência de duas relações jurídicas distintas: uma relação de trabalho (contrato de trabalho) entre a ETT e o trabalhador e uma relação obrigacional de direito comum (contrato de prestação de serviço) entre a ETT e o utilizador, circunstância que confere um especial toque de originalidade ao regime do trabalho temporário[2].

MARTINEZ, *Direito do Trabalho*, Almedina, 2002, pp. 631ss; MARIA DO ROSÁRIO RAMALHO, *Da Autonomia Dogmática do Direito do Trabalho*, Coimbra, 2002, pp. 635--637; MARIA REGINA REDINHA, "*A Relação Laboral Fragmentada, Estudo sobre o Trabalho Temporário*", Boletim da Faculdade de Direito da Universidade de Coimbra, Coimbra, 1995 e *Trabalho Temporário: Apontamento Sobre a Reforma do seu Regime Jurídico*, in Estudos do Instituto de Direito do Trabalho, I, Coimbra 2001, pp. 443ss; ANTÓNIO JOSÉ MOREIRA, *Trabalho temporário. Regime jurídico anotado*, 2ª ed., Coimbra, 2001; JÚLIO VIEIRA GOMES, *Algumas observações sobre o contrato de trabalho por tempo indeterminado para cedência temporária*, in Questões Laborais (QL), n.º 17 (2001), pp. 41ss; PEDRO FURTADO MARTINS, *Aplicação ao trabalhador de convenção colectiva de trabalho em vigor na empresa utilizadora*, in Revista de Direito e Estudos Sociais (RDES), XXXVII (1995), n.os 1-3, pp. 255ss; PAULA CAMANHO/MIGUEL DA CUNHA/SOFIA PAIS/PAULO VILARINHO, *Trabalho Temporário*, in RDES, XXXIV (1992), n.os 1-3, pp. 171ss; BERNARDO DA GAMA LOBO XAVIER, "*O Direito do Trabalho na Crise (Portugal)*", in Temas de Direito do Trabalho, Coimbra Editora, 1990; ANTÓNIO MONTEIRO FERNANDES, *Direito do Trabalho*, 11ª ed., Coimbra, 1999, pp. 158ss., Almedina, Coimbra, 1981; LUÍS SILVA MORAIS, "*Dois estudos: justa causa e motivo atendível de despedimento. O trabalho temporário*", Cosmos, Lisboa, 1991; JOSÉ BARROS MOURA, "*A propósito do trabalho temporário*", in Anais III Jornadas Luso-Hispano-Brasileiras de Direito do Trabalho, Salvador da Baía, 1984; ANTÓNIO PINTO MONTEIRO, "*Contratos de agência, de concessão e de franquia*", in Boletim da Faculdade de Direito (BDF), Estudos em homenagem ao Prof. Doutor Eduardo Correia, III, Coimbra, 1984.

[2] Cf. L´ÉQUIPE RÉDACTIONELLE DE LA REVUE FIDUCIAIRE, "*Les contrats de travail particuliers*", La Villeguerin Editions, 2ª Ed., 1991, p. 24.

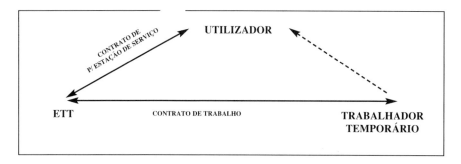

Trabalho Temporário — modalidade típica

II. A ETT contrata, remunera, cumpre as obrigações para com a segurança social, subscreve o seguro contra acidentes de trabalho e exerce (potencialmente) o poder disciplinar sobre o trabalhador temporário, cedendo este onerosamente ao utilizador; este último, por sua vez, por delegação da ETT, exerce sobre o trabalhador os poderes de direcção próprios do empregador, designadamente os poderes determinativo e conformativo da prestação, ficando o trabalhador temporário sujeito ao regime de trabalho aplicável ao utilizador no que respeita ao modo, lugar, duração e suspensão da prestação de trabalho, higiene, segurança e medicina no trabalho e acesso aos seus equipamentos sociais.

O trabalhador temporário, em suma, é contratado pela ETT, mas presta a sua actividade em benefício directo do utilizador.

Assim, apesar de se ter por adquirido, quer em termos doutrinários[3], quer a nível jurisprudencial[4], que a titularidade do vínculo jurídico-laboral é da ETT, parece igualmente clara e inequívoca a existência de uma verdadeira cisão, dissociação ou diluição da posição patronal[5], sendo

---

[3] Cf., nomeadamente, MENEZES CORDEIRO, "*Manual de Direito do Trabalho*", ob. cit., pp. 606-607.

[4] Cf., nomeadamente, ainda na década de oitenta, Acs. da Rel. Lx, de 22 de Maio de 1985, *in* CJ, Ano X, T. III, p. 208ss, e de 18 de Junho de 1986, *in* CJ, Ano XI, T. III, p. 181ss; já na década de noventa, após a publicação do regime jurídico do trabalho temporário e a propósito da obrigatoriedade de a empresa de trabalho temporário incluir no respectivo balanço social os trabalhadores temporários por si contratados, Ac. Rel. Lx. de 25 de Maio de 1994, *in* CJ, T. III, 1994, pp. 166ss.

[5] Cf. ALAIN SUPIOT, *Les nouveaux visages de la subordination,* Droit Social, 2000, pp. 134-135; JEAN RIVERO/JEAN SAVATIER, *Droit du Travail*,Presses Universitaires de France (PUF), 1993, pp. 102-103 e 443ss. Em Itália, FRANCESCO SANTORO PASSARELI, *Nozioni di Diritto del Lavoro,* Napoli, 35ª ed., 1995, pp. 173ss.

atribuída à ETT a quase totalidade das obrigações patronais e ao utilizador a quase totalidade das respectivas prerrogativas[6].

III. Por essa razão, face à precariedade da posição do trabalhador temporário, que não se integra, nem nos quadros da entidade onde presta a sua actividade, nem nos daquela que o contratou, o regime jurídico do trabalho temporário, aprovado entre nós pelo Decreto-Lei n.º 358/89, de 17-10 (LTT), é movido por uma preocupação fundamental de garantir a *"clarificação do exercício da actividade"* e a *"protecção social"* dos trabalhadores temporários[7-8].

IV. A relação triangular em causa implica, necessariamente, a existência de dois ajustes contratuais: por um lado, um contrato entre a ETT e o utilizador (contrato de utilização de trabalho temporário — CUTT); por outro lado, um contrato entre a ETT e o trabalhador (contrato de trabalho temporário — CTT).

O CUTT mais não é do que um tipo contratual em especial: um contrato de prestação de serviço, celebrado entre o utilizador e a ETT, pelo qual esta se obriga, mediante retribuição, a colocar à disposição do utilizador um ou mais trabalhadores, em função das conveniências deste. Trata-se, pois, de um contrato subsidiariamente sujeito ao regime dos

---

[6] A propósito da partilha entre duas entidades dos poderes próprios do empregador, veja-se PAULA CAMANHO/MIGUEL DA CUNHA/SOFIA PAIS/PAULO VILARINHO, *Trabalho Temporário*, ob. cit., p. 187 e MARIA REGINA GOMES REDINHA, *Relação Laboral Fragmentada*, ob. cit., pp. 182ss.

[7] Cf. Preâmbulo do diploma.

[8] Recorda-se que o Estado português (a par da Bélgica, França, Itália e Grécia) insere-se numa das *três categorias* de Estados-membros a que se alude na *Exposição de Motivos* da recentemente *apresentada Proposta de Directiva do Parlamento Europeu e do Conselho relativa às condições de trabalho dos trabalhadores temporários, apresentada pela Comissão em 20 de Março de 2002* — a categoria dos Estados-membros que estabeleceram uma definição e uma regulamentação específicas do trabalho temporário, abrangendo não apenas a relação que vincula o utilizador e a ETT e esta e o trabalhador temporário, mas também o estatuto deste trabalhador. Paralelamente, constata-se a existência de Estados-membros onde não existe qualquer definição de trabalho temporário ou em que há uma regulamentação específica de carácter muito limitado (Dinamarca, Finlândia, Irlanda e Reino Unido) e de Estados-membros que possuem uma definição e regulamentação específicas no que se refere ao trabalho temporário e à relação que se estabelece entre os sujeitos intervenientes, mas que não se dedicam ao estatuto do trabalhador temporário (Alemanha, Áustria, Espanha, Luxemburgo, Países Baixos e Suécia).

artigos 1154.º e seguintes do Código Civil, nomeadamente quanto à respectiva extinção.

O CTT, por sua vez, é o contrato de trabalho celebrado entre a ETT e o trabalhador temporário, pelo qual este se obriga, mediante retribuição daquela, a prestar temporariamente a sua actividade a utilizadores.

V. O trabalho temporário insere-se num fenómeno geral de flexibilização da relação de trabalho[9]. Trata-se, tal como noutros casos, de uma modalidade contratual "atípica", no sentido em que se afasta da tradicional rigidez do regime jurídico do contrato de trabalho por tempo indeterminado[10].

São várias as figuras que estão próximas do trabalho temporário e que com ele se podem confundir. As mais relevantes, atenta a maior proximidade de regime ou a articulação entre a posição de três sujeitos distintos, são o *contrato de trabalho a termo*, a interposição de *agências de colocação de pessoal com fins lucrativos* e a *cedência ocasional de trabalhadores*[11].

---

[9] Recorda-se que segundo a referida *Exposição de Motivos* da recente *Proposta de Directiva do Parlamento Europeu e do Conselho relativa às condições de trabalho dos trabalhadores temporários*, apresentada pela Comissão em 20 de Março de 2002, nos últimos dez anos o trabalho temporário na Europa não parou de aumentar, com uma taxa de crescimento anual estimada em 10% entre 1991 e 1998, apesar de a sua percentagem relativamente ao emprego total permanecer ainda reduzida (2,1 milhões de pessoas numa média equivalente em tempo inteiro, ou seja, 1,4% do emprego total na Europa em 1998). Este rápido crescimento responde a algumas razões fundamentais que fazem do trabalho temporário um elemento-chave do reforço da capacidade de adaptação do mercado de trabalho, das empresas e dos trabalhadores: as empresas, em especial as PME, vêm aumentar as exigências de flexibilidade no âmbito da gestão de mão-de-obra, nomeadamente devido a flutuações mais rápidas e mais amplas das respectivas carteiras de encomendas — o trabalho temporário consubstancia uma forma eficaz de acesso a trabalhadores qualificados, nomeadamente no domínio das tecnologias de informação; do ponto de vista dos próprios trabalhadores temporários, esta forma de emprego é muita vezes um meio de integrar o mercado de trabalho ou de a ele regressar, nomeadamente para os mais jovens; por fim, houve uma profunda flexibilização do ambiente regulador — actualmente, a maior parte das ordens jurídicas nacionais adaptou o respectivo quadro regulador a esta forma de emprego, no sentido da sua maior flexibilidade, quando é certo que ainda há alguns anos a mesma era proibida por alguns Estados- Membros.

[10] A propósito do trabalho temporário enquanto instrumento de flexibilização da relação laboral, ainda que sujeito a um regime jurídico muito restritivo, veja-se MARIA DO ROSÁRIO RAMALHO, *Da Autonomia Dogmática*, ob. cit, pp. 635ss.

[11] A propósito da distinção entre *trabalho temporário* e outras figuras, nomeadamente o *trabalho negro ou clandestino*, o *trabalho alternado*, o *trabalho a tempo*

O *trabalho temporário* pode, ainda, ser utilizado como um importante instrumento de *sub-contratação*.

2. Distinção de figuras afins

I. O *trabalho temporário* não se confunde com o *contrato de trabalho a termo*: ao passo que este último assenta numa estrutura bilateral e no binómio empregador-trabalhador, o *trabalho temporário*, pelo contrário, tem por base uma estrutura tripartida, envolvendo a articulação entre três entidades distintas — ETT, utilizador e trabalhador; ao passo que o *contrato a termo* se caracteriza, no essencial, pela circunstância de se tratar de um contrato de trabalho ao qual é aposto um termo resolutivo, no *trabalho temporário* coexistem duas modalidades contratuais típicas — uma de natureza laboral (CTT) e outra de direito privado comum (CUTT); ao passo que no *contrato a termo* o titular da disponibilidade da força de trabalho e o seu beneficiário coincidem, no *trabalho temporário* existe uma dissociação entre o empregador (ETT) e o beneficiário da prestação laboral (o utilizador).

Em todo o caso, as semelhanças são significativas, nomeadamente quanto ao regime aplicável. Trata-se, em ambos os casos, de modalidades de trabalho subordinado "atípicas" (quando confrontadas com o paradigma do contrato de trabalho por tempo indeterminado) que se movem dentro de regimes jurídicos restritivos. O recurso ao *contrato a termo* e ao *trabalho temporário* apenas é admitido a título excepcional, segundo motivações objectivas taxativamente contempladas na lei e desde que respeitados determinados requisitos de forma e limites temporais[12]. Assim o impõe o princípio constitucional da estabilidade do emprego[13].

---

parcial, o *trabalho intermitente* e a *empreitada ou sub-empreitada*, veja-se PAULA CAMANHO/MIGUEL DA CUNHA/SOFIA PAIS/PAULO VILARINHO, *Trabalho temporário*, ob. cit., pp. 189 a 194.

[12] A propósito do carácter excepcional do *trabalho temporário* e do *contrato a termo* e da natureza restritiva dos respectivos regimes jurídicos, veja-se MARIA DO ROSÁRIO RAMALHO, *Da Autonomia Dogmática*, ob. cit., pp. 635-636; e PEDRO ORTINS DE BETTENCOURT, *Flexibilidade e Rigidez na Contratação a Termo*, IV Congresso Nacional de Direito do Trabalho — Memórias, Coimbra, 2002, pp. 121ss.

[13] A propósito da contratação a termo e da sua conjugação com o princípio constitucional da estabilidade do emprego, veja-se JOSÉ JOÃO ABRANTES, *in* Estudos do Instituto de Direito do Trabalho, III, Almedina, 2002, pp. 155ss.

Mais do que isso: o *contrato de trabalho temporário*, celebrado entre a ETT e o trabalhador ao abrigo do artigo 18.º da LTT, consubstancia uma modalidade especial[14] de *contrato a termo*, aplicando-se-lhe subsidiariamente o regime da contratação a termo do Decreto-Lei n.º 64-A/89, de 27-2.

A questão que se coloca, a este propósito, é clara: deverá o trabalho temporário assumir uma função residual face ao contrato a termo ou, pelo contrário, ambas as figuras se podem equiparar, cabendo ao beneficiário o recurso a qualquer uma das aludidas modalidades contratuais ao abrigo da respectiva liberdade de gestão empresarial? Deve o trabalho temporário justificar-se, apenas, perante particulares carências não duradouras do empregador, no sentido de imprevisíveis, efémeras ou urgentes, ou pelo contrário é defensável uma equiparação entre a contratação a termo e o trabalho temporário quanto aos motivos a utilizar?

Entre nós, a resposta tem oscilado em sede legislativa. Ao passo que na versão inicial da LTT parecia clara a natureza subsidiária do trabalho temporário face à contratação a termo, já o mesmo não se pode afirmar com segurança após a revisão operada pela Lei n.º 146/99, de 1 de Setembro, na sequência da qual se alargaram os motivos que admitem o recurso ao trabalho temporário.

O regime legal actual, como veremos, apresenta uma grande similitude quanto às causas justificativas da contratação a termo e do contrato de trabalho temporário. No essencial, o legislador apenas reservou para o domínio exclusivo da contratação a termo razões que se prendem com promoção de políticas de pleno emprego ou com a diminuição do risco empresarial, reservando inversamente para âmbito exclusivo do trabalho temporário três situações específicas: *provimento de postos de trabalho na pendência de processo de recrutamento*; *necessidades intermitentes de mão de obra determinadas por flutuações diárias ou semanais de actividade* e *necessidades intermitentes de trabalhadores para a prestação de apoio familiar directo ou de natureza social*.

II. Noutro prisma, importa ter em consideração que o trabalho temporário, nomeadamente o papel desempenhado pelas ETT, não se

---

[14] Há quem advogue, à luz deste cenário, que o contrato de trabalho temporário é uma sub-espécie do contrato a termo e que a disciplina jurídica do primeiro se limita, neste contexto, a enunciar as suas particularidades em relação ao regime (geral) do contrato a termo, abdicando o legislador de um regime jurídico abrangente e auto-suficiente — cf. MARIA REGINA REDINHA, *Relação Laboral Fragmentada*, ob. cit., p. 144.

confunde com o esquema contratual que se descortina no âmbito de actuação das *agências de colocação de pessoal com fim lucrativo*. As agências em causa, tal como as ETT, dedicam-se à prospecção, selecção e ingresso de trabalhadores no mercado de trabalho. Fazem-no, porém, em moldes diversos: as agências em causa são meros intermediários entre o mercado da oferta e procura de emprego[15] e a sua função esgota-se no momento em que o trabalhador e o empregador celebram entre si um contrato de trabalho. Não existe, em suma, qualquer vínculo laboral entre as agências e o trabalhador que as contacta ou que por elas é contactado. No regime do *trabalho temporário* o esquema é diverso: entre a ETT e o trabalhador celebra-se um contrato de trabalho, não obstante a prestação laboral se realizar ao serviço do utilizador. Por outro lado, ao passo que o preço dos serviços prestados pela ETT é pago exclusivamente pelo utilizador, já nas agências de mediação o preço dos serviços que estas prestam pode ser-lhes pago directamente pelo trabalhador, dentro de determinados limites legalmente estabelecidos.

III. O trabalho temporário distingue-se também da *cedência ocasional de trabalhadores*[16], não obstante ambas as figuras estarem previstas, entre nós, no mesmo diploma legislativo (LTT). Na *cedência ocasional de trabalhadores* existe um contrato através do qual uma empresa cede temporariamente a outra um ou mais trabalhadores, conservando, no entanto, o vínculo jurídico-laboral que com eles mantinha e a correspondente qualidade de empregador. A este nível, existe uma semelhança com o trabalho temporário. Simplesmente, a *cedência temporária ou ocasional* verifica-se apenas em relação a trabalhadores que integram o quadro de efectivos da empresa cedente. Não está em causa, como no *trabalho temporário,* a cedência de trabalhadores especificamente contratados para o efeito. A empresa cedente não tem por actividade exclusiva ou principa, a cedência onerosa de trabalhadores para outras organizações produtivas. Ao contrário do que sucede no *trabalho*

---

[15] Trata-se de uma realidade regulada, entre nós, no Decreto- Lei n.º 124/89, de 14-4. A propósito deste regime, da Convenção n.º 96 da OIT e das estranhas vicissitudes legislativas que nortearam a sua ratificação pelo Estado português, veja-se PAULA CAMANHO/MIGUEL DA CUNHA/SOFIA PAIS/PAULO VILARINHO, *Trabalho Temporário*, ob. cit., pp. 196 a 198.

[16] A propósito da *cedência ocasional de trabalhadores*, veja-se JOÃO NUNO ZENHA MARTINS, *Cedência de Trabalhadores e Grupos de Empresas, in* Colecção Cadernos Laborais do Instituto de Direito do Trabalho, n.º 2, Almedina, 2002.

temporário, a cedência de mão-de-obra surge, na *cedência ocasional*, acidentalmente e sem intuitos lucrativos. Por outro lado, na *cedência ocasional* quem retribui o trabalhador, em regra, é o cessionário, ao passo que no trabalho temporário quem o faz é a ETT. Na *cedência ocasional*, findo o período de cedência, o trabalhador regressa à empresa de origem tendo em vista a prestação do mesmo tipo de funções anteriormente desempenhadas, circunstância que não se verifica, em regra, no *trabalho temporário*. A cedência ocasional, à partida, não é permitida: só é admitida nas hipóteses excepcionais do artigo 26.º da LTT, quando prevista e regulamentada em IRCT ou nas hipóteses residuais do artigo 27.º e segundo os requisitos ali consagrados (exige-se que o trabalhador esteja vinculado mediante contrato de trabalho sem termo, que a cedência se realize no quadro de empresas jurídica ou financeiramente associadas ou economicamente interdependentes e que exista acordo expresso do trabalhador). O *trabalho temporário*, pelo contrário, verificados que estejam os requisitos substantivos e formais que lhe presidem, assenta numa ideia de liberdade de cedência: o trabalhador temporário é contratado tendo em vista, precisamente, a cedência da sua força de trabalho a terceiras entidades.

IV. O trabalho temporário pode, também, assumir um importante papel enquanto fenómeno de *subcontratação* e instrumento de *outsourcing*[17].

O esquema contratual assume no essencial a seguinte feição: a empresa 1 subcontrata a empresa 2 para efeitos de prestação de um serviço habitualmente prosseguido pela primeira, por um período de tempo pré-determinado; a empresa 2, por sua vez, na medida em que foi contratada pela empresa 1 para um período de tempo limitado, recorre a uma ETT, celebrando com esta um CUTT, tendo em vista a cedência dos trabalhadores necessários para dar cumprimento à obrigação assumida perante a empresa 1; a ETT, por fim, contrata trabalhadores subordinados em regime de contrato de trabalho temporário, tendo em vista a sua cedência à empresa 2.

Neste caso, contamos não com três, mas com quatro sujeitos envolvidos (empresa 1, empresa 2, ETT e trabalhador temporário) e não

---

[17] A propósito da cedência de trabalhadores no âmbito da *subcontratação industrial*, veja-se ANTÓNIO DIAS COIMBRA, *A mobilidade do trabalhador no âmbito da cedência imprópria: o problema da inexistência de relação contratual laboral entre o trabalhador e o utilizador*, in Revista da Ordem dos Advogados, Ano 53, Dezembro 1993, pp. 815-834.

com dois, mas com três ajustes contratuais (contrato de prestação de serviço entre a empresa 1 e a empresa 2; CUTT entre esta e a ETT; CTT entre esta e o trabalhador temporário).

A relação triangular cede lugar a um esquema de *subcontratação em cascata*, que conta com dois "intermediários" (empresa 2 e ETT) entre o verdadeiro beneficiário da actividade (empresa 1) e aquele que a presta (trabalhador temporário).

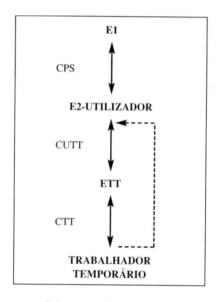

Subcontratação em cascata

V. O esquema parece linear, mas levanta algumas dúvidas.

Os serviços que a empresa 1 "transmitiu" em regime de *outsourcing* à empresa 2 assumem uma feição tendencialmente duradoura no âmbito da actividade social da empresa 1, *maxime* quando está em causa o cumprimento, por parte desta, de serviços públicos assumidos no âmbito da celebração de contratos de concessão. A actividade em causa integra o elenco de actividades permanentemente exercidas pela empresa 1. Esta, simplesmente, resolve delegar numa terceira entidade o exercício de tal actividade, por um período de tempo limitado, em regime de *outsourcing*, mantendo todavia a empresa 1 a responsabilidade final perante os consumidores ou o concedente pelo serviço prestado pela empresa 2.

Quando assim seja, coloca-se a questão de saber se o trabalhador temporário contratado por um período de tempo limitado pode, ao abrigo

de uma necessidade temporária da empresa utilizadora (empresa 2), prestar uma actividade que tem em vista, afinal, a satisfação de necessidades permanentes do beneficiário final da prestação laboral — a empresa 1.
Julga-se que sim, verificados que sejam determinados requisitos.

VI. O *outsourcing* consubstancia um importante instrumento de gestão empresarial e a *exteriorização* do emprego (ou a *externalização das actividades*) assume-se cada vez mais como uma constante na sociedade hodierna. As empresas optam, com frequência, por contratar terceiras entidades especializadas na prestação de serviços, adjudicando-lhes a prestação de actividades que integram a totalidade ou parte da actividade principal ou acessória da empresa adjudicante. Quando assim seja, é corrente afirmar-se que as empresas *utilizam*, ainda que indirectamente, mão-de-obra dependente juridicamente doutro empregador, que se vincula a prestar serviços por conta da empresa adjudicante[18].

Em nome do princípio constitucional da *iniciativa económica* e da *liberdade de gestão empresarial* é inteiramente legítimo que qualquer empresa adjudique a outra entidade que, no seu exclusivo critério, disponha dos meios mais adequados e eficientes, qualquer parcela da respectiva actividade principal ou acessória, permanente ou circunstancial, sem que seja lícito atribuir a essa opção de gestão qualquer intuito fraudulento do ponto de vista juslaboral.

Assim, não se pode questionar a liberdade da empresa 1 contratar quem muito bem entenda, que disponha do *"know how"* reputado idóneo e adequado aos fins prosseguidos, para assegurar, de forma limitada no tempo, a prestação de serviços habitualmente prestados pela empresa 1.

Quando assim seja e quando a contratação da empresa 2 seja feita por um período de tempo limitado, o recurso ao trabalho temporário e a existência de um motivo justificativo passam a centrar-se nas necessidades temporárias da empresa 2 e não nas necessidades permanentes da empresa 1.

---

[18] A propósito da *exteriorização do emprego* veja-se, nomeadamente, ANTÓNIO DIAS COIMBRA, *A mobilidade do trabalhador*, ob. cit., p. 833, bem como a bibliografia ali citada; JORGE LEITE, *O Direito do Trabalho na Crise*, in Temas de Direito do Trabalho, Coimbra, 1990; ABEL SEQUEIRA FERREIRA, *"Grupos de Empresas e Direito do Trabalho"*, dissertação de Mestrado, Lisboa, 1997, pp. 29-30, que alude a este propósito à *"exteriorização do efectivo"*.

Aquilo que importará averiguar, afinal, é se a empresa 2, enquanto entidade dotada de personalidade jurídica e na sua qualidade de empresa utilizadora, dispõe ou não de um motivo real e concreto que justifique a contratação de uma ETT e o recurso ao trabalho temporário. Em caso afirmativo (e verificados que sejam os demais requisitos de forma e os limites máximos quanto à duração dos contratos de utilização de trabalho temporário), o recurso ao trabalho temporário será lícito, não obstante o beneficiário final da actividade ser, em última instância, a empresa 1, para quem a actividade prestada pelo trabalhador temporário permite a satisfação de uma necessidade permanente.

Tudo passa, enfim, pelo apuramento do motivo justificativo aposto no CUTT firmado entre a empresa 2 e a ETT, à luz do artigo 9.º da LTT.

A desconsideração da personalidade jurídica da empresa 2, neste caso, não parece justificar-se, salvo particulares limites impostos pela boa fé ou em caso de manifesta fraude à lei[19].

§ 2.º — O REGIME DO TRABALHO TEMPORÁRIO NA VERSÃO INICIAL DO DECRETO-LEI N.º 358/89, DE 17-10

1. O contrato de utilização de trabalho temporário (CUTT)

I. Atendendo à preocupação de tutela do trabalhador temporário, o legislador nacional consagrou na LTT um modelo de trabalho temporário centrado no CUTT e estabeleceu, por outro lado, em clara dissonância com os princípios gerais do direito privado comum, uma série de requisitos de natureza substantiva, temporal e formal que condicionam a

---

[19] A propósito da *desconsideração da personalidade jurídica* veja-se, em geral, MENEZES CORDEIRO, *"O Levantamento da Personalidade Colectiva no Direito Civil e Comercial"*, Almedina, 2000 e PEDRO CORDEIRO, *"A Desconsideração da Personalidade Jurídica das Sociedades Comerciais"*, in AAAV, *Novas Perspectivas do Direito Comercial*, Almedina, 1988, pp. 289ss. Quanto ao Direito do Trabalho, em especial, veja-se PEDRO ROMANO MARTINEZ, *Direito do Trabalho*, ob. cit., pp. 127-136; ABEL SEQUEIRA FERREIRA, *"Grupos de Empresas e Direito do Trabalho"*, ob. cit., pp. 168ss e *"Grupos de Empresas e Relações Laborais"*, IV Congresso Nacional de Direito do Trabalho — Memórias, Coimbra, 1998, pp. 281ss; e MARIA IRENE GOMES, *"Grupos de Sociedades e Algumas Questões Laborais"*, in Questões Laborais, n.º 12 (1998), pp. 162ss.

celebração dos contratos que suportam o recurso ao trabalho temporário[20].

Fê-lo a dois níveis: quer no domínio do CUTT, quer relativamente ao contrato de trabalho temporário. Num plano diverso, disciplinou a actividade das ETT.

II. Do ponto de vista *substantivo*, a lei tipifica os motivos que podem sustentar a celebração do CUTT (art. 9.º n.º 1 da LTT), enunciando-os de forma taxativa e fazendo-os aproximar, no essencial, dos motivos justificativos da contratação a termo previstos no artigo 41.º do Decreto-Lei n.º 64-A/89, de 27-2[21].

Trata-se, em suma, de um negócio jurídico causal, que não pode ser celebrado para além das hipóteses taxativamente estabelecidas na lei.

O legislador, todavia, não enunciou as consequências emergentes da celebração de um CUTT fora das hipóteses previstas na lei. Em todo o

---

[20] Recorda-se que a LTT, na sua versão original, se inspirou no essencial na lei francesa *(Loi du 3 janvier 1972)*, sucessivamente modificada pela *ordonnance 82-131 du 5 février 1982*; pela *Loi 85-772 du 25 juillet 1985*, que harmonizou a regulamentação do trabalho temporário com a relativa aos contratos de trabalho a termo, ampliando, por outro lado, o elenco de motivos justificativos do trabalho temporário; pela *Loi du 17 janvier 1986*; pela *ordonnance 86-948 du 11 août 1986*, relativa ao contrato de trabalho a termo, ao trabalho temporário e a tempo parcial; e pela *Loi 90-613 du 12 juillet 1990*.

[21] Nos termos do artigo 9.º n.º 1 da LTT, a celebração do contrato de utilização de trabalho temporário só é permitida nos seguintes casos:

a) Substituição de trabalhador ausente ou que se encontre impedido de prestar serviço;

b) Necessidade decorrente da vacatura de postos de trabalho quando já decorra processo de recrutamento para o seu preenchimento;

c) Acréscimo temporário ou excepcional de actividade, incluindo o devido a recuperação de tarefas ou da produção;

d) Tarefa precisamente definida e não duradoura;

e) Actividade de natureza sazonal;

f) Necessidades intermitentes de mão-de-obra determinadas por flutuações da actividade durante dias ou partes do dia, desde que a utilização não ultrapasse, semanalmente, metade do período normal de trabalho praticado na empresa utilizadora;

g) Necessidades intermitentes de trabalhadores para a prestação de apoio familiar directo, de natureza social, durante dias ou partes do dia;

h) Necessidades de mão-de-obra para a realização de projectos com carácter temporal limitado, não inseridos na actividade corrente da empresa, designadamente instalação e reestruturação de empresas ou estabelecimentos, montagens e reparações industriais.

caso, sempre se considerou, em claro paralelismo com o regime jurídico do contrato de trabalho a termo certo celebrado fora das hipóteses legalmente admitidas (artigo 41.º n.º 2 do Decreto-Lei n.º 64-A/89, de 27-2), que o trabalhador deveria nestas hipóteses ser considerado trabalhador por tempo indeterminado ao serviço do utilizador[22]. A razão é simples e não se presta a ulteriores glosas: se o utilizador não respeita os condicionalismos inerentes ao recurso ao trabalho temporário, fazendo-o fora das hipóteses legalmente admitidas, deve assumir as consequências resultantes da celebração de um contrato contrário a uma norma legal imperativa.

Mais do que isso: na medida em que a celebração de um CUTT fora das hipóteses legalmente admitidas determina a nulidade do contrato (por violação de normas legais imperativas — art. 294.º do Código Civil) e, por maioria de razão, a nulidade do CTT celebrado à sombra daquele CUTT, não resta outra alternativa que não seja a de considerar que o trabalho efectivamente prestado pelo trabalhador temporário ao utilizador consubstancia uma *relação laboral de facto* segundo o regime comum do contrato individual de trabalho.

III. Para além da consagração de requisitos de natureza substantiva, o legislador estabeleceu, acrescidamente, ao arrepio da liberdade de estipulação contratual, limites temporais atinentes à *duração* dos contratos de utilização, fixando prazos tendencialmente curtos[23].

---

[22] Cf., nomeadamente, ANTÓNIO JOSÉ MOREIRA, *Trabalho Temporário,* ob. cit., p. 27, que ora alude à aplicação (directa?) do artigo 16.º n.º 3 da LTT, ora apela ao paralelismo com a solução do artigo 41.º n.º 2 do Decreto-Lei n.º 64-A/89, de 27-2.

[23] Na versão inicial da LTT, estabeleciam-se quatro patamares distintos, quanto à duração dos contratos:
— estando em causa uma *necessidade decorrente da vacatura de postos de trabalho quando já decorra processo de recrutamento para o seu preenchimento* (alínea b) do n.º 1 do artigo 9.º) ou uma *actividade de natureza sazonal* (alínea e) do n.º 1 do artigo 9.º), a duração do contrato não podia exceder 6 meses (artigo 9.º n.º 3);
— estando em causa um *acréscimo temporário ou excepcional de actividade, incluindo o devido a recuperação de tarefas ou da produção* (alínea c) do n.º 1 do artigo 9.º) ou uma *tarefa precisamente definida e não duradoura* (alínea d) do n.º 1 do artigo 9.º), a duração do contrato não podia exceder 12 meses (artigo 9.º n.º 4);
— estando em causa *necessidades intermitentes de mão-de-obra determinada por flutuações da actividade durante dias ou partes do dia* (alínea f) do n.º 1 do artigo 9.º) ou *necessidades de mão-de-obra para a realização de projectos com*

Para o efeito, impôs-se a necessidade de serem apostos nos contratos de utilização termos resolutivos. Nalguns casos (*substituição de trabalhadores ausentes* ou *necessidades intermitentes de trabalhadores para a prestação de apoio familiar directo, de natureza social*), admitiu--se a estipulação de *termo incerto*, não podendo no entanto a duração do contrato exceder a da respectiva causa justificativa (cf. artigo 9.º n.º 2).

Nas restantes hipóteses, o termo exigível consubstancia um *termo certo*, não podendo a vigência dos contratos ultrapassar o prazo de 6 (seis) meses (*necessidade decorrente da vacatura de postos de trabalho; actividade de natureza sazonal; necessidades de mão-de-obra para a realização de projectos com carácter temporal limitado, não inseridos na actividade corrente da empresa*), ou o prazo de 12 (doze) meses (*acréscimo excepcional ou temporário da actividade; tarefa precisamente definida e não duradoura*).

IV. A fim de desencorajar o recurso ao trabalho temporário, o legislador proibiu a sucessão de trabalhadores temporários no mesmo posto de trabalho quando tenha sido atingida a respectiva duração máxima (cf. artigo 9.º n.º 7).

Trata-se de uma previsão que tem um escopo claro: impedir o recurso desenfreado a uma modalidade de contratação que está na fronteira do princípio constitucional da estabilidade do emprego[24].

---

carácter temporal limitado, não inseridos na actividade corrente da empresa (alínea h) do n.º 1 do artigo 9.º), a duração do contrato não podia exceder 6 meses, sendo permitida a sua renovação sucessiva até à cessação da causa justificativa, mediante autorização da Inspecção-Geral do Trabalho (artigo 9.º n.º 5);

— tratando-se, enfim, da *substituição de trabalhador ausente* (alínea a) do n.º 1 do artigo 9.º) ou de *necessidades intermitentes de trabalhadores para a prestação de apoio familiar directo, de natureza social* (alínea g) do n.º 1 do artigo 9.º), a duração do contrato não podia exceder a cessação da causa justificativa (artigo 9.º n.º 2), admitindo-se consequentemente a aposição de um termo incerto.

[24] Paradoxalmente, porém, o legislador, não estatuiu qualquer consequência no domínio contratual para a violação da regra (artigo 9.º n.º 7) que proscreve a sucessão de trabalhadores temporários no mesmo posto de trabalho, limitando-se a tratar da matéria em sede de regime contra-ordenacional (cf. artigo 31.º n.º 2 alínea a) da LTT).

A propósito da proibição da celebração sucessiva e intervalada de contratos a termo à luz do recente artigo 41-A do Decreto-Lei n.º 64-A/89, de 27-2, emergente da alteração introduzida pela Lei n.º 18/2001, de 3 de Julho, veja-se LUÍS MIGUEL MONTEIRO, PEDRO MADEIRA DE BRITO, "*Alteração ao Regime Jurídico do Contrato de Trabalho a Termo Introduzida pela Lei n.º 18/2001, de 3 de Julho*", in RDES, Janeiro-Março-2002, Ano XLIII (XVI da 2ª Série), n.º 1, pp.103-116.

A inobservância dos prazos de duração máxima e a manutenção do trabalhador temporário ao serviço do utilizador 10 dias após a cessação do CUTT sem que ocorra a celebração de contrato que o legitime, determina, por sua vez, que o trabalho passe a ser prestado ao utilizador com base em contrato de trabalho sem termo, celebrado entre este e o trabalhador (artigo 10.º da LTT)[25-26].

V. Por fim, sempre com o escopo de protecção do trabalhador temporário e agora em desconformidade com o princípio do consensualismo, o legislador exigiu também (artigo 11.º) a observância da *forma escrita* para o CUTT, bem como a aposição, neste, de uma série de menções obrigatórias — a indicação dos contraentes, com referência ao número e data do alvará de autorização da ETT para o exercício da actividade; a indicação dos motivos que justificam o recurso ao trabalho temporário por parte da empresa utilizadora; as características genéricas do posto de trabalho a preencher, local e horário de trabalho; o montante da retribuição mínima devida pela empresa utilizadora a trabalhador do quadro próprio que ocupasse o mesmo posto de trabalho; o início e duração, certa ou incerta, do contrato e a data da respectiva celebração.

A falta de forma escrita ou a omissão, no contrato, dos motivos determinantes para a contratação implicam, automaticamente, que se considere que o trabalho prestado pelo trabalhador temporário ao serviço do utilizador é realizado com base em contrato sem termo (artigo 11.º n.º 2)[27].

---

[25] Para além dos dois referidos requisitos — que o trabalhador temporário permaneça ao serviço do utilizador decorridos 10 dias após a cessação do CUTT e que não tenha sido celebrado qualquer contrato que o legitime — foi reconhecida, jurisprudencialmente, uma terceira condição, tendo em vista a constituição de uma relação laboral *ope legis* entre o utilizador e o trabalhador — que o utilizador, tendo *conhecimento* da continuidade ou prolongamento da prestação de trabalho por parte do trabalhador temporário, nada faça para lhe pôr termo — cf. Ac. Rel. Porto de 1 de Junho de 1992, *in* CJ, T. III, 1992, pp. 33ss.

[26] Trata-se de um regime similar ao da lei francesa (art. L 124-7), consolidado pela jurisprudência da *cassation social* (*cass. soc.*) — cf. ac. cass. soc. 31.10.1989, *in Le Code du Travail annoté*,La Villeguérin Éditions, 18ª ed., 1998, p. 261.

[27] Cf., nomeadamente, Ac. STJ de 22 de Maio de 1996, *in* CJ, T. II, 1996, pp. 262ss; Ac. STJ de 14 de Março de 2001, *in* CJ, T. II., 2001, pp. 149ss.

2. O contrato de trabalho temporário (CTT)

I. À luz da versão inicial da LTT, o CUTT detém primazia sobre o CTT e condiciona-o quanto à respectiva celebração, quanto à sua duração e quanto à forma que o mesmo deve revestir.

O artigo 18.º n.º 1 da LTT é sintomático, quanto à primazia do CUTT sobre o CTT: *"a celebração de contrato de trabalho temporário só é permitida nas situações previstas para a celebração de contrato de utilização"* (art. 18.º n.º 1). Em termos substantivos, a dependência do CTT relativamente ao CUTT não poderia ser mais clara.

Estamos, enfim, perante uma união de contratos funcional, necessária e tendencialmente unilateral: as vicissitudes do CUTT repercutem-se no CTT, mas nem todas as vicissitudes do CTT se repercutem no CUTT. A cessação ou suspensão do CTT, em regra, não acarreta a cessação do CUTT (artigo 14.º da LTT)[28].

II. A duração do CTT, por outro lado, é condicionada pela duração máxima do CUTT (artigo 19.º al. g)) não podendo, em caso algum, ultrapassar esta última. A própria renovação do CTT só é admitida se e na medida em que a duração do CUTT não seja ultrapassada.

III. Tal como o CUTT, o CTT é um contrato formal, obrigatoriamente reduzido a escrito (artigo 18.º n.º 2) e sujeito a um conjunto de formalidades (artigo 19.º), devendo conter a indicação dos contraentes; a indicação dos motivos que justificam a celebração do contrato; a categoria profissional; o local e período normal de trabalho; a remuneração; o início de vigência do contrato; o termo do contrato, de acordo com a duração do CUTT; e a data da respectiva celebração. A falta de forma ou a omissão dos motivos determinantes da contratação, caso não possam ser supridas por menção da mesma natureza constante do CUTT, implicam a conversão do CTT em contrato sem termo, passando o trabalhador a integrar o quadro de pessoal da ETT (artigo 42.º n.º 3 do Decreto-Lei n.º 64-A/89, de 27-2, *ex vi* artigo 19.º n.º 2 da LTT)[29].

---

[28] Cf. PEDRO ROMANO MARTINEZ, *Direito do Trabalho*, ob. cit., p. 615.

[29] É esta, de resto, a solução emergente da lei francesa (art. L. 124-3), sendo pacífico o entendimento jurisprudencial no sentido de que a falta de inclusão no CTT das menções obrigatórias acarreta a conversão do contrato em contrato sem termo, passando a relação laboral entre o trabalhador temporário e a ETT a reger-se pelo *droit commun* — cf. acs. *cass. soc.* de 21.5.1985 e de 31.10.1989, *in Le Code du Travail annoté*, ob. cit., p. 261.

3. A actividade das empresas de trabalho temporário (ETT)

I. O propósito de tutela dos trabalhadores temporários passa, por fim, para além da criação de regras limitadoras quanto à validade dos contratos envolvidos, pela disciplina da própria actividade da ETT.

II. Nesse sentido, na versão originária da LTT, o legislador fez depender o exercício da actividade da ETT de autorização prévia do Ministério do Emprego e Segurança Social (artigo 4.º), sendo um dos pressupostos necessários para efeitos dessa autorização a prestação de uma caução a favor do Instituto do Emprego e Formação Profissional (IEFP), de valor correspondente a 150 meses de salário mínimo nacional fixado para a indústria, comércio e serviços, acrescido do valor da taxa social única incidente sobre aquele montante (artigo 6.º). Para além disso, impôs-se o registo da ETT e a atribuição de um alvará numerado (artigo 9.º). O legislador enunciou, ainda, uma série de deveres de comunicação da ETT perante o Instituto de Emprego e Formação Profissional (art. 8.º) a propósito da respectiva actividade social.

III. O exercício da actividade de cedência temporária de trabalhadores sem a necessária autorização administrativa gera responsabilidade contra-ordenacional imputável à ETT (artigo 31 n.º 3 da LTT — *contra-ordenação muito grave*) e acarreta a nulidade quer do CUTT firmado entre o utilizador e a ETT, quer do CTT ajustado entre aquela e o trabalhador temporário (artigo 16.º n.ºs 1 e 2). Neste caso, o trabalho considera-se prestado ao utilizador com base em contrato de trabalho sem termo celebrado entre o utilizador e o trabalhador temporário (artigo 16.º n.º 3).

4. O estatuto do trabalhador temporário

I. O trabalhador temporário é um trabalhador subordinado da ETT: para além de ser contratado por esta empresa, é ela quem lhe paga a retribuição, quem assegura o cumprimento das obrigações perante a segurança social e subscreve o seguro contra acidentes de trabalho e, em última instância, quem detém, em regime de exclusividade, o poder disciplinar[30]. O exercício do poder disciplinar compete à ETT, devendo o

---

[30] A este propósito, veja-se PEDRO ROMANO MARTINEZ, *Direito do Trabalho*, ob. cit., p. 638, nota 2, para quem a solução é criticável, por privar o utilizador de um meio

correlativo prazo de caducidade contar-se a partir do conhecimento pela ETT da ocorrência da infracção disciplinar[31]. Ao utilizador caberá o ónus de comunicar à ETT os factos juridicamente relevantes que integram a infracção disciplinar cometida pelo trabalhador temporário[32].

Na medida em que é trabalhador subordinado da ETT, o trabalhador temporário não se insere no efectivo do pessoal do utilizador e é incluído no mapa do quadro de pessoal da ETT (cf., em termos conjugados, artigos 13.º n.º 1 e 20.º n.º 5 da LTT).

O balanço social do utilizador não integra, consequentemente, os trabalhadores temporários contratados pela ETT[33], não devendo estes, por maioria de razão, ser tidos em consideração em sede de consolidação de contas no âmbito do Grupo de Empresas a que pertença o utilizador[34].

Trata-se da habitualmente denominada *invisibilidade* dos trabalhadores temporários, relativamente ao utilizador[35].

II. A retribuição dos trabalhadores temporários deve ser assegurada pela ETT[36].

---

dissuasor da violação do respectivo poder de direcção. No mesmo sentido, GIUSEPPE SUPPIEJ, L'Interposizione Brevettata, in Argomenti di Diritto del Lavoro, 1998, p. 24, citado em JÚLIO VIEIRA GOMES, ob. cit., p. 65, para quem a atribuição do poder disciplinar a um sujeito estranho à estrutura produtiva (à ETT) é insensata, por dificultar o respeito pelo princípio da tempestividade do procedimento disciplinar e por criar dificuldades no exercício do poder disciplinar, na medida em que a ETT, por desconhecer directamente os factos, não está em condições de apreciar correctamente a sua gravidade, tornando-se amiúde incoerente a sanção e a sua motivação.

[31] Cf. artigo 31.º do Decreto-Lei n.º 49408, de 24 de Novembro de 1969.

[32] Cf. GIUSEPPE PERA, *Compendio di Diritto del Lavoro*, 4ª ed., Giuffré Editore, 1997, p. 126.

[33] A propósito do balanço social, veja-se a Lei n.º 141/85, de 14-11 e o Decreto--Lei n.º 9/92, de 22-1.

[34] A propósito da consolidação de contas, veja-se o Decreto-Lei n.º 238/91, de 2 de Julho e CARLOS ANTÓNIO ROSA LOPES, *Legislação sobre Grupos Económicos e Consolidação de Contas*, VISLIS EDITORES, 1999.

[35] Cf. MICHELE MISCIONE, *Il Lavoro Interinale fra Contratto di Lavoro e Contratto di Fornitura*, in Diritto Pratica del Lavoro, 1997, p. 2074, citado em JÚLIO VIEIRA GOMES, *Algumas observações sobre o contrato de trabalho por tempo indeterminado para cedência temporária*, ob cit., p. 49.

[36] Será de admitir, todavia, em nome da autonomia privada e da liberdade de estipulação contratual, que as partes ajustem uma formulação distinta, consistente na assunção directa do débito retributivo por parte do utilizador. No mesmo sentido, PEDRO ROMANO MARTINEZ, *Direito do Trabalho*, ob. cit., p. 638, nota 5, que admite que o salário possa ser pago directamente pelo utilizador ao trabalhador, ao abrigo do instituto da assunção de dívida (artigo 595.º do Código Civil).

Todavia, nos termos do art. 21.º n.º 1 da LTT, prefigura-se uma equiparação, ainda que tendencial, entre a retribuição auferida pelos trabalhadores temporários ao serviço do utilizador e os trabalhadores subordinados deste último. A retribuição do trabalhador temporário, constituindo um encargo da ETT, pode ser determinada em função de elementos fornecidos pelo utilizador[37].

Nos termos do aludido preceito legal, a determinação quantitativa da retribuição devida ao trabalhador temporário efectua-se da seguinte forma: em regra, o trabalhador temporário tem direito a auferir a retribuição mínima fixada na lei; existindo um instrumento de regulamentação colectiva de trabalho (IRCT) aplicável ao utilizador para a categoria profissional correspondente às funções desempenhadas pelo trabalhador temporário, é este instrumento que serve de base à determinação da retribuição devida; caso, porém, o utilizador aplique uma tabela salarial mais elevada para o desempenho das mesmas funções, o trabalhador temporário beneficia desta retribuição; se, por fim, a própria ETT consagrar uma retribuição mais elevada nos termos do IRCT que lhe seja aplicável, será esta, afinal, a retribuição devida ao trabalhador.

III. A solução legal resulta, no fundo, do entrecruzar de dois princípios juslaborais: o princípio *"a trabalho igual, salário igual"*[38] e o princípio do *"tratamento mais favorável ao trabalhador"*[39].

No mesmo sentido, o art. 21.º n.º 2 determina que o trabalhador tem ainda direito *"na proporção do tempo de duração do contrato, a férias, subsídios de férias e de Natal e a outros subsídios regulares e periódicos que pelo utilizador sejam devidos aos seus trabalhadores por idêntica prestação de trabalho"*.

A lei não distingue, sequer, qual a fonte desses subsídios: eles poderão resultar do IRCT aplicável ao utilizador, de um regulamento interno ou dos usos da empresa. Para o legislador, tal questão não se

---

[37] Trata-se, no essencial, da solução consagrada na lei francesa (arts. L 124-4-2 e L. 124-3 (6.º)).

[38] A propósito do princípio *"a trabalho igual, salário igual"*, veja-se GUILHERME MACHADO DRAY, *"Autonomia Privada e Igualdade na Formação e Execução de Contratos Individuais de Trabalho"*, Estudos do Instituto de Direito do Trabalho, I, Almedina, 2001, pp. 98-100;e NUNES DE CARVALHO, *"Trabalho Igual, Salário Igual"*, in RDES XXXIV (1992), n.º 4, pp. 359ss.

[39] A propósito do princípio do tratamento mais favorável ao trabalhador, veja-se MARIA DO ROSÁRIO RAMALHO, ob. cit., pp. 405ss e 970ss.

coloca: o que está em causa, reitera-se, é a prossecução e concretização do princípio "*a trabalho igual, salário igual*"[40].

É este, de resto, o sentido que resulta da lei de autorização legislativa (Lei n.º 12/89, de 16-6) que esteve na base da Lei do Trabalho Temporário, onde se dispunha que o regime jurídico a estabelecer pelo Governo assentaria, entre outros, no princípio da "*uniformização de tratamento entre os trabalhadores temporários e os trabalhadores da empresa utilizadora no que respeita à retribuição e a outras condições da prestação de trabalho*".

IV. A eventual aplicação da tabela salarial constante do IRCT aplicável ao utilizador, tendo em vista a determinação quantitativa da retribuição do trabalhador temporário, não permite que se conclua no sentido da subversão do princípio da filiação previsto no artigo 7.º do Decreto-Lei n.º 519-C/79, de 29 de Dezembro.

Não obstante entendimento algo diverso em sede jurisprudencial[41] e doutrinal[42], torna-se forçoso concluir que o art. 21.º da LTT não derroga o princípio da filiação contemplado no art. 7.º do Decreto-Lei n.º 519-C/79, de 29 de Dezembro, segundo o qual "*as convenções colectivas de trabalho obrigam as entidades patronais que as subscrevem e as inscritas nas associações patronais signatárias, bem como os trabalhadores ao seu serviço, que sejam membros quer das associações sindicais celebrantes, quer das associações sindicais representadas pelas associações sindicais celebrantes*".

O artigo 21.º da LTT não manda aplicar ao trabalhador temporário, muito menos integralmente, o regime convencional emergente do IRCT aplicável ao utilizador: tudo quanto se admite é que as tabelas salariais de tal instrumento sejam tidas em consideração para efeitos de determinação do *quantum* retributivo devido ao trabalhador temporário, em nome do princípio da igualdade. Nada mais, para além disto[43].

---

[40] Cf. PEDRO FURTADO MARTINS, "*Aplicação ao trabalhador temporário da convenção colectiva de trabalho em vigor na empresa utilizadora*", in RDES, ob. cit. p. 256.

[41] Cf., a título exemplificativo, Ac. Rel. Lx de 3 de Novembro de 1994, in CJ, Ano XIX, T. V, pp. 177ss.

[42] Cf. ANTÓNIO JOSÉ MOREIRA, Trabalho temporário, ob. cit., p. 49, segundo o qual o artigo 21.º n.º 1 da LTT representa um desvio ao princípio *pacta sunt servanda*, quanto à eficácia das convenções colectivas de trabalho.

[43] Cf. PEDRO FURTADO MARTINS, "Aplicação ao trabalhador temporário da convenção colectiva de trabalho em vigor na empresa utilizadora", in RDES, ob. cit. p. 257.

Todos os demais dispositivos do IRCT aplicável ao utilizador, quer os de conteúdo normativo, quer, naturalmente os de conteúdo obrigacional, são inaplicáveis ao trabalhador temporário, nomeadamente quanto à atribuição de determinado tipo de regalias. Assim sucederá, por exemplo, com a atribuição de prestações complementares das asseguradas pela segurança social, de seguros de saúde ou de outras regalias similares.

O mesmo raciocínio, de resto, se pode aplicar aos benefícios emergentes do regulamento interno da empresa utilizadora: apenas o que neles se dispõe do ponto de vista retributivo é relevante para efeitos do artigo 21.º da LTT.

O que se exige, apenas, é que os trabalhadores temporários aufiram a mesma retribuição que auferem os trabalhadores do utilizador que exerçam, em relação àqueles, uma actividade profissional de idêntica quantidade, natureza e qualidade.

V. Enquanto trabalhador da ETT, é perante esta e não o utilizador que o trabalhador temporário deverá, querendo, resolver o respectivo contrato de trabalho, com ou sem justa causa, nos termos gerais do Decreto-Lei n.º 64-A/89, de 27-2.

Admite-se que para efeitos de apuramento da justa causa de resolução do CTT o trabalhador possa invocar a violação culposa dos seus direitos por parte do utilizador, nomeadamente em matéria de segurança, higiene e saúde no trabalho. Em todo o caso, a declaração negocial extintiva do vínculo laboral deverá ter como destinatário, invariavelmente, a ETT.

VI. Os trabalhadores temporários não são trabalhadores subordinados do utilizador e não fazem parte dos quadros deste.

É tudo quanto basta para se afirmar que não lhes assiste, como tal, o direito à constituição no âmbito do utilizador de uma comissão de trabalhadores.

O direito à constituição de comissões de trabalhadores é uma prerrogativa que assiste, apenas, aos trabalhadores subordinados (cf. art. 1.º da Lei n.º 46/79, de 12 de Setembro).

A composição das comissões de trabalhadores, por outro lado, resulta de uma eleição, por voto directo e secreto, realizada no seio do empregador, na qual são votadas listas compostas exclusivamente por trabalhadores subordinados das empresa (art. 2.º do diploma em apreço).

O direito à criação de comissões de trabalhadores está, pois, vedado aos trabalhadores temporários[44].

Mais do que isso: a comissão de trabalhadores que porventura exista no seio da unidade produtiva dominada pelo utilizador não pode, sequer, defender os interesses dos trabalhadores temporários: as atribuições das comissões de trabalhadores não o permitem. Estas existem, apenas, para a defesa dos interesses dos trabalhadores (subordinados) do utilizador (cf. art. 54.º CRP).

O trabalhador temporário não pode, em suma, desenvolver lutas laborais colectivas no seio do utilizador. Poderá fazê-lo, apenas, no seio da ETT, embora tal prerrogativa, face à dispersão dos trabalhadores temporários por vários utilizadores, não mais constitua do que uma simples possibilidade remota[45].

§ 3.º — EVOLUÇÃO LEGISLATIVA: AS ALTERAÇÕES INTRODUZIDAS PELA LEI N.º 39/96, DE 31 AGOSTO, E PELA LEI N.º 146/99, DE 1 DE SETEMBRO

I. O regime jurídico do trabalho temporário aprovado pelo Decreto-Lei n.º 358/89 foi objecto de duas alterações: a primeira (em 1996) pouco significativa; a segunda (em 1999), de maior envergadura.

1. A Lei n.º 39/96, de 31 de Agosto

I. A Lei n.º 39/96, de 31 de Agosto, no essencial, procedeu à alteração do artigo 16.º da LTT.

Tratou-se de harmonizar o sistema, criando-se a regra segundo a qual em caso de nulidade do CUTT e, consequentemente, do CTT, se considera que o trabalho prestado ao utilizador foi realizado com base em contrato de trabalho sem termo, entre o trabalhador e o utilizador (artigo 16.º n.º 3).

Na versão inicial da LTT, a regra apontava no sentido de se considerar que o trabalho prestado ao utilizador o era com base em contrato de trabalho a termo celebrado entre o trabalhador e o utilizador, com duração igual à estabelecida no CUTT.

---

[44] Cf. MARIA REGINA REDINHA, *Relação Laboral Fragmentada*, ob. cit., p. 241.
[45] Cf. MARIA REGINA REDINHA, *Relação Laboral Fragmentada*, ob. cit., p. 241.

A nova redacção, para além de ter a virtude de se harmonizar com soluções similares constantes dos artigos 10.º (violação dos limites relativos à duração do CUTT) e 11.º n.º 2 (violação de regras de forma), veio reforçar a ideia de excepcionalidade do trabalho temporário relativamente ao conteúdo típico e característico do contrato de trabalho, ao estabelecer, em definitivo, a regra segundo a qual a sanção por excelência para a violação de normas imperativas constantes da LTT traduz-se na criação *ope legis* de um vínculo laboral entre o trabalhador e o utilizador.

II. Para além desta alteração, substantiva, a Lei n.º 39/96, de 31 de Agosto, elevou para o dobro os valores mínimos e máximos das coimas aplicáveis nos termos do artigo 31.º da LTT.

2. A Lei n.º 146/99, de 1 de Setembro

I. A Lei n.º 146/99 foi mais longe, conferindo nova redacção a vinte e quatro artigos do referido Dec. Lei n.º 358/89, de 17 de Outubro.

No essencial, as alterações ocorreram a cinco níveis:
a) Quanto à actividade das ETT;
b) Quanto aos requisitos subjacentes à celebração dos CUTT;
c) Através da criação de uma nova modalidade contratual, consistente nos *contratos de trabalho para cedência temporária*;
d) Quanto aos requisitos subjacentes à celebração dos CTT;
e) Quanto à matéria das contra-ordenações.

II. Relativamente à actividade das ETT, as alterações mais significativas foram as seguintes:
a) Ampliou-se o objecto das ETT (artigo 3.º): a partir de então, estas passam a poder exercer também uma actividade de *"consultadoria e gestão de recursos humanos"*, para além da cedência temporária de trabalhadores a terceiros utilizadores;
b) Foram introduzidos novos requisitos para o exercício da actividade (artigo 4.º), passando a exigir-se, nomeadamente, que as empresas disponham de *capacidade técnica*, circunstância que se afere pela existência de um director técnico com habilitações profissionais adequadas, e que adoptem na sua denominação a designação *"ETT"*;

c) Actualizou-se o valor da caução (artigo 6.º): esta passou a ter valor correspondente a 200 meses de remuneração mínima mensal garantida mais elevada, acrescido do valor da taxa social única incidente sobre aquele montante. Introduziram-se critérios de actualização da caução e determinou-se que sempre que sejam feitos pagamentos por conta desta o Instituto de Emprego e Formação Profissional notifica a ETT para proceder à sua reconstituição;
d) Criou-se a obrigatoriedade de realização de acções de formação (artigo 8.º n.º 3): as ETT devem afectar à formação profissional dos trabalhadores temporários, pelo menos, 1% do seu volume anual de negócios nesta actividade.

III. Relativamente aos CUTT, registaram-se, no essencial, as seguintes alterações:
a) Ampliou-se o conceito de "utilizador" (artigo 2.º alínea c)): não se trata, apenas, de "empresas" utilizadoras, mas sim de qualquer pessoa individual ou colectiva, com ou sem fins lucrativos, que ocupa, sob a sua autoridade e direcção, trabalhadores cedidos por ETT;
b) Ampliou-se o elenco de situações que permitem a celebração dos CUTT (artigo 9.º n.º 1): para além das *actividades de natureza sazonal*, passou a admitir-se a *contratação para outras actividades económicas cujo ciclo anual de produção apresente irregularidades decorrentes da natureza estrutural do respectivo mercado* (alínea e)); no caso das situações de necessidade de mão-de-obra decorrente da *realização de projectos com carácter temporal limitado*, retirou-se o requisito que exigia que tais projectos não se inserissem na actividade corrente da empresa (alínea h));
c) Estendeu-se a todos os contratos, independentemente dos respectivos motivos justificativos, a possibilidade da sua renovação (artigo 9.º n.º 2): passou a permitir-se, com a alteração introduzida, que todos os contratos se renovem, "*até ao limite da sua duração máxima*", quando antes tal possibilidade só se mostrava expressamente prevista para os contratos celebrados com base nas alíneas f) e h) do n.º 1 do artigo 9.º (anterior art. 9.º n.º 5).
d) Alargaram-se os prazos de duração máxima dos contratos com duração certa (artigo 9.º n.ºs 3 a 7). A título meramente exemplificativo: anteriormente, no caso das alíneas c) (*acréscimo temporário ou excepcional da actividade*) e d) (*tarefa precisamente definida e não duradoura*) do n.º 1 do artigo 9.º, a duração do

contrato não podia em ambos os casos ultrapassar 12 meses, não se admitindo a sua renovação; com a "reforma" de 1999, a duração do contrato passou a ser de 12 meses nos casos da alínea c), *"podendo ser prorrogada até 24 meses, desde que se mantenha a causa justificativa da sua celebração, mediante autorização da IGT"*, e de 6 meses no caso da alínea d), *"sendo permitida a sua prorrogação sucessiva até à cessação da causa justificativa mediante autorização da IGT"*;

e) Criou-se um encargo para o utilizador (artigo 11.º n.º 2): este tem de apurar junto da ETT, no momento da celebração do CUTT, a existência de seguro de acidentes de trabalho para o trabalhador temporário. Anteriormente, tratava-se de uma obrigação exclusiva da ETT a que o utilizador era completamente alheio; com a alteração em causa, o utilizador fica adstrito a indagar da existência deste seguro, sob pena de passar a ser sua a responsabilidade da respectiva subscrição;

f) Estabeleceu-se o princípio segundo o qual as provas de selecção do trabalhador temporário são da responsabilidade do utilizador (artigo 11.º n.º 3): salvo convenção em contrário, o utilizador é responsável quer pela realização, quer pelos custos das provas de selecção;

g) Esclareceu-se que o utilizador é o único responsável pelos elementos que fornece aquando da sua solicitação à ETT, designadamente pela existência da razão que aponta como justificativa para o recurso ao trabalho temporário (artigo 11.º n.º 5): procurou-se, por esta via, desresponsabilizar as ETT quanto à invocação dos motivos determinantes da contratação em regime de trabalho temporário e, acima de tudo, fazer recair sobre o utilizador o ónus de garantir o recurso ao trabalho temporário em condições materialmente admitidas enquanto tal;.

h) Estabeleceu-se que não obstante os trabalhadores temporários não se integrarem nos quadros do utilizador o seu número deve ser atendido para efeitos de organização dos serviços de higiene, saúde e segurança no trabalho (artigo 13.º).

IV. O legislador enveredou, também, pela criação de uma modalidade contratual até então inexistente no âmbito do regime do trabalho temporário: o *contrato de trabalho para cedência temporária*[46].

---

[46] A propósito desta modalidade contratual, veja-se JÚLIO VIEIRA GOMES, *Algumas*

Trata-se, no essencial, de uma modalidade de cedência temporária que envolve trabalhadores vinculados à ETT mediante contrato de trabalho por tempo interderminado (artigo 17.º).

Até então, a cedência de trabalhadores temporários implicava, necessariamente, que estes estivessem vinculados à ETT mediante um CTT a termo, indexado a um CUTT. A contratação de trabalhadores temporários por parte da ETT dependia, sempre, da invocação de um motivo justificativo decalcado das razões subjacentes à celebração do CUTT.

Não fazia sentido que assim fosse: quer para as ETT, quer para os próprios trabalhadores, pode ser benéfica a possibilidade de cedência temporária de trabalhadores contratados por tempo indeterminado. Para as ETT, cria-se uma nova fórmula contratual que lhes permite contratar, sem necessidade de invocação de qualquer motivo justificativo, um trabalhador com que podem contar no sentido da sua futura e sucessiva disponibilização a terceiros, em função das solicitações do mercado — trata-se, no essencial, de um modelo contratual que se aproxima do habitualmente denominado *trabalho intermitente* ou *trabalho à chamada*[47], por força do qual o trabalhador garante a sua disponibilidade contra o pagamento de uma compensação retributiva; para os trabalhadores, a nova figura contratual tem a virtude de estar mais próxima do paradigma de postos de trabalho fixos e estáveis — o contrato tem uma duração indeterminada e a precariedade laboral é significativamente reduzida.

Criou-se, pois, esta nova possibilidade: as ETT podem ceder temporariamente trabalhadores vinculados por contrato de trabalho por tempo indeterminado[48], em alternativa à cedência de trabalhadores contratados a termo[49].

---

observações sobre o contrato de trabalho por tempo indeterminado para cedência temporária, ob. cit., pp. 41ss, em especial pp. 73-78.

[47] A propósito do trabalho intermitente veja-se ANTÓNIO MENEZES CORDEIRO, *Isenção de horário de trabalho*, Almedina, 2001, pp. 78-79. Quanto ao trabalho intermitente e ao tempo de trabalho, veja-se ALBINO MENDES BAPTISTA, *"Tempo de Trabalho Efectivo, Tempos de Pausa e Tempo de «Terceiro Tipo»"*, in RDES, Janeiro--Março-2002, Ano XLII, n.º 1, pp. 29ss.

[48] Recorda-se, de resto, que esta possibilidade remonta à longínqua Proposta de Directiva sobre o trabalho temporário, relativa ao contrato de trabalho a prazo e ao trabalho temporário *stricto sensu*, apresentada pela Comissão ao Conselho em 6 de Abril de 1984, na sequência das alterações propostas pelo Parlamento Europeu e pelo Comité Económico Social à Proposta de Directiva apresentada pela Comissão ao Conselho em 7 de Maio de 1982.

[49] Segue-se, de perto, os modelos suíço, espanhol e italiano, quanto à opção

Trata-se, também, neste caso, de um contrato formal, sujeito a forma escrita e à observância de um conjunto de menções obrigatórias, enunciadas no n.º 2 do artigo 17.º — exige-se a indicação expressa de que o trabalhador aceita que a ETT o ceda temporariamente a utilizadores, a indicação da categoria profissional ou a descrição genérica das funções a exercer e a área geográfica na qual o trabalhador pode exercer funções, sendo igualmente obrigatória a identificação da ETT, com expressa menção do número e data de emissão do respectivo alvará (alíneas a), b) e c) do n.º 2 do artigo 17.º da LTT).

O legislador esclareceu quais as obrigações da ETT quando o trabalhador cedido não se encontra em situação de cedência temporária: o trabalhador passa a auferir uma compensação prevista em convenção colectiva ou, na sua falta, não inferior a dois terços da remuneração mínima mensal garantida mais elevada (artigo 17.º n.º 3)[50]. A retribuição devida a título de férias e de subsídio de Natal, todavia, é calculada com base na média das retribuições auferidas nos últimos 12 meses ou no período de execução do contrato, se este tiver durado menos tempo, sem inclusão das referidas compensações por inactividade (artigo 17.º n.º 4).

Para além da questão retributiva, expressamente resolvida pelo legislador, julga-se que durante o período de inactividade se devem manter os direitos e deveres das partes na medida em que não pressuponham a prestação efectiva de trabalho. Os deveres acessórios de conduta não integrantes do dever principal (*maxime* os deveres *de urbanidade* e *respeito, lealdade, sigilo* e *não concorrência*) devem manter-se, à semelhança do que sucede no regime da suspensão do contrato individual de trabalho (artigo 2.º do Decreto-Lei n.º 398/83, de 2-11).

A liberdade de trabalho do trabalhador em situação de inactividade mantém-se: respeitados que sejam os aludidos deveres acessórios de conduta, o trabalhador pode desenvolver uma actividade remunerada em benefício de terceiros. Será de exigir, em todo o caso, à semelhança das hipóteses de suspensão do contrato de trabalho por motivo respeitante ao empregador (artigo 7.º n.º 1 alínea b) do Decreto-Lei n.º 398/83, de 2-11), um particular *dever de informação* a cargo do trabalhador: este deve informar a ETT da sua intenção de desenvolver uma nova actividade remunerada durante o período de inactividade.

---

pela contratação de trabalhadores temporários mediante contratos de trabalho a termo ou por tempo indeterminado — cf. JÚLIO VIEIRA GOMES, ob. cit., p. 43.

[50] Trata-se da *indennitá di disponibilitá* da lei italiana (L. 24.6.1997, n.º 196) — cf. GIUSEPPE PERA, ob. cit., p. 124.

Por fim, o legislador dispõe acerca da forma como se articulam as posições da ETT e da empresa cessionária, a propósito do exercício dos poderes próprios do empregador. A este nível, o regime é semelhante ao do CTT: ao trabalhador contratado por tempo indeterminado é aplicável o regime do contrato de trabalho temporário dos artigos 20.º, do n.º 1 do artigo 21.º e dos artigos 22.º, 24.º e 25.º, com as necessárias adaptações.

V. Quanto ao contrato de trabalho temporário, destacam-se as seguintes alterações:

a) Esclareceu-se que o trabalhador que seja cedido a um utilizador sem estar vinculado à ETT por contrato de trabalho para cedência temporária ou por CTT considera-se vinculado à ETT por contrato de trabalho por tempo indeterminado (artigo 18.º n.º 5)[51]. Deste preceito resulta que se o utilizador celebrar um CUTT com uma ETT autorizada e se esta lhe ceder um trabalhador temporário com o qual não mantém qualquer vínculo ao abrigo do regime especial da LTT, a ETT deverá, então, admitir o trabalhador em causa mediante contrato de trabalho por tempo indeterminado, segundo o regime comum da Lei do Contrato Individual de Trabalho. É esta, de facto, a solução mais justa e acertada: se a relação de trabalho temporário está viciada por razões imputáveis à ETT, que não podem ser fiscalizadas pelo utilizador[52], deverá ser aquela, como tal, a assumir a responsabilidade de tais anomalias;

---

[51] No mesmo sentido, CÉLIA AFONSO REIS, ob. cit., p. 82. Em sentido inverso, considerando que a alteração legislativa não dissipou as dúvidas quanto a saber perante quem (ETT ou utilizador) o trabalhador temporário fica vinculado, JÚLIO VIEIRA GOMES, ob. cit., p. 71.

[52] Ao contrário do que sucede, por exemplo, nas hipóteses do artigo 16.º da LTT (falta de autorização para o exercício da actividade por parte da ETT), onde se exige um especial dever de diligência por parte do utilizador, consistente na consulta do registo público obrigatório das ETT autorizadas, já o mesmo não sucede na hipótese enunciada no artigo 18.º n.º 5. Neste último caso, na medida em que o CUTT é celebrado numa fase anterior à da celebração dos CTT (a termo), não existe ainda, na ordem jurídica, qualquer contrato de trabalho ajustado entre a ETT e o(s) trabalhador(es) a ceder. O utilizador não pode, pura e simplesmente, assegurar-se da existência (muito menos regular) de um contrato que lógica e cronologicamente ainda não foi celebrado. No momento em que celebra o CUTT, nada mais pode ser exigível ao utilizador para além da verificação de que a ETT por si contratada dispõe de alvará para o exercício da actividade. É tudo quanto se exige para que se possa afirmar que o utilizador está de boa fé subjectiva (ética): o estado de ignorância do utilizador quanto a eventuais vícios do CTT celebrado após a outorga do CUTT é desculpável.

b) Na sequência da Lei n.º 38/96, de 31 de Agosto, aplicada indirectamente aos CTT por força da aplicação subsidiária do Decreto-Lei n.º 64-A/89, de 27-2, o legislador veio conformar o elenco das menções que devem constar deste contrato aos imperativos decorrentes daquela lei (art. 19.º, n.º 1, b)): o CTT deve indicar os motivos que justificam a celebração do contrato *"com menção concreta dos factos e circunstâncias que integram esses motivos"*. Mas o legislador foi mais longe com esta exigência: deixou de se admitir, como sucedia na versão inicial do diploma, que tal menção, quando inexistente, possa ser suprida por idêntica menção constante do CUTT (19.º n.º 2)[53]. A falta da indicação dos motivos justificativos, devidamente circunstanciados, importa a conversão do CTT em contrato sem termo, entre o trabalhador e a ETT;

c) Criaram-se novas regras a cargo do utilizador no domínio da segurança, higiene e saúde no trabalho (artigo 20.º).

VI. Relativamente ao regime contra-ordenacional, criou-se um novo sistema, que assenta na distinção, expressa na nova redacção conferida ao artigo 31.º da LTT, entre contra-ordenações *leves* (n.º 1), *graves* (n.º 2) e *muito graves* (n.º 3).

Paralelamente, criou-se uma nova sanção acessória, consistente não na mera *"suspensão"* do exercício da actividade da ETT, mas sim e em casos extremos, na *"cessação da autorização de exercício da respectiva actividade"* (*vg.* em casos de trabalho infantil).

VII. A "reforma" de 1999 promoveu, em suma, um alargamento dos motivos justificativos subjacentes ao contrato de utilização de trabalho temporário, alargou os prazos de duração destes contratos, reforçou o elenco de deveres a cargo do utilizador, criou novas regras em sede de segurança, higiene e saúde no trabalho e no domínio da subscrição de seguros contra acidentes de trabalho, intentou a consagração de um regime mais eficaz quanto à garantia dos créditos laborais e consagrou uma nova modalidade contratual: o contrato de trabalho para cedência temporária.

---

[53] A propósito da possibilidade anteriormente admitida de o CUTT suprir a ausência, no CTT, da indicação do motivo justificativo, veja-se Ac. Rel. Porto, de 20 de Março de 1998, *in* CJ, T. II, pp. 257ss.

§ 4.º — ALGUNS PONTOS CRÍTICOS: INCONGRUÊNCIAS SISTEMÁTICAS E SUBSTANTIVAS

Não obstante ter sido alvo de duas intervenções legislativas, a LTT mantém alguns pontos críticáveis, quer quanto à sistematização utilizada, quer no que tange a alguns aspectos substantivos em particular.

1. Quanto à sistematização

I. O regime emergente da LTT suscita enormes perplexidades do ponto de vista sistemático.

A sistematização é pouco clara, presta-se a confusões e a tarefa do intérprete-aplicador do Direito torna-se, consequentemente, francamente complexa.

Assim, a título meramente exemplificativo:

— o legislador não isolou, do ponto de vista sistemático, a matéria atinente ao "estatuto" do trabalhador temporário: as regras relativas ao exercício do poder de direcção (artigo 20.º n.º 1, I parte), à segurança, higiene e saúde no trabalho (artigo 20.º n.º 1, II parte), ao poder disciplinar (artigo 20.º n.º 2), à determinação qualitativa da retribuição (artigo 21.º), à segurança social e ao seguro de acidentes de trabalho (artigo 22.º) surgem, como que deslocadas, na Secção IV do Capítulo II, atinente ao *contrato de trabalho temporário*, quando é certo que se trata de matérias que se compreendem a jusante da disciplina desta modalidade contratual. O "estatuto" do trabalhador temporário prende-se com a posição que lhe assiste enquanto trabalhador de uma empresa que presta a respectiva actividade profissional ao serviço de outra. Não está em causa o conteúdo do CTT. Mais do que isso: trata-se de matéria que não é exclusiva do trabalhador temporário contratado ao abrigo de um CTT — a matéria em causa aplica-se também, ainda que com as necessárias adaptações, ao trabalhador contratado ao abrigo de um *contrato de trabalho para cedência temporária*, previsto e regulamentado na Secção III do referido Capítulo II;
— regime do contrato de trabalho temporário encerra contradições ou, pelo menos, justaposições incompreensíveis: o artigo 20.º n.º 9 manda aplicar a título subsidiário o regime legal do contrato

de trabalho a termo ao contrato de trabalho temporário; o artigo 23.º, por sua vez, avança no mesmo sentido, mandando aplicar à cessação do contrato de trabalho temporário o regime geral aplicável ao contrato de trabalho a termo, como se o teor do artigo 20.º não fosse por si só suficiente para a prossecução tal desiderato;

— As remissões para o regime do contrato de trabalho a termo não são suficientemente elucidativas, quanto à matéria da cessação do contrato de trabalho temporário, ficando por esclarecer um conjunto de questões: a caducidade do contrato de trabalho temporário segue o mesmo regime dos artigo 46.º (contrato de trabalho a termo certo) e 50.º (termo incerto) do Decreto-Lei n.º 64--A/89, de 27-2, quanto à exigência de pré-aviso para efeitos de cessação contratual? A cessação por caducidade confere ao trabalhador temporário o direito a uma compensação nos mesmos moldes previstos pelo aludido artigo 46.º[54]? O período experimental do contrato de trabalho temporário segue o regime do artigo 43.º, ainda daquele diploma? Em caso de cessação ilícita do contrato de trabalho temporário segue-se o regime do artigo 52.º do diploma em apreço? A resposta, em todos os casos, tende a ser afirmativa[55]. As particularidades do contrato de trabalho temporário e a complexidade inerente à existência de dois contratos e de três sujeitos justificariam, julga-se, que questões tão prementes quanto estas tivessem resposta expressa no âmbito do próprio regime atinente ao trabalho temporário[56];

— O regime do contrato de trabalho temporário mostra-se disperso e extravasa o âmbito da Secção IV do Capítulo II em termos francamente incompreensíveis: as regras atinentes ao motivo justificativo (artigo 18.º n.º 1), à forma (artigo 18.º n.º 2), à duração (artigo 19.º n.º 1 alínea g)) e às formalidades do contrato (artigo 19.º) constam da aludida Secção IV do Capítulo II;

---

[54] Alude-se a este propósito, na lei francesa, a uma *indemnité compensatrice*, paga no final de cada *mission*.

[55] A propósito da aplicação do artigo 46.º do Decreto-Lei n.º 64-A/89, de 27-2, ao contrato de trabalho temporário, designadamente quanto ao regime da caducidade, veja-se Ac. Rel. Lx, de 17 de Novembro de 1993, T. V., 1993, pp. 180ss.

[56] Tal como sucede, de resto, na lei francesa — cf. arts. L. 124-4-1 (quanto ao período experimental) e arts. L. 124-3-3 e L. 124-4-4 (quanto à compensação devida ao trabalhador temporário no final de cada *missão*).

paradoxalmente, porém, a regra atinente à renovação (ilimitada) desta modalidade contratual surge, isolada, na Secção II do Capítulo II, no âmbito do preceito atinente às condições gerais de licitude e duração do contrato de utilização de trabalho temporário (artigo 9.º n.º 2);
— O artigo 18.º da LTT, que encerra os requisitos substantivos (n.º 1) e formais (n.º 2) atinentes ao *contrato de trabalho temporário* (a termo), contém, ao arrepio da própria epígrafe do preceito, uma regra (n.º 5) atinente ao *contrato de trabalho para cedência temporária* (por tempo indeterminado), sem qualquer lógica do ponto de vista sistemático;
— Por fim: os artigos 26.º a 30.º do Decreto-Lei n.º 358/89, de 17-10, encerram a disciplina da *cedência ocasional de trabalhadores*, quando nada justifica que esta matéria seja regulada, lado a lado, com o esquema contratual subjacente ao trabalho temporário. As diferenças entre as duas figuras, como *supra* se referiu, são significativas e justificam um tratamento legislativo autonomizado.

II. Uma arrumação sistemática mais coerente possibilitaria a melhor compreensão do regime.

2. Em termos substantivos: alguns aspectos em especial

I. Também do ponto de vista substantivo se descortinam alguns pontos criticáveis, nomeadamente na disciplina das ETT, no que tange ao papel atribuído às partes contratantes em sede de realização das provas de selecção do trabalhadores temporários e, fundamentalmente, no tratamento conferido aos vícios substantivos e formais inerentes aos contratos de utilização e de trabalho temporário.

II. Relativamente à disciplina das ETT, destaca-se (pela negativa) o regime da prestação de caução.
O regime de prestação de caução, previsto no artigo 6.º do Decreto--Lei n.º 358/89, de 17-10, é uniforme para todas as ETT, independentemente, portanto, do seu volume de negócios ou do número de trabalhadores temporários por elas anualmente movimentados.
Trata-se de uma opção criticável, porque contrária ao princípio da igualdade e à (boa) lógica do recentemente aprovado Projecto do Código

do Trabalho, assente na diferenciação de regimes consoante a dimensão das empresas envolvidas.

O montante da caução deveria, naturalmente, variar consoante a dimensão das empresas de trabalho temporário, o seu volume de negócios ou, em particular, o número de trabalhadores temporários por elas anualmente movimentados.

III. Quanto ao tratamento conferido às provas de selecção, discorda-se em absoluto da solução (supletiva) consagrada: nos termos do artigo 11.º n.º 3 da LTT, as provas de selecção, salvo convenção em contrário entre a ETT e o utilizador, são da responsabilidade deste último, quer quanto à sua realização, quer quanto aos seus custos. Trata-se de uma solução duplamente criticável: por um lado, na medida em que subverte a filosofia do sistema — o interesse do utilizador passa, precisamente, pelo recurso à ETT tendo em vista a cedência imediata de um trabalhador contratado e seleccionado por esta empresa; por outro lado, porque tal solução pressupõe a recondução da ETT a uma mera agência de intermediação de mão-de-obra, que se limita a contratar (e remunerar) um trabalhador que não seleccionou e que presta a sua actividade em favor de um terceiro.

IV. O regime em vigor é pouco claro no que tange aos efeitos emergentes da eventual declaração de nulidade dos *contratos de utilização*, do *contrato de trabalho temporário*, ou do *contrato de trabalho para cedência temporária*.

Nos termos do diploma em apreço, considera-se que o trabalho passa a ser prestado ao utilizador com base em contrato de trabalho sem termo, celebrado entre este o trabalhador, nas seguintes hipóteses:

a) No caso de o trabalhador temporário continuar ao serviço do utilizador decorridos dez dias após a cessação do contrato de utilização sem que tenha ocorrido a celebração de contrato que o legitime (artigo 10.º);

b) Em caso de violação das regras de forma aplicáveis ao contrato de utilização — falta de redução a escrito ou omissão da indicação dos motivos subjacentes ao recurso ao trabalho temporário por parte do utilizador (artigo 11.º n.º 4);

c) Em caso de nulidade do contrato de utilização celebrado com uma ETT não autorizada (artigo 16.º n.ºs 2 e 3).

V. Noutro plano, considera-se que o trabalho passa a ser prestado

pelo trabalhador à ETT mediante contrato de trabalho sem termo nas seguintes hipóteses:
   a) Caso o trabalhador seja cedido ao utilizador sem estar vinculado à ETT por *contrato de trabalho para cedência temporária* ou por *contrato de trabalho temporário* (artigo 18.º n.º 5);
   b) Em caso de violação das regras de forma aplicáveis ao *contrato de trabalho temporário* (mas não em caso de violação das mesmas regras aplicáveis ao *contrato de trabalho para cedência temporária*) — falta de redução a escrito ou omissão da indicação dos motivos subjacentes ao recurso ao trabalho temporário por parte da ETT (artigo 19.º n.º 2).

VI. Pois bem: salta à vista que o legislador não previu a solução a conferir (pelo menos) às seguintes situações patológicas:

   a) Quais os efeitos decorrentes da eventual celebração de um *contrato de utilização* ou de um *contrato de trabalho temporário* fora das hipóteses taxativamente enunciadas no artigo 9.º do diploma? Tratar-se-á de uma simples nulidade contratual, decorrente da aplicação do artigo 294.º do Código Civil e com os efeitos previstos no artigo 289.º deste diploma, sem ulteriores consequências a ter em consideração no plano laboral, ou pelo contrário dever-se-á admitir que o trabalhador passa a ser considerado trabalhador contratado mediante contrato de trabalho sem termo perante uma das duas referidas entidades? E, neste último caso, perante qual delas: com a ETT, com quem o trabalhador celebrou um contrato de trabalho inválido, ou com o utilizador, perante quem o trabalhador prestou, efectivamente, a sua actividade laboral?
   b) Quais os efeitos decorrentes da eventual violação das regras de forma relativas ao *contrato de trabalho para cedência temporária*? Enveredar-se-á, neste caso, pela aplicação dos artigos 220.º e 289.º do Código Civil, ou pelo contrário o contrato deverá converter-se num típico contrato de trabalho sem termo entre a ETT e o trabalhador? Será possível (ou defensável) outra solução?
   c) Quais os efeitos decorrentes de uma situação de concorrência de vícios de forma no *contrato de utilização* e no *contrato de trabalho temporário*? Caso ambos os contratos sejam nulos por violação das regras de forma, o que fazer? Considera-se que

passam a coabitar na ordem jurídica dois contratos de trabalho sem termo, respectivamente celebrados entre a ETT e o trabalhador, por um lado, e entre este e o utilizador, por outro lado? Ou deve admitir-se que apenas um desses contratos passa a valer? E, neste último caso, qual dos contratos passa a valer: o contrato celebrado com a ETT ou o contrato celebrado com o utilizador? A quem compete esta escolha: ao próprio trabalhador ou às instâncias judiciais?

VII. Trata-se de um conjunto de questões de extrema relevância e para as quais o legislador não apresenta qualquer solução expressa.

VIII. Relativamente à primeira questão enunciada, não temos dúvidas em afirmar que à luz do princípio constitucional da segurança no emprego deverá considerar-se que sem prejuízo da nulidade do *contrato de utilização* e do *contrato de trabalho temporário,* não se deverá optar pela aplicação dos artigos 294.º e 289.º do Código Civil, antes devendo considerar-se que o trabalho passa a ser prestado ao utilizador com base em contrato de trabalho sem termo, celebrado entre este o trabalhador.

O recurso ao trabalho temporário para além das situações legalmente admitidas para o efeito é ilícito. A ilicitude em causa provém de uma actuação culposa do utilizador. Os danos emergentes da actuação ilícita do utilizador devem, consequentemente, ser-lhe imputáveis. Trata-se, de resto, de uma solução aflorada, ainda que de forma ténue, no artigo 11.º n.º 6 do diploma em causa, segundo o qual "*o utilizador é o único responsável pelos elementos que fornece aquando da sua solicitação à ETT, designadamente pela existência da razão que aponta como justificativa para o recurso ao trabalho temporário"*.

De resto, a própria natureza das coisas aponta naquele sentido: os serviços efectivamente prestados pelo trabalhador temporário foram-no ao serviço do utilizador e não da ETT. O posto de trabalho que o trabalhador temporário preencheu existe na estrutura do utilizador e não na da ETT. A vida profissional do trabalhador temporário centra-se, por isso, no utilizador e não na ETT.

Trata-se, enfim, da solução mais razoável e da que melhor tutela o trabalhador temporário. Em termos de direito a constituir admite-se, todavia, que a aludida solução possa ser temperada com a criação, na esfera jurídica do trabalhador temporário, de um direito potestativo, consistente na opção entre a integração no quadro de efectivos do utilizador e uma indemnização por antiguidade a liquidar por este.

À luz de uma interpretação sistemática do diploma poder-se-á, porventura, enveredar pela aplicação da solução emergente do artigo 16.º n.º 3, segundo o qual, em caso de nulidade do CUTT e do CTT por falta de autorização da ETT para o desempenho da actividade de cedência temporária, o trabalho considera-se prestado ao utilizador com base em contrato de trabalho sem termo celebrado entre o trabalhador e o utilizador.

IX. O *contrato de trabalho para cedência temporária* é *imotivado*: ao contrário do *contrato de trabalho temporário*, a sua celebração é livre e não está condicionada à verificação de motivos justificativos taxativamente enunciados pelo legislador.

Todavia, à semelhança do *contrato de trabalho temporário*, o *contrato de trabalho para cedência temporária* é um contrato formal: deve ser reduzido a escrito e está sujeito a um conjunto de menções obrigatórias.Com uma diferença: enquanto que a omissão dos requisitos de forma do *contrato de trabalho temporário* foi objecto de previsão legal (artigo 19.º n.º 2), sancionando-se tal omissão com a conversão deste contrato em contrato de trabalho sem termo celebrado entre o trabalhador e a ETT, o legislador não avançou com qualquer solução para o incumprimento das regras de forma do *contrato de trabalho para cedência temporária*.

Perante esta omissão, poderíamos ser tentados a promover a aplicação do artigo 220.º do Código Civil: o contrato seria nulo, com os efeitos decorrentes do aludido artigo 289.º do mesmo diploma e sem ulteriores consequências no plano laboral.

Os inconvenientes da aplicação deste regime são conhecidos: importa tutelar o trabalhador e garantir a sobrevivência de uma relação laboral.

Opta-se, pois, pela aplicação de um regime similar ao do artigo 19.º n.º 2 às hipóteses de violação de regras de forma do *contrato de trabalho para cedência temporária:* o contrato deve converter-se em contrato de trabalho sem termo, segundo o regime comum do contrato individual de trabalho, entre a ETT e o trabalhador. A eventual cedência do trabalhador a terceiros utilizadores passará a reger-se, então, pelo regime da cedência ocasional de trabalhadores (arts. 26.º a 30.º da LTT) e com respeito pelas respectivas limitações. Admite-se, porém, em termos de direito a constituir, que a referida a solução possa (também neste caso) ser temperada com a possibilidade de o trabalhador optar por uma indemnização por antiguidade.

X. O legislador não resolve, por fim, as hipóteses de concorrência de vícios de forma no c*ontrato de utilização* e no *contrato de trabalho temporário*.

Havendo violação de regras de formas em ambos os contratos, a lei nada dispõe.

A solução, julga-se, deverá ser similar à que se defendeu para as hipóteses de celebração de um *contrato de utilização* fora dos motivos legalmente atendidos: dever-se-á considerar que o trabalho prestado pelo trabalhador ao utilizador é realizado ao abrigo do contrato de trabalho sem termo. As razões que subjazem a esta solução são, parcialmente pelo menos, as mesmas que invocámos a propósito da ausência de motivo justificativo: o posto de trabalho que o trabalhador ocupa existe no utilizador, e não na ETT; a prestação por ele efectuada teve como beneficiário directo o utilizador, e não a ETT; o centro da vida profissional do trabalhador reside, por isso mesmo, no utilizador.

Trata-se de uma solução que atende à natureza das coisas.

Neste caso, a aplicação do artigo 16.º n.º 3 do diploma surge mais clara: ambos os contratos (de *utilização* e de *trabalho temporário*) são nulos, à semelhança do que sucede nos casos de cedência de trabalhadores por uma ETT não autorizada (artigo 16.º n.º 2); sendo ambos os contratos nulos, justifica-se, também neste caso, que o trabalho se considere prestado ao utilizador com base em contrato sem termo, celebrado entre este e o trabalhador (artigo 16.º n.º 3).

Mais uma vez: admite-se, *de jure condendo*, que o trabalhador possa, alternativamente, ter direito a uma indemnização por antiguidade, a liquidar pelo utilizador.

A verdade, porém, é que também neste caso o legislador nada adianta, lançando dúvidas no sistema.

A jurisprudência é elucidativa, a este propósito, de algum desnorte no tratamento desta questão: em situações desta natureza, tem-se enveredado por soluções tecnicamente mal fundamentadas, à margem das regras gerais atinentes à cessação dos contratos de trabalho e ao arrepio do próprio regime do trabalho temporário[57].

---

[57] Recorda-se, a este propósito, os acórdãos da Rel. de Coimbra, de 19 de Janeiro de 1995 (*in* CJ, T. II, 1995, pp. 48 a 50), do STJ, de 22 de Maio de 1996 (*in* AD 418-1209) e da Rel. de Coimbra, de 4 de Maio de 2000 (*in* CJ, T. III, 2000, pp. 60 a 62): em qualquer um dos arestos, considerou-se que, em caso de nulidade por vício de forma do CUTT e do CTT, só um dos contratos pode persistir, argumentando-se com a ideia segundo a qual a celebração de um contrato de trabalho com uma empresa faz cessar (automaticamente)

XI. É caso para dizer: bem poderia o legislador nacional, na senda do recentemente aprovado Projecto do Código do Trabalho, reformular o regime do trabalho temporário, no sentido de lhe conferir maior coerência sistemática e de remover algumas dúvidas não resolvidas pela LTT.

o contrato de trabalho anteriormente celebrado com outra, por não ser possível a manutenção de dois contratos simultâneos.

No acórdão da Relação de Coimbra de 4 de Maio de 2000, concluiu-se, ainda, à luz daquele raciocínio, que o trabalhador se deveria considerar contratado mediante contrato de trabalho sem termo com o utilizador, atendendo a que o contrato de utilização teria (segundo o citado aresto) sido celebrado depois da celebração do contrato de trabalho temporário.

A argumentação dos aludidos arestos, em especial deste último, é duplamente criticável.

Por um lado, na medida em que deles resulta, ao arrepio do Decreto-Lei n.º 64--A/89, de 27-2, uma nova forma de cessação contratual até então desconhecida — uma espécie de revogação *ope legis* de um contrato de trabalho, por força da subsequente celebração, entre outros sujeitos, de um novo contrato de trabalho. É verdade que, em abstracto, a coexistência na ordem jurídica de dois contratos de trabalho, em simultâneo, é complexa e tendencialmente incompatível, nomeadamente quando estejam em causa horários de trabalho sobrepostos. Tal incompatibilidade, todavia, tem de ser aferida em concreto e não em abstracto, atendendo à licitude do pluriemprego Mas, mesmo dando por adquirido que tal incompatibilidade se verifica, ainda assim haveria, nos termos gerais do Decreto-Lei n.º 64-A/89, de 27-2, que accionar os mecanismos próprios do regime da cessação do contrato individual de trabalho. Seriam de aplicar, verificados os respectivos pressupostos, o *despedimento com justa causa*, o *abandono do trabalho* ou a cessação contratual ao abrigo do *período experimental*. A cessação automática do *primeiro* contrato de trabalho, por força da celebração de um *segundo* contrato de trabalho, não tem suporte legal e não passa de mera ficção, sendo juridicamente insustentável.

Por outro lado, o mencionado acórdão da Relação de Coimbra assenta num pressuposto errado: a fim concluir, naquele caso concreto, que o trabalhador deveria ser considerado trabalhador subordinado do utilizador (e não da ETT), o Tribunal concluiu que o CUTT celebrado entre o utilizador e a ETT foi celebrado após a outorga do CTT. Por essa razão, o contrato de trabalho sem termo entre o utilizador e o trabalhador teria sucedido ao contrato de trabalho sem termo entre a ETT e o trabalhador, circunstância que ditaria a necessidade daquele prevalecer sobre este. Este raciocínio encontra-se viciado e surge, aliás, à margem da tendencial precedência (lógica e cronológica) do contrato de utilização face ao contrato de trabalho temporário: o *motivo justificativo* exigível para efeitos de celebração do contrato de trabalho temporário reporta-se ao motivo justificativo do contrato de utilização, como expressamente resulta da remissão operada pelo artigo 18.º n.º 1 do Decreto-lei n.º 358/89, de 17 de Outubro; no mesmo sentido, a *duração* do contrato de trabalho temporário tem como limite a duração do contrato de utilização (artigo 19.º, n.º 1, alínea g)). O *contrato de utilização* precede, naturalmente, o *contrato de trabalho temporário*. O Tribunal decidiu, portanto, à margem desta natural conexão entre os dois contratos, concluindo, para além do que resultava da matéria de facto dada por provada, que, no caso vertente, o *contrato de trabalho temporário* antecedeu, no tempo, o *contrato de utilização*.

§ 5.º — CONTRIBUTOS COMUNITÁRIOS — A RECENTE PROPOSTA DE DIRECTIVA DO PARLAMENTO EUROPEU E DO CONSELHO RELATIVA ÀS CONDIÇÕES DE TRABALHO DOS TRABALHADORES TEMPORÁRIOS

I. Cumpre, por fim, deixar uma nota breve sobre a recente *Proposta de Directiva do Parlamento Europeu e do Conselho relativa às condições de trabalho dos trabalhadores temporários*, formalmente apresentada ao Conselho de Ministros do Emprego e Assuntos Sociais que se realizou em 3 de Junho de 2002.

A Proposta em apreço surge na senda de um caminho sinuoso que a UE tem seguido, há mais de vinte anos, no que tange à criação de um regime jurídico atinente ao trabalho temporário[58] e tem em vista uma

---

[58] A este propósito, recorda-se que os avanços e recuos têm sido uma constante. Assim, a título meramente informativo, regista-se a seguinte cronologia:
— **1979: Resolução do Conselho, de 18 de Dezembro de 1979** — reconheceu-se a conveniência da adopção de uma Directiva com vista a assegurar o controle do trabalho temporário e, por outro lado, a protecção dos trabalhadores. A Comissão, por outro lado, fixou os seguintes objectivos que deveriam presidir à intervenção comunitária: preservação da flexibilidade das empresas; manutenção do trabalho temporário como modalidade excepcional de emprego; salvaguarda da protecção social dos trabalhadores temporários; intensificação da função dos serviços públicos de emprego.
— **1982: Proposta de Directiva sobre o trabalho temporário, relativa ao contrato de trabalho a prazo e ao trabalho temporário *stricto sensu*,** apresentada pela Comissão ao Conselho em 7 de Maio de 1982. Relativamente ao trabalho temporário, destacam-se três grupos distintos de normas: a) normas atinentes à *idoneidade das ETT*, submetendo-se o exercício da actividade à concessão de uma autorização prévia por parte da autoridade nacional competente (art. 2.º); b) normas relativas à *contenção do trabalho temporário e à defesa do emprego permanente*, através da delimitação das causas justificativas do recurso ao trabalho temporário às hipóteses de diminuição temporária dos efectivos ou ao acréscimo temporário ou excepcional da actividade (art. 3.º); da limitação da duração de cada "missão" a 3 meses com uma única renovação ou a subordinação da prorrogação, em circunstâncias particulares devidamente comprovadas, por prazo superior a 6 meses, mediante autorização da entidade nacional competente (art. 3.º n.º 2); da proibição da sucessão de trabalhadores temporários no mesmo posto de trabalho (art. 3.º n.º 3); da impossibilidade dos trabalhadores grevistas serem substituídos por trabalhadores temporários (art. 11.º); do direito dos trabalhadores ao serviço utilizador serem informados, nomeadamente, dos motivos ao recurso ao trabalho temporário, da duração da cedência e do montante a pagar à ETT (art. 8.º); da inclusão dos trabalhadores temporários no pessoal da empresa utilizadora para determinação

melhor conciliação da flexibilidade e segurança laborais, bem como a criação de um maior número de empregos de acrescida qualidade. Os

> das obrigações legais ou convencionais relativas ao número de trabalhadores empregados (art. 10.º); c) normas de *protecção do trabalhador temporário*, baseadas no princípio da igualdade de tratamento com os trabalhadores permanentes através da exigência de redução a escrito do contrato de trabalho temporário (art. 5.º); da responsabilidade subsidiária do utilizador pelo pagamento da retribuição e das contribuições para a segurança social quando a cedência for efectuada por uma ETT não autorizada (art. 2.º n.º 3); da inclusão dos trabalhadores temporários no sistema de segurança social (art. 4.º); da equiparação da retribuição dos trabalhadores temporários à dos trabalhadores da empresa utilizadora, na ausência de instrumento de regulamentação colectiva de trabalho aplicável à ETT ou ao trabalhador temporário (art. 6.º); da atribuição ao trabalhador temporário, em caso de cessação contratual antes do respectivo prazo, de uma indemnização correspondente ao valor das retribuições que auferiria se a duração do contrato houvesse sido respeitada (art. 7.º); da aplicação ao trabalhador temporário das regras atinentes às condições de trabalho (art. 9.º).
> — **1984: Proposta de Directiva sobre o Trabalho Temporário, relativa ao contrato de trabalho a prazo e ao trabalho temporário *stricto sensu***, apresentada Comissão ao Conselho em 6 de Abril de 1984, na sequência das alterações propostas pelo Parlamento Europeu e pelo Comité Económico-Social à Proposta de Directiva de 7 de Maio de 1982. Relativamente ao trabalho temporário, apela-se a uma maior exigência nos requisitos de autorização prévia para o exercício da ETT, nomeadamente através da necessária comprovação de que a empresa possui meios financeiros suficientes para garantir o pagamento das remunerações e contribuições para a segurança social e da exigência de idoneidade dos seus corpos dirigentes (art. 2.º n.º 4); ao alargamento das situações que possibilitam o recurso ao trabalho temporário, passando a admitir-se, para além da diminuição temporária de efectivos e do acréscimo temporário da actividade, a execução de tarefas ocasionais e não duradouras por natureza ou outras razões legítimas que justifiquem a duração determinada do contrato (art. 3.º n.º 1); à admissibilidade da figura do contrato de trabalho temporário de duração indeterminada. Esta proposta, contudo, nunca chegou a ser aprovada, fruto, no essencial, da ausência de acordo entre os parceiros sociais relativamente a esta matéria.
> — **1990: Proposta de Directiva relativa a certas relações de trabalho no que respeita às distorções de concorrência, contemplando o trabalho temporário, o trabalho a prazo e o trabalho a tempo parcial**, apresentada pela Comissão ao Conselho em 29 de Julho de 1990. Inserido no âmbito das medidas destinadas à progressiva realização do mercado interno, este novo projecto abandona o estabelecimento de uma plataforma mínima comum na regulamentação substantiva do trabalho temporário para se voltar, exclusivamente, para a eliminação dos riscos de distorção na concorrência ou de entrave à livre circulação dos trabalhadores. De certo modo, verifica-se uma revisão da anterior política da Comissão, assente no carácter excepcional do trabalho temporário, em sentido amplo, por se considerar que o forte cresci-

objectivos preconizados passam pelo alargamento do princípio da não discriminação entre trabalhadores temporários e trabalhadores comparáveis das empresas utilizadoras; pela eliminação das restrições ou limitações existentes relativamente ao recurso ao trabalho temporário que já não se justifiquem por razões de interesse geral ou de protecção dos trabalhadores; pela necessidade de se completar a legislação comunitária vigente no domínio das relações "atípicas" (trabalho a tempo parcial e contrato a termo) e pela criação de um sistema de equilíbrio entre a protecção dos trabalhadores e a criação de emprego.

II. No essencial, a Proposta assenta em cinco pilares:

a) Estabelece o princípio geral da não discriminação dos trabalhadores temporários: um trabalhador temporário não pode ser tratado de maneira menos favorável, em termos de condições essenciais do trabalho, do que um trabalhador comparável definido como o trabalhador da empresa utilizadora que ocupa um posto de trabalho idêntico ou similar (artigo 5.º n.º 1). Admitem-se, no entanto, limites e excepções a este princípio geral quando o trabalhador temporário se encontra vinculado à ETT

---

mento das relações de trabalho atípicas é um fenómeno positivo, na medida em que responde às exigências da flexibilidade da economia e das empresas. Quanto ao trabalho temporário, propriamente dito, o projecto aponta, no essencial, para que: o trabalhador temporário beneficie de protecção em termos de condições de higiene e de segurança, tais como os trabalhadores a tempo inteiro, tendo em conta a duração do trabalho e a retribuição (art. 2.º); os Estados-membros criem legislação que preveja um limite para a renovação das relações de trabalho temporário no mesmo posto, com uma duração igual ou inferior a 12 meses, que não exceda os 36 meses. Também esta Directiva não foi adoptada. Dela resultaram, apenas, no final da década de 90, duas directivas especificamente direccionadas ao *trabalho a tempo parcial* (Directiva n.º 97/81/CE, do Conselho, de 15 de Dezembro) e ao *contrato de trabalho a termo* (Directiva n.º 99/70/CE do Conselho, de 28 de Junho de 1999). O mesmo não sucedeu no que tange ao trabalho temporário.

— **1991: Directiva n.º 91/383/CE do Conselho, de 25 de Junho de 1991,** que completa a aplicação de medidas tendentes a promover a melhoria da segurança e da saúde dos trabalhadores que têm uma relação de trabalho a termo ou uma relação de trabalho temporário. A Directiva em causa, contudo, nada dispõe a propósito da actividade das ETT ou do estatuto do trabalhador temporário. Trata-se de matéria que volta a estar na ordem dia, actualmente, com a **Proposta de Directiva do Parlamento Europeu e do Conselho relativa às condições de trabalho dos trabalhadores temporários, apresentada pela Comissão em 20 de Março de 2002.**

mediante contrato de trabalho sem termo (artigo 5.º n.º 2), quando tal princípio seja afastado por convenção colectiva (artigo 5.º n.º 3) ou quando o contrato tenha uma duração inferior a 6 semanas (artigo 5.º n.º 4);

b) Prevê um dispositivo complementar de normas destinadas a melhorar a situação dos trabalhadores temporários de forma a que tenham acesso a um emprego efectivo, seja através da criação de um dever de informação a cargo da empresa utilizadora sobre a existência de postos de trabalho que vaguem no âmbito da respectiva unidade produtiva (artigo 6.º n.º 1), seja pela proscrição de cláusulas limitativas da liberdade do trabalho do trabalhador temporário, nomeadamente cláusulas que proíbem ou que tenham por efeito impedir a contratação de um trabalhador temporário por uma empresa utilizadora (artigo 6 n.ºs 2 e 3);

c) Actua no sentido da melhoria das condições de trabalho materiais do trabalhador temporário, permitindo-lhe o acesso aos serviços sociais da empresa utilizadora (artigo 6.º n.º 4) e a participação em acções de formação organizadas na empresa utilizadora e na ETT (artigo 6.º n.º 5);

d) Admite expressamente que os trabalhadores temporários sejam tidos em consideração no que respeita à ETT para o cálculo do limiar mínimo que determina a possibilidade de constituição de instâncias representativas dos trabalhadores (artigo 7.º, § 1.º);

e) Admite a possibilidade de os Estados-Membros actuarem no sentido de os trabalhadores temporários serem tidos em consideração, no que diz respeito à empresa utilizadora, para o cálculo do limiar mínimo que determina a possibilidade de constituição de instâncias representativas dos trabalhadores (artigo 7.º § 2.º).

III. Antevêem-se, também quanto a esta Proposta, as mesmas dificuldades de entendimento que têm vindo a condenar ao fracasso as sucessivas iniciativas legislativas comunitárias sobre esta matéria. As associações sindicais verão nesta proposta um atropelo aos direitos sociais dos trabalhadores, em nome da flexibilização das relações laborais; as associações patronais, por outro lado, concluirão no sentido em que a preconizada igualdade de direitos entre o trabalhador temporário e o trabalhador efectivo ao serviço do utilizador não é aceitável, nomeadamente na parte em que se admite que o trabalhador temporário deva beneficiar dos serviços sociais do utilizador.

Seguem-se as cenas de um episódio já visto (e revisto).

NOTAS SOBRE O TRABALHO TEMPORÁRIO[1]

CÉLIA AFONSO REIS
*Assistente-estagiária da Faculdade de Direito
da Universidade de Lisboa*

SUMÁRIO: **Parte I: O esquema contratual do trabalho temporário.**
I. *Sujeitos.* I.A ETT. I.B. Utilizador. II.C. Trabalhador. II. *Instrumentos jurídicos.* II.A. Contrato de utilização. II.B. Contratos de trabalho para cedência temporária. II.B. i. Contrato de trabalho por tempo indeterminado para Cedência Temporária. II.B. ii. Contrato de Trabalho Temporário. **Parte II: Os direitos do trabalhador temporário perante a utilização abusiva do esquema contratual.** I. *Cedência tem-porária de trabalhadores por ETT não autorizada.* II. *Cedência temporária de trabalhadores não vinculados à ETT por contrato de trabalho para cedência temporária.* III. *Falta de forma legal ou deIndicação da causa Justificativa do Contrato de Utilização.* IV. *Cedênciat Temporária de trabalhadores fora das situações previstas na lei.* IV. A. *Cedência temporária de trabalhador vinculado à ETT por contrato de trabalho por tempo indeterminado para cedência temporária fora das situações previstas na lei.* IV. B. *Cedência Temporária de Trabalhador vinculado à ETT por contrato de trabalho temporário fora das situações previstas na lei.* V. *Violação da duração do contrato de utilização.* VI. *Falta de Forma Legal ou de indicação da causa justificativa do contrato de trabalho temporário.* VII. *Celebração de contrato de trabalho temporário fora das situações previstas na lei.* **Apontamento conclusivo.**

---

[1] O presente texto, que corresponde à intervenção realizada em 23 de Janeiro de 2002 no III Curso de Pós-Graduação em Direito de Trabalho, organizado pelo Instituto de Direito do Trabalho da Faculdade de Direito da Universidade de Lisboa, foi redigido em Janeiro de 2002.

PARTE I
O esquema contratual do trabalho temporário

O trabalho temporário surgiu como (mais) uma resposta do legislador a uma exigência prática de flexibilização do esquema laboral tradicional.[2-3]

Não obstante o surgimento de um regime jurídico para este esquema contratual em 1989, já em 1985 e 1986 o Tribunal da Relação de Lisboa[4] definia, de forma muito próxima daquela que viria a resultar da aprovação do Decreto-Lei n.º 358/89, de 17 de Outubro[5] (que passaremos a designar como LTT: Lei do Trabalho Temporário), o esquema contratual em causa, o que atesta que a prática antecedeu a legitimação legal, o que não é, de resto, incomum no âmbito da progressão de esquemas laborais que se afastam do modelo contratual tradicional.

O regime do trabalho temporário[6] permite que uma empresa, que só *temporariamente* necessita de ter à sua disposição determinado trabalhador, possa dispor da força de trabalho sem ficar vinculada a esse trabalhador, nisso se assemelhando ao contrato de trabalho a termo[7], regulado na LCCT[8].

---

[2] As necessidades prementes de flexibilização do modelo tradicional do contrato individual de trabalho, por demasiado oneroso para as entidades empregadoras, começam a manifestar-se com especial acuidade após a Segunda Guerra Mundial mas, muito especialmente, após a primeira crise petrolífera, no início dos anos 70 (1973), atentas as perturbações económicas e sociais que provocou.

[3] Nesse sentido, cf. o acórdão do Tribunal da Relação do Porto de 1 de Junho de 1998 (processo n.º 98.40.266), em que se afirma, sobre o regime jurídico do trabalho temporário, que *"Visou-se, com tal diploma (...) responder a preocupações de flexibilidade do regime em ordem a satisfazer necessidades de gestão (...)."*

[4] Acórdãos do Tribunal da Relação de Lisboa de 22 de Maio de 1985 (processo n.º 1.580) e de 18 de Junho de 1986 (processo n.º 463).

[5] Alterado pela Lei n.º 146/99, de 1 de Setembro.

[6] Para uma análise do regime do trabalho temporário, cf. António Menezes CORDEIRO, *Manual de Direito do Trabalho*, Almedina, Coimbra, 1994, p. 602-609, António Monteiro FERNANDES, *Direito do Trabalho*, (11.ª edição), Almedina, Coimbra, 1999, p. 158-166 e Pedro Romano MARTINEZ, *Direito do Trabalho (contrato de trabalho)*, volume II, Lisboa, 1998, p. 305-310.

[7] Para uma análise do regime do contrato a termo, cf. António Menezes CORDEIRO, *Manual de Direito do Trabalho* cit., p. 617-641, António Monteiro FERNANDES, *Direito do Trabalho* cit., p. 302-311 e Pedro Romano MARTINEZ, *Direito do Trabalho (contrato de trabalho)* cit., p. 299-304.

[8] Lei da Cessação do Contrato de Trabalho e da celebração e caducidade do Contrato de Trabalho a Termo, aprovada pelo Decreto-Lei n.º 64-A/89, de 27 de Julho.

Mas o trabalho temporário permite o desenvolvimento de um esquema contratual muito diverso do contrato de trabalho a termo: enquanto no contrato de trabalho a termo o empregador celebra um contrato de trabalho com o trabalhador, no esquema do trabalho temporário, o sujeito que utiliza a força de trabalho não estabelece qualquer vínculo contratual com o trabalhador[9].

Com efeito, o esquema do trabalho temporário pressupõe a celebração de dois contratos distintos, em que intervêm três pessoas: um contrato de trabalho, para cedência temporária, com ou sem termo, celebrado entre o trabalhador e uma empresa de trabalho temporário (ETT); e um contrato de utilização, celebrado entre uma ETT e um utilizador, que utiliza a força de trabalho.[10]

Através do contrato de trabalho entre a ETT e o trabalhador, este aceita que a primeira o ceda a utilizadores para o desempenho de determinadas funções e aquela assume a obrigação de o remunerar (ou seja, a obrigação principal da entidade empregadora na relação laboral tradicional); pelo contrato de utilização, a ETT presta ao utilizador, mediante remuneração, o serviço de disponibilização da força de trabalho de determinado(s) trabalhador(es).

A ETT é a entidade empregadora, à qual o trabalhador temporário fica vinculado pela celebração do contrato (com ou sem termo, como veremos); quem utiliza a força de trabalho é o utilizador, mas entre este e o trabalhador não se estabelece qualquer relação contratual[11]. Não obstante, é junto do utilizador que o trabalhador temporário desempenhará as funções para que foi contratado, sendo, portanto, inevitavelmente, o utilizador quem dirige o trabalhador no exercício dessas funções.

---

[9] Cf., neste sentido da distinção entre o contrato de trabalho a termo e o contrato de trabalho temporário, Maria Regina REDINHA, *A Relação Laboral Fragmentada — estudo sobre o trabalho temporário*, Boletim da Faculdade de Direito da Universidade de Coimbra, Coimbra Editora, Coimbra, 1995, p. 136. A Autora assinala o elevado grau de sobreposição das situações em que o legislador tornou admissível o recurso aos dois esquemas contratuais, através do cotejo dos artigos 42.º da LCCT (para o contrato de trabalho a termo) e 9.º da LTT (para a utilização do trabalho temporário).

[10] Como explica Maria Regina REDINHA, *A Relação Laboral Fragmentada* cit., p. 16-17, "(...) *a substrução jurídica* [do modelo do trabalho temporário] *repousa em dois nexos contratuais individualizados, intercedendo, respectivamente, entre a ETT e a empresa utilizadora e entre a ETT e o trabalhador.*"

[11] Cf. Maria Regina REDINHA, *A Relação Laboral Fragmentada* cit., p. 19: "*A ligação do trabalhador à empresa de afectação não tem, por conseguinte, origem em qualquer vínculo jurídico de natureza convencional.*"

Temos, assim, uma cisão do estatuto típico da entidade empregadora na relação laboral[12-13]: a ETT é a entidade empregadora, onerada com o *dever de o remunerar* e titular do *poder disciplinar* (artigo 20.º, n.º 6, da LTT); não obstante, o utilizador é o titular do *poder de direcção* do trabalhador no exercício das suas funções[14] (cf. o artigo 20.º, n.º 1, da LTT).

Este esquema contratual apresenta, face à alternativa de a empresa utilizadora celebrar um contrato de trabalho a termo com um trabalhador, a vantagem de a admissão dos trabalhadores ser realizada pela ETT e não por aquele que disporá da força de trabalho alheia. Com efeito, é por esse serviço – pela cedência de um seu trabalhador — que a ETT é remunerada: é que, para o utilizador, a facilidade de fazer face a uma necessidade temporária de desempenho de certas funções, decorrente de lhe bastar contactar uma ETT para atingir esse objectivo, representa uma significativa mais valia, porquanto não tem de suportar os custos implicados pelo recrutamento de um trabalhador, ainda que fosse contratado a termo (embora os custos das provas de selecção fiquem, em regra, a seu cargo, nos termos do artigo 11.º, n.º 3, da LTT).

A ETT desempenha, portanto, a importante função social[15] de contribuir para fazer confluir a oferta e a procura de mão-de-obra: por um lado, «encontra» um trabalhador, para desempenhar funções junto do utilizador durante um período de tempo delimitado, com maior rapidez e eficácia do que este último conseguiria, se actuasse por si; por outro lado, atento o facto de centralizar a procura de vários utilizadores, com necessidades diferentes, ou seja, para o exercício de um vasto catálogo de funções, consegue «colocar» os trabalhadores (durante aquele delimitado período de tempo) também com muito maior rapidez e eficácia do que

---

[12] Ou, na expressão utilizada por Maria Regina REDINHA, uma «*relação laboral fragmentada*». A Autora explica o desdobramento da posição do empregador que ocorre no esquema do contrato de trabalho temporário (cf. *A Relação Laboral Fragmentada* cit., p. 182-186).

[13] Cf. o acórdão do Tribunal da Relação de Lisboa de 1 de Julho de 1998 (processo n.º 10.194): "(...) *a posição contratual da entidade empregadora é desdobrada entre a empresa de trabalho temporário e a empresa utilizadora* (...)."

[14] Na vertente do poder de direcção que Bernardo Lobo XAVIER (*Curso de Direito do Trabalho*, 2.ª edição com aditamento de actualização, Verbo, Lisboa, 1993, p. 325) e António Monteiro FERNANDES (*Direito do Trabalho* cit., p. 251-253) nomeiam como *poder conformativo da prestação*.

[15] Segundo os dados recolhidos junto do Instituto do Emprego e Formação Profissional em Dezembro de 2001, existiam 199 ETTs autorizadas a operar em Portugal, pelo que a relevância da referida função social não pode ser menosprezada.

estes conseguiriam se seguissem um normal processo de «procura de trabalho».[16]

Não obstante as notórias vantagens que o esquema contratual apresenta, a que brevemente acabámos de aludir, estamos perante a colocação *temporária* de trabalhadores ao serviço de empresas às quais não ficam vinculados, ou seja, sem a protecção (jurídica e social) inerente a essa vinculação. Ou seja, o trabalho temporário é mais um dos vários regimes jurídicos que atesta que o quadro jurídico-laboral tradicional deixou de satisfazer a necessidade, tão premente, de *emprego*, por a oneração que implica para a entidade empregadora a conduzir a esquivar-se à aplicação daquele quadro.

O facto de se tratar de trabalho *temporário* acarreta, portanto, várias desvantagens face ao relacionamento do trabalhador com quem «lhe dá trabalho» através do modelo contratual laboral comum, sem termo. Designadamente, a mobilidade dos trabalhadores dificulta, em princípio, a potencial criação de postos de trabalho, diminui a tutela social do trabalhador e fragiliza a possibilidade de desenvolvimento do esquema sindical[17].

Não obstante, o trabalho temporário, *esquema atípico de circulação da força de trabalho*[18], apresenta-se como (mais) uma forma de fazer face a urgências dos trabalhadores e dos empregadores: respectivamente, a de trabalhar e a de flexibilização dos deveres de quem emprega[19].

Passamos a uma breve descrição do regime jurídico do trabalho temporário.

---

[16] No sentido de que a consagração legal do trabalho temporário surge como resposta às dificuldades em alcançar o ponto de equilíbrio entre a oferta e a procura no mercado de trabalho, cf. Paula CAMANHO, Miguel CUNHA, Sofia PAIS, Paulo VILARINHO, "Trabalho temporário", *Revista de Direito e Estudos Sociais*, ano VII da 2.ª Série, 1, 2 e 3, 1992, p. 171-259.

[17] Neste sentido, cf. António Menezes CORDEIRO, *Manual de Direito do Trabalho* cit., p. 603.

[18] António Monteiro FERNANDES, *Direito do Trabalho* cit., p. 159.

[19] Indicando as *necessidades objectivas* das empresas (e dos trabalhadores) a que o trabalho temporário pretende oferecer resposta, cf. António Menezes CORDEIRO, *Manual de Direito do Trabalho* cit., p. 602-603.

I. SUJEITOS

I.A. ETT

A ETT é uma pessoa cuja actividade consiste na cedência temporária a terceiros da utilização de trabalhadores, que para esse efeito admite e remunera (artigo 2.º, al. a), da LTT). O objecto principal da sua actividade é, portanto, a cedência temporária de trabalhadores a ela vinculados a utilizadores, embora possa ainda exercer actividades de selecção, orientação e formação profissional, consultadoria e gestão de recursos humanos (artigo 3.º da LTT[20]). Só as ETTs podem ter como objecto social a cedência de trabalhadores a terceiros utilizadores[21].

O exercício da actividade de cedência de trabalhadores temporários está sujeito a *autorização prévia* (artigo 4.º da LTT) do Ministro do Trabalho e da Solidariedade (artigo 5.º, n.º 3, da LTT), precedido de relatório e proposta de decisão do Instituto do Emprego e Formação Profissional, que recebe e aprecia o pedido de autorização (artigo 5.º, n.º 2, da LTT). A autorização, sendo concedida, só será notificada ao requerente após ter feito prova da *constituição de caução* a favor do Instituto do Emprego e Formação Profissional, nos termos do artigo 6.º da LTT (artigo 5.º, n.º 5, da LTT).

Autorizada para o exercício da actividade, a ETT poderá, então, admitir trabalhadores para ceder temporariamente aos utilizadores. Essa «admissão» pode revestir uma de duas formas jurídicas (artigo 17.º, n.º 1, da LTT):

— a celebração de um *contrato de trabalho por tempo indeterminado para cedência temporária*[22], que é um contrato *sem termo*, mas cujo escopo é o exercício de funções junto de terceiros utilizadores a quem o trabalhador é cedido (e não o exercício de funções junto da entidade empregadora, como ocorre no quadro tradicional da contratação laboral); ou

---

[20] A possibilidade de desenvolvimento destas duas últimas actividades foi introduzida pela Lei n.º 146/99.

[21] Neste sentido, cf. o acórdão do Supremo Tribunal de Justiça de 6 de Dezembro de 2000 (processo n.º 00S2959).

[22] Figura introduzida pela Lei n.º 146/99.

— a celebração de um *contrato de trabalho temporário*, que é um contrato *a termo*, através do qual a ETT admite o trabalhador para o ceder a um utilizador.

Para além disso, a ETT celebrará ainda contrato de trabalho com os trabalhadores indispensáveis à própria estrutura organizativa da empresa, bem como os recrutados para desenvolver as actividades de selecção, orientação e formação profissional, consultadoria e recursos humanos (actividades acessórias no objecto social da ETT, como se referiu). Os contratos celebrados com estes trabalhadores não terão, naturalmente, como finalidade a sua cedência a terceiros, mas sim o exercício de funções junto da própria ETT, o que é dizer que estaremos aqui perante contratos «tradicionais» de trabalho.

I.B. Utilizador

Designa-se utilizador a pessoa que ocupa, sob sua autoridade e direcção, trabalhadores cedidos por uma ETT (artigo 2.º, al. c), da LTT). Mediante a celebração, com a ETT, de um contrato de utilização de trabalho temporário (cf. o artigo 2.º, al. e), da LTT), o utilizador passa a poder dispor da força de trabalho cedida, sem assumir a posição contratual típica de um empregador.

No período de duração da cedência, o trabalhador fica sujeito ao regime de trabalho aplicável ao utilizador no que respeita ao modo, lugar, duração de trabalho e suspensão da prestação de trabalho, higiene, segurança e medicina no trabalho e acesso aos seus equipamentos sociais (artigo 20.º, n.º 1, da LTT), ou seja, no período da cedência, *o trabalhador desenvolve a sua actividade como se de qualquer trabalhador vinculado ao utilizador se tratasse*. É o utilizador quem exerce o *poder de direcção*, na conformação diária da prestação laboral.

I.C. O Trabalhador

Como resulta do que antes ficou exposto, o trabalhador temporário relaciona-se laboralmente apenas com a ETT. Embora a prestação típica do contrato – *o trabalho* – seja desenvolvida junto do utilizador, a entidade empregadora não é o utilizador, mas sim a ETT. Assim, quaisquer direitos do trabalhador no estrito âmbito da relação contratual laboral são a efectivar perante a ETT, contraparte no contrato de trabalho.

Veremos adiante, todavia, que o legislador dotou também o trabalhador de vários direitos *invocáveis perante o utilizador*, no caso de utilização «abusiva» (ou seja, fora dos limites legais) do esquema do trabalho temporário. Mas esse facto transcende já o desenvolvimento normal, não patológico, do contrato de trabalho entre a ETT e o trabalhador.

II. INSTRUMENTOS JURÍDICOS.

O esquema do trabalho temporário desenvolve-se com base em dois contratos diferentes, autónomos: o contrato de utilização, celebrado entre o utilizador e a ETT, e o contrato celebrado entre a ETT e o trabalhador a ceder (que pode ser um contrato sem termo ou a termo).

II.B. O Contrato de Utilização

CAUSAS JUSTIFICATIVAS

O *contrato de utilização de trabalho temporário*, contrato de prestação de serviço celebrado entre um utilizador e uma ETT, pelo qual esta se obriga, mediante retribuição, a colocar à disposição daquele um ou mais trabalhadores temporários (artigo 2.º, al. e), da LTT), só pode ser celebrado nas situações taxativamente fixadas na lei[23], como tipicamente acontece nos regimes laborais em que o trabalhador encontra menor protecção do que aquela que lhe seria garantida pelo modelo tradicional[24].

Verificando-se uma das situações em que a lei permite a celebração de contrato de utilização de trabalho temporário (artigo 9.º n.º 1 da LTT), é lícito ao utilizador, que pretende utilizar a força de trabalho sem estabelecer qualquer vínculo jurídico com o trabalhador, assim procurando

---

[23] O que conduz Maria Regina REDINHA a qualificá-lo como *causal* ("Trabalho Temporário: Apontamentos sobre a Reforma do seu Regime Jurídico", *in* AAVV, *Estudos do Instituto de Direito do Trabalho* (org. Instituto de Direito do Trabalho da Faculdade de Direito da Universidade de Lisboa; coord.: Pedro Romano MARTINEZ), Almedina, Coimbra, 2001, p. 454).

[24] Cf. o artigo 42.º da LCCT, em que o legislador fixa *taxativamente* as causas justificativas da celebração do contrato de trabalho a termo.

a diminuição dos custos que essa vinculação lhe acarretaria, procurar uma ETT em ordem a celebrar com esta um contrato de utilização do trabalho temporário.

Duas notas sobre o elenco, constante do artigo 9.º n.º 1 da LTT, das situações legitimadoras do recurso ao trabalho temporário: desde logo, o leque de causas justificativas apresenta uma *vastidão* bem demonstrativa da urgência dos utilizadores em poderem, licitamente, aceder a mão-de-obra sem assumir os encargos inerentes ao modelo tradicional da contratação laboral; por outro lado, é de salientar que algumas destas causas justificativas apresentam um grau de *indeterminação* que permite aos utilizadores fazer face a necessidades várias de mão-de-obra (atente--se, especialmente, quanto a este aspecto, nas causas justificativas consagradas nas als. c), d), e h), do artigo 9.º da LTT).

A indeterminação das causas justificativas referidas faz-nos concluir que, afinal, o legislador, que parecia pretender admitir o trabalho temporário apenas excepcionalmente, impondo as mais variadas restrições à sua utilização, preferindo sempre a vinculação do trabalhador à empresa junto da qual trabalha por contrato de trabalho sem termo[25], acaba por, nas normas que consagrou, admitir alguma elasticidade para os utilizadores: a indeterminação das referências legais às causas justificativas potencia que um maior número de hipóteses fácticas sejam qualificáveis como legitimadoras do recurso ao trabalho temporário.

Todos os contratos de utilização têm a sua *duração máxima fixada legalmente*; essa duração pode ser certa ou incerta, e pode, nalguns casos, ser objecto de prorrogação, mediante autorização da Inspecção-Geral do Trabalho (artigo 9.º, n.ºs 3 a 7, da LTT).

Cessado o contrato de utilização, não pode o trabalhador temporário continuar ao serviço do utilizador, sob pena de vinculação a este último por contrato de trabalho sem termo (artigo 10.º da LTT).

FORMA

O contrato de utilização do trabalho temporário é obrigatoriamente reduzido a escrito, e deve conter as menções enunciadas no artigo 11.º, n.º 1, da LTT.

---

[25] Neste sentido, cf. o preâmbulo do Decreto-Lei n.º 359/89, no qual o legislador, embora afirme que "*O presente diploma não prossegue objectivos de repressão e condenação desta modalidade, mas antes objectivos de protecção e clarificação social.*", admite que "(...) *o diploma* (...) [*regula*] *em termos restritivos o recurso ao trabalho temporário* (...)."

CONTEÚDO

O utilizador celebra um contrato de utilização com uma das finalidades referidas no artigo 9.º, n.º 1, da LTT, para suprir uma concreta necessidade temporária de mão-de-obra. O contrato de utilização não está assim dependente de nenhum contrato da ETT com o trabalhador, antes celebrado; o utilizador não pretende que lhe seja cedido *um trabalhador determinado*. O processo é exactamente o inverso: celebrado o contrato de utilização, a ETT diligencia no sentido de «encontrar» (quer já se encontrem a si vinculados por *contrato de trabalho por tempo indeterminado para cedência temporária*, quer tenha de os vir a admitir nesse momento, através de um contrato daquele tipo ou de um *contrato de trabalho temporário*) os trabalhadores temporários adequados a satisfazer as necessidades declaradas pelo utilizador.

Neste sentido, se tiver lugar (nos termos gerais) a suspensão ou a cessação do contrato de trabalho de um trabalhador que se encontra cedido, a ETT terá de fazer substituir aquele trabalhador por outro trabalhador temporário (artigo 14.º, n.º 1, da LTT), sob pena de estar a incumprir o contrato que celebrou com o utilizador. Do mesmo modo tem a ETT de proceder se o utilizador recusar o trabalhador durante os primeiros 15 dias em que exerça funções, se for suspenso preventivamente em processo disciplinar ou se se encontrar impedido para a prestação do trabalho por razões não imputáveis ao utilizador (artigo 14.º, n.os 2 e 3, da LTT).

Como resulta da própria definição legal do contrato de utilização (artigo 2.º, al. e), da LTT), o utilizador remunera a ETT pelo serviço que esta lhe presta (recrutamento e disponibilização de mão-de-obra). O montante dessa retribuição há de compensar os custos que para a ETT resultam da manutenção de uma estrutura organizativa destinada à admissão e pronta disponibilização de mão-de-obra a terceiros.

II.B. Contratos de trabalho para cedência temporária

II.B. i. *Contrato de trabalho por tempo indeterminado para cedência temporária*

Este (novo) tipo de contrato de trabalho foi introduzido pela Lei n.º 146/99. Na sua redacção original, a LTT apenas previa a possibilidade de celebração, entre a ETT e os trabalhadores temporários, de *contrato de trabalho temporário*, ou seja, de contrato de trabalho *a termo* cujo escopo era a cedência do trabalhador, pela ETT, a um terceiro utilizador. O contrato de trabalho para cedência temporária tem o mesmo escopo, mas é um contrato de trabalho *sem termo*.

FORMA

O contrato é celebrado por escrito. No contrato, as partes especificam as funções que o trabalhador poderá vir a desempenhar e a área geográfica em que poderá vir a exercê-las, bem como a identificação da ETT. Além disso, do contrato tem de constar a aceitação expressa do trabalhador de que a ETT o ceda a utilizadores (artigo 17.º, n.º 2, da LTT).

Sendo celebrado *contrato de trabalho sem termo* pela ETT com um trabalhador, sem obedecer a esta forma, esse trabalhador será um trabalhador vinculado à ETT por contrato de trabalho sem termo, sem que esta disponha da possibilidade de ceder a sua força de trabalho. Será o caso dos trabalhadores que a própria estrutura organizativa da empresa não dispensa, e ainda os recrutados para desenvolver as actividades de selecção, orientação e formação profissional, consultadoria e recursos humanos (artigo 3.º, *in fine*, da LTT).

Em reflexão sobre esta questão — a de falta dos requisitos formais consagrados no artigo 17.º, n.º 2, da LTT —, afirma Maria Regina REDINHA[26] que a nulidade decorrente da preterição da forma legal determina a "(...) *possível conversão do negócio num contrato de trabalho de duração indeterminada entre o trabalhador e a ETT sem que o empregador tenha a faculdade de ceder a disponibilidade da força de trabalho* (...)."

Com efeito, sendo o contrato de trabalho em causa *sem termo*, só a forma escrita donde conste a menção de que o trabalhador aceita ser cedido a terceiros utilizadores pela ETT prova o *regime especial* desse contrato; se as partes não diligenciam no sentido de fixar um regime especial para o contrato de trabalho, será porque o encontro de vontades foi no sentido da vinculação sem termo, no modelo tradicional de desenvolvimento da relação laboral. Assim, como o artigo 17.º, n.º 2, da LTT, estatui, *a cedência temporária de trabalhador vinculado por tempo indeterminado é possível desde que* o contrato seja celebrado por escrito e contenha as menções referidas no normativo; não se verificando os

---

[26] "Trabalho Temporário: Apontamentos sobre a Reforma do seu Regime Jurídico" cit., p. 462.

requisitos referidos, *não é possível a cedência* de trabalhador vinculado à ETT por contrato de trabalho sem termo[27].

CONTEÚDO

No período em que o trabalhador é cedido, a ETT é titular do *poder disciplinar*[28] (artigo 20.º, n.º 6, da ETT) sobre o trabalhador, é, parcialmente, titular do *poder de direcção*, na medida em que determina o utilizador a quem cada trabalhador é cedido e a duração da cedência[29], e encontra-se sujeita ao *dever de pagamento da retribuição* (artigo 21.º, n.º 1, da LTT). É também a ETT a responsável pelo cumprimento das obrigações relativas à *segurança social* e ao *seguro contra acidentes de trabalho* dos trabalhadores temporários (artigo 22.º da LTT).

Encontrando-se o trabalhador vinculado à ETT por um contrato de trabalho para cedência temporária, haverá, em princípio, períodos (aqueles em relação aos quais a ETT não celebre contrato de utilização que permita a «afectação» do trabalhador) em que o trabalhador não estará cedido, ou seja, não estará a desempenhar funções junto de qualquer utilizador. Nesses períodos, a lei garante ao trabalhador uma retribuição (artigo 17.º, n.º 3, da LTT[30]), como não poderia deixar de ser: uma vez que o trabalhador se encontra vinculado à ETT por contrato de trabalho *sem termo*, a obrigação de remuneração é contínua. Do lado do trabalhador, mantém-se, durante esses períodos, o dever de estar disponível para desempenhar funções junto dos utilizadores que lhe forem indicados pela ETT, no momento em que esta o fizer.

---

[27] A não ser, questão a que *infra* retornaremos, que *a própria lei admita* a vinculação do trabalhador à ETT por contrato de trabalho por tempo indeterminado para cedência temporária dispensando o preenchimento dos requisitos de forma referidos no artigo 17.º, n.º 2, da LTT.

[28] Sobre as dificuldades colocadas pelo facto de ser titular do poder disciplinar a ETT, que, no período em que a cedência produz os seus efeitos, não dirige diariamente o trabalhador na execução da sua prestação, pelo que não se encontrará nas melhores condições para averiguar as circunstâncias em que possa ter ocorrido um comportamento ilícito do trabalhador, reunir as provas do mesmo e apreciar a respectiva gravidade e a adequação da sanção, cf. Paula CAMANHO, Miguel CUNHA, Sofia PAIS, Paulo VILARINHO, "Trabalho temporário" cit., p. 247-248.

[29] O poder de direcção na vertente de *poder determinativo da função*, na terminologia de Bernardo Lobo XAVIER, *Curso de Direito do Trabalho* cit., p. 325, e de António Monteiro FERNANDES, *Direito do Trabalho* cit., p. 250-251.

[30] A violação do dever de pagar essa retribuição, a que a lei chama *compensação*, constitui contra-ordenação grave, imputável à ETT (artigo 31.º, n.º 2, al. a), da LTT).

É certo que, durante os períodos em que não se encontra cedido, porque a ETT não o afecta a qualquer utilizador, o trabalhador não está a desempenhar as funções para cujo exercício foi contratado. Suscitam-se-nos dúvidas sobre a qualificação que merece a natureza do estatuto do trabalhador durante os períodos em que não se encontra cedido.

Maria Regina REDINHA aponta a tendencial qualificação dessa natureza como *suspensão* do contrato de trabalho[31]. Com efeito, à semelhança do que acontece durante a suspensão do contrato de trabalho[32], o trabalhador vinculado à ETT por contrato de trabalho para cedência temporária, enquanto não se encontra cedido, não se encontra efectivamente ocupado, mas aufere uma remuneração (embora inferior à normal). Mas, atenta a configuração e o escopo do contrato previsto no artigo 17.º da LTT, não farão esses períodos, de «paragem» do trabalhador, parte do *normal* desenvolvimento do vínculo laboral? Dificilmente será possível à ETT garantir que nunca existam esses períodos, pois entre a cedência do trabalhador a dois utilizadores diferentes sempre decorrerá algum intervalo de tempo, ainda que curto. Por outro lado, durante esses períodos de «paragem», o trabalhador mantém o dever, perante a ETT, de aceitar a disponibilização, por aquela, da sua força de trabalho, que é um dos deveres essenciais que para ele resulta da celebração do contrato (cf. o artigo 17.º, n.º 2, al. a), da LTT).

Daí que tenhamos algumas dúvidas quanto ao enquadramento da natureza do estatuto do trabalhador durante esses períodos. De qualquer modo, parece-nos inequívoco que, durante esses períodos, nada impede o trabalhador de exercer outras actividades remuneradas – e aqui temos mais um ponto de similitude com o regime da suspensão do contrato de trabalho[33], pelo que a identificação da natureza jurídica do estatuto do trabalhador durante estes períodos, avançada por Maria Regina REDINHA, parece aceitável.

Uma outra nota sobre o estatuto do trabalhador vinculado à ETT pelo contrato de trabalho sob análise: como ocorre em qualquer contrato de trabalho, um dos deveres que onera a entidade empregadora é o dever de ocupação efectiva dos trabalhadores (cf. o artigo 43.º da LCT). Isso significa que, dispondo de um conjunto de trabalhadores vinculados a si por este instrumento jurídico, quando a ETT celebra um contrato de

---

[31] "Trabalho Temporário: Apontamentos sobre a Reforma do seu Regime Jurídico" cit., p. 462.

[32] Cf. o regime da suspensão ou redução do trabalho, consagrado no Decreto-Lei n.º 398/83, de 2 de Novembro.

[33] Cf. o artigo 6.º, n.º 1, al. c), do Decreto-Lei n.º 398/83.

utilização deve, em primeiro lugar, diligenciar no sentido de afectar esses trabalhadores ao cumprimento desse contrato, porque assim conseguirá cumprir o dever de ocupação efectiva. Parece-nos que só no caso de insuficiência ou inadequação dos trabalhadores vinculados por contrato de trabalho por tempo indeterminado para cedência temporária para satisfazer as necessidades do utilizador deverá a ETT procurar admitir outros trabalhadores temporários.

A introdução (pela Lei n.º 146/99) desta nova forma de vínculo laboral da ETT aos trabalhadores a ceder veio concorrer para a estabilização do trabalho temporário.

Com efeito, com este novo instrumento jurídico, o legislador permite, por um lado, que a ETT disponha de uma «carteira» de trabalhadores, que a ela se encontram vinculados por tempo indeterminado, que pode afectar ao cumprimento dos contratos de utilização que vai celebrando, sendo que esses trabalhadores já têm o dever (em momento prévio ao da celebração do contrato de utilização) de aceitar as cedências que a ETT lhes indicar. O contrato evita, por isso, que a ETT apenas possa desenvolver esforços no sentido da admissão de trabalhadores para ceder depois de já ter celebrado o contrato de utilização (o que acontece quando o vínculo entre a ETT e o trabalhador for a termo, ou seja, quando se tratar de um *contrato de trabalho temporário*), o que potenciaria o risco de incumprimento do contrato de utilização.[34]

Do lado do trabalhador, a vinculação por este contrato à ETT apresenta as vantagens que a vinculação por tempo indeterminado à entidade empregadora apresenta, quando comparada com a vinculação laboral a termo: o trabalhador garante, dentro de um sistema de prestação do trabalho que, por comparação com o modelo do contrato de trabalho tradicional, pode apelidar-se de «frágil», estabilidade, porquanto se encontra vinculado, sem termo, a uma entidade empregadora (a ETT), o que lhe garante a regularidade da remuneração (embora não lhe garanta, como se referiu já, a constância da *prestação efectiva* de trabalho).

---

[34] Da celebração deste contrato resulta também uma «desvantagem» para a ETT: passa a ter uma relação laboral por tempo indeterminado com o trabalhador, tendo de lhe garantir a retribuição fixada no artigo 17.º, n.º 3, da LTT, mesmo durante os períodos em que não consiga afectá-lo a qualquer contrato de utilização, pelo que o significado que a celebração de contratos deste tipo virá a assumir variará para cada ETT, de acordo com a «área de mercado» em que actue e as potencialidades de procura de mão-de-obra que esta apresente, e com o risco que esteja disposta a assumir.

II.B. ii. *Contrato de trabalho temporário*

O contrato de trabalho temporário é um contrato de trabalho a termo, certo ou incerto. Antes das alterações introduzidas na LTT pela Lei n.º 146/99, era a única forma possível de vinculação laboral entre a ETT e os trabalhadores a ceder.

O contrato de trabalho temporário só pode ser celebrado nas situações previstas para a celebração do contrato de utilização, referidas no artigo 9.º n.º 1, da LTT (artigo 18.º, n.º 1, da LTT). Esta coincidência legal de causas legítimas de celebração atesta que o legislador pretendeu que o contrato de trabalho temporário, a termo, fosse celebrado apenas na dependência funcional de um contrato de utilização, em princípio já celebrado pela ETT.[35]

Neste sentido apontam também as menções obrigatórias do contrato de trabalho temporário (artigo 19.º, n.º 1, da LTT): se dele consta o local e período normal de trabalho (al. d)), a remuneração (al. e)), e a duração do contrato *de acordo com o disposto no artigo 9.º* (al. g)), parece claramente que, no momento da celebração do contrato de trabalho temporário, já está perfeitamente determinado o contrato de utilização a cujo cumprimento a ETT vai afectar o seu «novo» trabalhador.

FORMA

O contrato de trabalho temporário é celebrado por escrito (artigo 18.º, n.º 2, da LTT) e contém as menções referidas no artigo 19.º, n.º 1, da LTT, de entre as quais se destaca a indicação dos motivos que justificam a celebração do contrato, com menção concreta dos factos e circunstâncias que integram esses motivos.

CONTEÚDO

Pelo contrato de trabalho temporário, o trabalhador obriga-se a desempenhar as funções para que foi contratado junto do utilizador designado pela ETT, encontrando-se sujeito ao exercício do poder de direcção por aquele. Não obstante, o trabalhador não estabelece com o utilizador qualquer vínculo de natureza laboral. A retribuição é paga pela ETT. Ou seja, vale aqui o que descrevemos sobre o estatuto da ETT no âmbito de um contrato por tempo indeterminado para cedência temporária, durante os períodos em que o trabalhador é cedido.

---

[35] Neste sentido, cf. o acórdão do Tribunal da Relação do Porto de 22 de Março de 1999 (processo n.º 98.40.966), em que se afirma *"Embora distintos, existe uma interdependência entre o contrato de trabalho temporário (CTT) e o contrato de utilização de trabalho temporário (CUTT), dado que um pressupõe a existência do outro (...)."*

PARTE II
Os direitos do trabalhador temporário
perante a utilização abusiva do esquema contratual

Realizada esta breve apresentação do regime jurídico do trabalho temporário, e uma vez que são múltiplas as questões cuja especial análise a LTT pode suscitar, optámos por analisar, na perspectiva da *protecção que a lei oferece ao trabalhador temporário*, os direitos que esse trabalhador pode opor, ora à ETT, ora ao utilizador, em situações de utilização irregular do esquema contratual, ou seja, em situações em que a ETT, o utilizador, ou ambos desrespeitam os requisitos fixados na lei para a cedência temporária de trabalhadores.

I. CEDÊNCIA TEMPORÁRIA DE TRABALHADORES POR ETT NÃO AUTORIZADA.

Como referimos *supra*, só pode ter como objecto social a cedência temporária de mão-de-obra a ETT previamente autorizada para o efeito pelo Ministro do Trabalho e da Solidariedade.

O exercício da actividade, ou seja, a cedência de trabalhadores, por ETT não autorizada nos termos do artigo 5.º da LTT, determina a nulidade do contrato de utilização para cujo cumprimento os trabalhadores são cedidos (artigo 16.º, n.º 1, da LTT), que, por seu turno, acarreta a nulidade do contrato entre a ETT e o trabalhador temporário (artigo 16.º, n.º 2, da LTT). Nesse caso, considera-se que o trabalhador se encontra vinculado à empresa utilizadora por contrato de trabalho sem termo (artigo 16.º, n.º 3, da LTT), direito que o trabalhador pode invocar perante o utilizador.

O contrato de utilização do trabalho temporário tem como menção obrigatória o número e a data do alvará de autorização para o exercício da actividade de ETT (artigo 11.º, n.º 1, al. a), da LTT), pelo que o utilizador pode, na celebração do contrato de utilização, que *precede a utilização efectiva do trabalho temporário*, verificar se a ETT se encontra autorizada nos termos da lei (podendo, adicionalmente, consultar o registo nacional das ETTs, que o Instituto do Emprego e Formação Profissional organiza e mantém actualizado[36], ou exigir da própria ETT, no âmbito dos deveres de informação pré-contratuais, a exibição do alvará que contém a

---

[36] Nos termos do artigo 7.º, n.ºs 2 e 3, da LTT.

autorização[37]). O legislador fez impender *sobre o utilizador* o ónus de verificar a autorização da ETT, sob pena de assumir o risco de ficar vinculado aos trabalhadores cedidos por contrato de trabalho sem termo.

É notório que este passo do regime legal é especialmente desfavorável para o utilizador, que precisava de utilizar a mão-de-obra apenas durante um período de tempo delimitado e, contudo, vai ter de passar a contar com mais um trabalhador, a título definitivo. Acresce que o utilizador é totalmente alheio ao processo de autorização da ETT, pelo que estará a suportar um prejuízo sem ter, de qualquer modo, contribuído para a irregularidade para que a lei comina esse prejuízo. Só que, como o utilizador, no momento da celebração do contrato de utilização, dispõe de meios para averiguar a regular autorização da ETT, não procede o argumento de que o utilizador suporta um risco sem ter qualquer modo de saber se a irregularidade que o pode gerar foi ou não cometida. Trata-se de um risco, criado pelo legislador, que impende sobre quem pretende auferir os benefícios do recurso ao trabalho temporário, contextualizado no espírito geral da regulamentação do trabalho temporário, a que subjaz a intenção de *admitir em termos restritos* esta forma de *fornecimento de mão-de-obra*, que escapa ao modelo tradicional do contrato individual de trabalho. O legislador terá, portanto, entendido que tutelar os interesses do trabalhador no estabelecimento de um vínculo contratual estável e duradouro seria mais importante do que sancionar a empresa que deu azo à invalidade do contrato de utilização (a ETT, por não estar autorizada nos termos da lei).

A cedência de trabalhadores ao abrigo de contrato de utilização celebrado por ETT não autorizada determina ainda a responsabilidade solidária da ETT e do utilizador pelo pagamento das remunerações, férias, indemnizações e eventuais prestações suplementares ao trabalhador e pelos encargos sociais (artigo 16.º, n.º 3, da LTT).[38]

---

[37] A autorização consta de alvará numerado, nos termos do artigo 7.º, n.º 1, da LTT.

[38] Acrescente-se ainda que o exercício da actividade de cedência temporária de trabalhadores sem autorização constitui contra-ordenação muito grave, imputável à ETT (artigo 31.º, n.º 3, al. a), da LTT), e a celebração de contrato de utilização de trabalho temporário com ETT não autorizada constitui igualmente contra-ordenação muito grave, imputável ao utilizador (artigo 31.º, n.º 3, al. b), da LTT).

II. CEDÊNCIA TEMPORÁRIA DE TRABALHADORES NÃO VINCULADOS À ETT POR CONTRATO DE TRABALHO PARA CEDÊNCIA TEMPORÁRIA.

A lei proíbe a cedência temporária de trabalhadores sem a existência de um vínculo jurídico-laboral prévio à ETT, criado para esse efeito. Só podem ser cedidos temporariamente trabalhadores vinculados à ETT por contrato de trabalho por tempo indeterminado para cedência temporária ou por contrato de trabalho temporário (artigo 17.º, n.º 1, da LTT). Para o caso de o trabalhador ser *cedido sem estar vinculado à ETT por um dos contratos de trabalho referidos*, o legislador cominou como consequência a *vinculação do trabalhador à ETT por contrato de trabalho por tempo indeterminado* (artigo 18.º, n.º 5, da LTT). Esta solução foi introduzida pela Lei n.º 146/99.

A solução legal, à luz da redacção anterior, suscitava dúvidas. Na redacção original da LTT[39], o artigo 17.º, n.º 3, cominava, como consequência para a cedência de trabalhadores não vinculados à ETT por contrato de trabalho temporário, *a aplicação do disposto no artigo 42.º, n.º 3, da LCCT*, que determina a vinculação por contrato de trabalho sem termo. A questão então discutida pela doutrina jus-laboralista era a de saber se devia considerar-se o trabalhador vinculado por contrato de trabalho sem termo *à ETT* ou *ao utilizador*.

Entendíamos[40], então, que a melhor interpretação era considerar o trabalhador vinculado *ao utilizador*, e não à ETT. Aproximávamo-nos das reflexões produzidas por António Menezes CORDEIRO, de acordo com as quais vincular o trabalhador à ETT não era boa solução, porque "(...) *esta ver-se-ia com um trabalhador permanente que não poderia ceder, uma vez que faltaria o termo.*"[41] Esta solução contrariaria o objecto social da ETT (artigo 3.º, n.º 1, na redacção original da LTT), pelo que só faria sentido vincular o trabalhador a uma entidade que tivesse uma actividade contínua, que o pudesse ocupar efectivamente — *o utilizador*. A solução defendida procurava, mais do que sancionar a empresa a quem a irregularidade era imputável (a ETT), acautelar os interesses do trabalhador (que ficariam melhor garantidos pela vinculação definitiva a uma empresa que tinha «trabalho para dar»).

---

[39] Quando não existia a figura do contrato de trabalho por tempo indeterminado para cedência de trabalhadores, introduzida pela Lei n.º 146/99.
[40] Cf. o nosso *Cedência de Trabalhadores*, Almedina, Coimbra, 2000, p. 80-82, nota 90.
[41] António Menezes CORDEIRO, *Manual de Direito do Trabalho* cit., p. 609.

Afirmava-se, então, implicitamente, o ónus, a cargo do utilizador, de verificar a regularidade dos contratos de trabalho temporário pelos quais os trabalhadores que lhe eram cedidos estavam vinculados à ETT, sob pena de se considerarem esses trabalhadores a ele vinculados por contrato de trabalho sem termo. Ou o utilizador não cumpria este ónus, e aceitava as consequências que de tal comportamento podiam decorrer, ou o cumpria, e em consequência não aceitaria o trabalhador se este não estivesse vinculado à ETT por contrato de trabalho temporário regularmente celebrado. Ónus comparável com o que impende sobre o mesmo utilizador (que referimos *supra*) de verificar a regularidade da autorização da ETT, sob pena de assumir o risco de vir a ficar vinculado aos trabalhadores cedidos por contrato de trabalho sem termo, em consequência da nulidade do contrato entre a ETT e o trabalhador temporário, resultante da nulidade do contrato de utilização, quando este é celebrado com ETT não autorizada (artigo 16.º, n.ºs 1 a 3, da LTT). Tratava-se de ónus criados pelo legis-llador para quem pretendia auferir os benefícios do recurso ao trabalho temporário.

O legislador alterou o regime. Com a redacção introduzida pela Lei n.º 146/99, resulta claro do artigo 18.º, n.º 5, da LTT, que os trabalhadores cedidos que não estejam vinculados à ETT por um dos vínculos previstos na lei para o efeito consideram-se vinculados *à ETT* por contrato de trabalho por tempo indeterminado.[42-43]

A consagração deste regime apresenta, entendemos, uma clara relação com a introdução da figura do contrato de trabalho indeterminado para cedência temporária, também pela Lei n.º 146/99. Com efeito, desde 1999, a ETT pode ceder trabalhadores a si vinculados *por contrato de trabalho de duração indeterminada*, ao invés do que acontecia à luz da

---

[42] Pensamos que a letra da lei não admite, actualmente, a dúvida. Referindo-se, no artigo 18.º, n.º 5, da LTT, a um utilizador e à *empresa de trabalho temporário*, e cominando a vinculação por contrato de trabalho por tempo indeterminado *àquela empresa*, cremos que sustentar que a cominação é dirigida ao utilizador não encontra um mínimo de correspondência na letra da lei, pelo que se deve ter por solução inadmissível.

[43] Já perante a redacção original da LTT, António Monteiro FERNANDES, *Direito do Trabalho* cit., p. 166, e Paula CAMANHO, Miguel CUNHA, Sofia PAIS, Paulo VILARINHO, "Trabalho temporário" cit., p. 246, nota 177, defendiam que a solução legal era a vinculação do trabalhador *à ETT* por contrato de trabalho sem termo. Afastávamo-nos desta solução porque, como referimos, a ETT ficaria com trabalhadores a si vinculados que não poderia ceder, sendo que o seu objecto social, legalmente fixado, não lhe permitiria cumprir o dever de ocupação efectiva desses trabalhadores, em prejuízo, quer da ETT, quer dos próprios trabalhadores.

redacção original da LTT. Ao determinar que o trabalhador cedido sem estar vinculado à ETT passe a estar vinculado a esta empresa *por contrato de trabalho indeterminado para cedência temporária*, o legislador consegue atingir vários objectivos:
— por um lado, não determinando a vinculação do trabalhador ao *utilizador*, afasta expressamente deste último a hipotética consequência de estabelecer um vínculo laboral definitivo com um trabalhador do qual não necessita (a razão do recurso ao trabalho temporário é exactamente o carácter *temporário* da necessidade de mão-de-obra);
— por outro lado, como a ETT pode ceder esse trabalhador, não vê a si vinculado um trabalhador que não pode ceder, e pode cumprir o seu dever (na qualidade de entidade empregadora) de *ocupação efectiva*, na medida em que passa a contar definitivamente com o trabalhador para o afectar ao cumprimento de contratos de utilização que venha a celebrar.

Note-se que, para esta conclusão, partimos do pressuposto de que o artigo 18.º, n.º 5, da LTT, no passo em que refere a vinculação do trabalhador à ETT por *contrato de trabalho por tempo indeterminado*, está a cominar a vinculação do trabalhador à ETT por *contrato de trabalho por tempo indeterminado para cedência temporária*. Extraímos o referido pressuposto dos argumentos que passamos a expor.

Primeiro, um argumento de natureza *literal*: nesta disposição (artigo 18.º, n.º 5), a LTT estatui que o trabalhador se considera vinculado à ETT mediante *contrato de trabalho por tempo indeterminado*, que é o *nomen iuris* do contrato de trabalho que, desde 1999, pode servir de fundamento à cedência pela ETT de trabalhadores a ela vinculados sem termo, ou seja, o contrato de trabalho *especial* pelo qual o trabalhador se encontra vinculado sem termo à ETT, dispondo esta da faculdade de o ceder a utilizadores[44]. Diversamente, a própria LTT, quando quer cominar a vinculação do trabalhador ao empregador por *contrato de trabalho sem termo*, ou seja, na formulação tradicional da relação jus-laboral, é essa a expressão que utiliza (cf. os artigos 10.º, 11.º, n.º 4, 16.º, n.º 3, e ainda o artigo 30.º, n.º 1, mas já em sede de regulamentação da cedência ocasional de trabalhadores, da LTT, onde é utilizada a expressão *contrato de*

---

[44] Cf. o artigo 17.º da LTT, em todos os seus números: é essa a designação legal deste contrato de trabalho sem termo.

trabalho sem termo). Ora, se o legislador utilizou duas expressões diferentes, tal significará, de acordo com as regras gerais da hermenêutica jurídica, que pretendeu referir-se a duas realidades distintas.

Segundo, um argumento de natureza *sinépica*, que resulta da ponderação dos resultados a que se chegaria se, inversamente, se entendesse que o trabalhador ficaria vinculado à ETT pelo modelo tradicional do contrato de trabalho (sem termo e sem que pudesse ser cedido a utilizadores).

Como vimos, na redacção original da LTT, a doutrina cindia-se, atenta a redacção do artigo 17.º, n.º 3, entre a defesa da vinculação do trabalhador por contrato sem termo à ETT ou ao utilizador. Já afirmámos que entendíamos então que a solução que melhor protegia os interesses do trabalhador era a de o considerar vinculado ao utilizador, que o podia ocupar. Não obstante, essa solução criava um pesado ónus para o utilizador.

Perante este panorama interpretativo, estranho seria, cremos, que o legislador tivesse cominado, agora *expressamente*, a vinculação do trabalhador à ETT por um contrato de trabalho sem termo, sem lhe permitir ceder esse trabalhador. É que o legislador teria cominado, expressamente, a vinculação tendencialmente perpétua do trabalhador a um empregador que não teria como o ocupar. Atento o resultado a que conduziria, pensamos que não pode ter sido esta a vontade do legislador.

Inversamente, admitindo que o trabalhador se considera vinculado à ETT por *contrato de trabalho por tempo indeterminado para cedência temporária*, o legislador terá conseguido criar uma solução equilibrada, que temos por justa, para a situação de cedência de trabalhador sem vínculo à ETT para esse efeito:

— ao cominar a vinculação à ETT por contrato de trabalho que não é aprazado, o legislador protege o interesse do trabalhador na estabilidade no emprego;
— no mesmo passo, o legislador evita que a ETT se veja vinculada a um trabalhador que não pode ocupar;
— finalmente, afastando o utilizador deste âmbito cominatório, elimina-lhe o ónus, que já se qualificava como excessivo, de verificar a regularidade de celebração dos contratos de trabalho entre a ETT e os seus trabalhadores, à qual é absolutamente alheio.[45]

---

[45] Note-se que a lei prevê que o utilizador receba da ETT cópia da apólice de seguro de acidente de trabalho que englobe o trabalhador temporário que lhe é cedido e documento que contenha a identificação deste último (artigo 11.º, n.os 2 e 5, respec-

Cremos, portanto, que a interpretação do disposto no artigo 18.º, n.º 5, da LTT, que é consentânea com a letra da lei e que conduz a resultados que temos por melhores, porque mais equilibrados, é a cominação da vinculação do trabalhador à ETT por *contrato de trabalho por tempo indeterminado para cedência temporária*, ou seja, um contrato com o mesmo escopo do que o regularmente celebrado nos termos do artigo 17.º, n.º 2, da LTT.[46-47]

III. FALTA DE FORMA LEGAL OU DE INDICAÇÃO DA CAUSA JUSTIFICATIVA DO CONTRATO DE UTILIZAÇÃO

O contrato de utilização do trabalho temporário é obrigatoriamente reduzido a escrito e tem de conter as menções elencadas no artigo 11.º, n.º 1, da LTT. Se o contrato de utilização *não for celebrado por escrito*, ou no documento *faltar a indicação dos motivos de recurso ao trabalho temporário por parte do utilizador* (artigo 11.º, n.º 1, al. b), da LTT), o trabalho considera-se prestado com base em contrato de trabalho sem termo celebrado entre o trabalhador e o utilizador (artigo 11.º, n.º 4, da LTT).

---

tivamente, da LTT), mas não *cópia do contrato de trabalho entre a ETT e o trabalhador*, pelo que teria de ser o utilizador a, adicionalmente, solicitar esse documento à ETT, para verificar a regularidade de celebração de um contrato ao qual é, reafirmamos, totalmente alheio.

[46] Como a vinculação por este *contrato de trabalho sem termo especial* surge *ope legis*, a lei dispensará o preenchimento dos requisitos de forma estabelecidos no artigo 17.º, n.º 2, da LTT. É de sublinhar a desprotecção da ETT resultante desta situação: se o trabalhador pretender, designadamente em sede judicial, invocar que se encontra vinculado à ETT por contrato de trabalho sem termo sem que a ETT o possa ceder a terceiros, uma vez que não existe prova documental (o contrato escrito nos termos previstos no artigo 17.º, n.º 2, da LTT) da vinculação por um contrato de trabalho por tempo indeterminado para cedência temporária, a ETT terá de recorrer a outros meios para provar que seu o vínculo ao trabalhador é um contrato de trabalho sem termo *especial*, ou seja, para cedência temporária. A referida «desprotecção» enquadra-se na lógica geral da oneração de quem deu azo a invalidades.

[47] A vinculação do trabalhador à ETT por contrato de trabalho por tempo indeterminado para cedência temporária não é a solução defendida por Maria Regina REDINHA ("Trabalho Temporário: Apontamentos sobre a Reforma do seu Regime Jurídico" cit., p. 465), que entende que o artigo 18.º, n.º 5, da LTT, comina a vinculação do trabalhador à ETT por um contrato de trabalho sem termo comum, no modelo tradicional, isto é, sem que o trabalhador possa ser cedido a terceiros utilizadores. Afastamo-nos nesta sede da afirmação da Autora em virtude dos fundamentos que expusemos.

A regra é a de que quem utiliza mão-de-obra seja *empregador*, com o estatuto inerente a essa qualidade. Só excepcionalmente — é o caso do reconhecimento legal da utilização de trabalho temporário — o legislador admitiu que alguém que utiliza o trabalho de outrem possa não ser qualificado como empregador e, em consequência, não seja titular do respectivo estatuto.

Mas o legislador balizou expressamente em que situações é que esse recurso a mão-de-obra alheia sem suportar os encargos típicos de um empregador pode ter lugar, não admitindo outras. Por isso, o legislador exigiu, no artigo 11.º, n.º 1, da LTT, que a celebração *lícita* de um contrato de utilização de trabalho temporário, que legitima o utilizador a não assumir o conjunto de deveres que tipicamente integram o estatuto do empregador perante o(s) trabalhador(es) temporário(s) cuja mão-de-obra utiliza, se consubstancie num documento escrito[48]. Quando o referido documento inexista, ou quando nele falte a menção especificada dos motivos do recurso ao trabalho temporário, o legislador entende que o recurso ao trabalho temporário já não é lícito, por não resultar clara a sua justificação legal, e considerou, então, que se alguém utiliza mão-de-obra sem que haja qualquer regime especial que afaste a qualificação da relação com o trabalhador como um contrato de trabalho sem termo, é essa a realidade a considerar: a de que *existe entre o utilizador e o trabalhador um contrato de trabalho sem termo*.

O facto de o trabalhador passar a estar vinculado ao utilizador por contrato de trabalho sem termo coloca a questão de saber o que acontecerá, então, ao seu vínculo laboral (contrato de trabalho por tempo indeterminado para cedência temporária ou contrato de trabalho temporário) com a ETT. Considerando-se o trabalho prestado ao utilizador com base em contrato de trabalho sem termo, tem de cessar o contrato de trabalho que vincula o trabalhador à ETT, atenta a impossibilidade de manutenção, pelo mesmo trabalhador, de dois contratos de trabalho diferentes[49].

Cremos que, ao estatuir que o trabalho se considera prestado ao utilizador com base em contrato de trabalho sem termo, o legislador criou uma *causa autónoma de caducidade do contrato de trabalho* que vincula

---

[48] Sobretudo para efeitos de prova e de controlo, pelas autoridades competentes, da regular utilização do esquema contratual.

[49] Neste sentido, cf. os acórdãos do Tribunal da Relação de Coimbra de 5 de Abril de 2000 (processo n.º 132/1999) e do Tribunal da Relação do Porto de 18 de Maio de 1992 (processo n.º 92.30.085).

o trabalhador à ETT. É como se o contrato de trabalho celebrado entre a ETT e o trabalhador deixasse de ter qualquer relevância, uma vez que o trabalhador (antes temporário) passa a estar vinculado ao utilizador por contrato de trabalho sem termo. Estaremos, portanto, perante uma causa de caducidade do contrato de trabalho celebrado entre a ETT e o trabalhador, nos termos gerais do artigo 3.º, n.º 2, al. a), da LCCT.

IV. CEDÊNCIA TEMPORÁRIA DE TRABALHADORES FORA DAS SITUAÇÕES PREVISTAS NA LEI

O legislador fixou taxativamente as situações em que é admissível a celebração de contrato de utilização de trabalho temporário (artigo 9.º n.º 1, da LTT), sendo proibida a sua celebração fora daquele elenco. Urge determinar as consequências da cedência temporária de um trabalhador em violação desta proibição.[50]

IV. A. Cedência temporária de trabalhador vinculado à ETT por contrato de trabalho por tempo indeterminado para cedência temporária fora das situações previstas na lei

Encontrando-se o trabalhador cedido vinculado à ETT por contrato de trabalho por tempo indeterminado para cedência temporária, o seu *vínculo à ETT permanece incólume*, não obstante a ilicitude da cedência. Termos em que, em qualquer momento, *o trabalhador pode recusar-se a prestar serviço junto do utilizador*, atenta a ilicitude da cedência temporária, sem que isso implique violação do dever de obediência ao empregador (nos termos do artigo 17.º, n.º 2, al. a), da LTT, o trabalhador aceita que a ETT o ceda temporariamente a utilizadores; mas, essa aceitação só vincula o trabalhador num quadro de licitude do contrato de utilização ao abrigo do qual seja cedido).

Se o trabalhador chegar a desempenhar funções junto do utilizador, pode sempre invocar a sua vinculação a este último por contrato de trabalho sem termo. Nos termos gerais, feita a demonstração de que entre

---

[50] A utilização de trabalhador cedido em violação do artigo 9.º da LTT, constitui contra-ordenação muito grave, imputável ao utilizador (artigo 31.º, n.º 3, al. b), da LTT).

o utilizador e o trabalhador existe a *subordinação jurídica*[51] que permite *reconhecer este último como trabalhador daquele*, sem que exista um contrato de utilização de trabalho temporário lícito que legitime a inexistência de vínculo contratual entre ambos, o trabalhador pode invocar a sua vinculação, por contrato de trabalho sem termo, ao utilizador. Com efeito, se uma pessoa se encontra a «trabalhar para outra», está, *em princípio*, vinculada à primeira por contrato de trabalho sem termo. Apenas assim não ocorre quando, *nos termos da lei*, um vínculo laboral de natureza especial (como o contrato de trabalho a termo) ou um outro esquema contratual (como o do trabalho temporário, em que não se estabelece qualquer relação contratual entre o trabalhador e a pessoa para quem trabalha) permite expressamente que uma pessoa utilize o trabalho de outra sem que fique estabelecida a vinculação entre ambas por contrato de trabalho sem termo.

Assim, o trabalhador mantém o seu vínculo à ETT, mas pode igualmente, nos termos gerais, invocar a sua vinculação ao utilizador por contrato de trabalho sem termo. Com a vinculação do trabalhador ao utilizador por contrato de trabalho sem termo, cessa o seu vínculo laboral com a ETT, atenta a impossibilidade fáctica de o trabalhador manter dois contratos de trabalho, sem termo, com duas entidades empregadoras diferentes. A vinculação ao utilizador por contrato de trabalho sem termo é, portanto, causa de *caducidade* do contrato de trabalho que celebrara com a ETT (como já antes referimos).

Note-se que o artigo 15.º da LTT é demonstrativo da intenção do legislador de, em hipótese alguma, cercear as possibilidades de vinculação jus-laboral entre o trabalhador temporariamente cedido e o utilizador, ao cominar a nulidade de eventual cláusula do contrato de utilização que proíba a celebração de contrato de trabalho entre ambos (ou ainda que imponha ao utilizador, no caso de tal celebração, o pagamento de qualquer compensação ou indemnização à ETT), o que nos parece também valer como um indicador no sentido de que o legislador não terá querido, em qualquer caso, cercear a invocação, pelo trabalhador, da vinculação por contrato de trabalho sem termo ao utilizador, quando ela seja, nos termos gerais, legítima.

---

[51] Sobre os indícios que apontam no sentido da conclusão pela existência de subordinação jurídica, cf., designadamente, Romano MARTINEZ, *Direito do Trabalho (contrato de trabalho)* cit., p. 254.

IV. B. Cedência temporária de trabalhador vinculado à ETT por contrato de trabalho temporário fora das situações previstas na lei

Consideremos agora a hipótese de o trabalhador cedido fora das situações em que a lei admite o recurso ao trabalho temporário se encontrar vinculado à ETT por contrato de trabalho temporário (artigo 18.º, n.º 1, da LTT).

Desde logo, a ilicitude do contrato de utilização acarreta também, inevitavelmente, a *ilicitude do contrato de trabalho temporário*: é que *a celebração de contrato de trabalho temporário só é permitida nas situações previstas para a celebração do contrato de utilização* (artigo 18.º, n.º 1, da LTT)[52], pelo que, se é cedido ao utilizador um trabalhador, vinculado à ETT por contrato de trabalho temporário, em cumprimento de um contrato de utilização celebrado numa situação em que a lei não o permite, também *o próprio contrato de trabalho temporário foi celebrado fora das situações em que a lei o permite* (as mesmas em que permite a celebração do contrato de utilização).

Como exporemos adiante, entendemos que sendo *celebrado um contrato de trabalho temporário fora das circunstâncias em que a lei o admite*, o trabalhador considera-se vinculado à ETT por *um contrato de trabalho por tempo indeterminado para cedência temporária* (cf. o artigo 19.º, n.º 2, da LTT, norma em que assentamos esta conclusão, com os fundamentos que *infra* adiantaremos).

Por outro lado, mesmo ignorando a estatuição do artigo 19.º, n.º 2, da LTT, se um trabalhador é cedido sem estar vinculado à ETT por *contrato de trabalho por tempo indeterminado para cedência temporária* ou por *contrato de trabalho temporário*, a lei comina a vinculação do trabalhador à ETT por contrato de trabalho por tempo indeterminado, como antes vimos (artigo 18.º, n.º 5, da LTT).

Assim, o trabalhador encontrar-se-ia vinculado à ETT por contrato de trabalho por tempo indeterminado para cedência temporária, permanecendo este *vínculo incólume*, não obstante a ilicitude da cedência (o trabalhador pode recusar-se a desempenhar funções junto do utilizador,

---

[52] Neste sentido, cf. o já referido acórdão do Tribunal da Relação do Porto de 22 de Março de 1999 (processo n.º 98.40.966), segundo o qual a "(...) *interdependência entre o contrato de trabalho temporário (CTT) e o contrato de utilização de trabalho temporário (CUTT) (...) explica que as vicissitudes de um tenham reflexo na vida de outro.*"

atenta a ilicitude do contrato de utilização, sem que isso implique violação do dever de obediência ao empregador).

Por outro lado, as reflexões que *supra* produzimos sobre a possibilidade de o trabalhador temporário (vinculado à ETT por *contrato de trabalho por tempo indeterminado para cedência temporária celebrado nos termos do artigo 17.º, n.º 2, da LTT*) invocar a sua vinculação ao utilizador mediante contrato de trabalho sem termo, valem também nesta sede (para o trabalhador vinculado à ETT por *contrato de trabalho por tempo indeterminado para cedência temporária por efeito da cominação do artigo 18.º, n.º 5, da LTT*): feita a demonstração da existência de *subordinação jurídica* do trabalhador ao utilizador, sem que exista um contrato de utilização de trabalho temporário válido que legitime a inexistência de vínculo contratual de natureza laboral entre ambos, ao trabalhador é lícito invocar a sua vinculação, por contrato de trabalho sem termo, ao utilizador.

O *supra* referido quanto à cessação, nesta situação, do contrato de trabalho com a ETT, é válido nos mesmos termos: o contrato de trabalho com a ETT caduca.

A solução descrita resulta da aplicação das normas gerais. A LTT cominou, expressamente, a mesma solução para situações ainda menos graves: o artigo 11.º, n.º 4, da LTT (como *supra* referido), comina a vinculação do trabalhador ao utilizador por contrato de trabalho sem termo para os casos de falta do documento escrito que prove a celebração do contrato de utilização ou de omissão, nesse documento, da menção dos motivos de recurso ao trabalho temporário por parte do utilizador (artigo 11.º, n.º 1, al. b), da LTT). Se o legislador cominou a vinculação do trabalhador ao utilizador por contrato de trabalho sem termo, independentemente de o recurso ao trabalho temporário por parte do utilizador se encontrar *materialmente legitimado* (por se enquadrar numa das situações previstas no artigo 9.º, n.º 1, da LTT), sempre que os motivos da utilização não se encontram *documentados*, por maioria de razão, a mesma solução teria sempre de ser aplicável aos casos em que *os motivos do utilizador para recorrer ao trabalho temporário nem sequer são admitidos pela lei*.

Com efeito, defender solução contrária seria ignorar totalmente a relevância da *substância* das relações laborais em causa. O artigo 11.º, n.º 4, da LTT, demonstra que o legislador não quis permitir ao utilizador e à ETT qualquer margem de manobra no que respeita à justificação da cedência temporária de trabalhadores: *se não se encontra documentado que o trabalhador foi cedido ao utilizador ao abrigo de um dos motivos taxativamente fixados na lei como legitimadores da utilização do trabalho temporário, o trabalho considera-se prestado ao utilizador com base em contrato de trabalho sem termo.* O que nos leva a afirmar, seguindo a *mens legislatoris*, que, feita a prova de que *o trabalhador foi cedido ao utilizador ao abrigo de um motivo que a lei não prevê como legitimador dessa utilização*, a solução não pode deixar de ser a mesma: *o trabalho considera-se prestado ao utilizador com base em contrato de trabalho sem termo.*

De referir ainda que esta solução quadra perfeitamente com o espírito do diploma, que *permite* uma forma de utilização de mão-de-obra que não implica a celebração de um contrato de trabalho entre quem utiliza a mão-de-obra e o trabalhador (nem os consequentes encargos para quem utiliza a mão-de-obra), mas *apenas* nas situações que expressamente prevê.[53]

Em conclusão: o trabalhador cedido pela ETT a um utilizador fora das situações em que a lei admite o recurso ao trabalho temporário deve considerar-se vinculado ao utilizador por contrato de trabalho sem termo. Quanto à cessação do vínculo que unia o trabalhador à ETT, vale aqui o que afirmámos sobre o artigo 11.º, n.º 4, da LTT, no seu âmbito expresso de aplicação.

V. VIOLAÇÃO DA DURAÇÃO DO CONTRATO DE UTILIZAÇÃO

O contrato de utilização de trabalho temporário tem uma duração limitada, nunca podendo, em qualquer caso, a duração acordada entre as partes exceder o máximo fixado na lei (no artigo 9.º, n.ºs 3 a 7, da LTT). Cessado contrato deixa de ser legítimo que o trabalhador se encontre a prestar serviço junto do utilizador.

Nessa sequência, o legislador fixou que, no caso de o trabalhador temporário continuar ao serviço do utilizador decorridos 10 dias sobre a

---

[53] Sublinhe-se ainda, como argumento neste sentido, que o artigo 11.º, n.º 6, da LTT, introduzido pela Lei n.º 146/99, fixa a responsabilidade exclusiva do utilizador pela existência da razão que aponta como justificativa para o recurso ao trabalho temporário, o que aponta também no sentido da lógica geral de responsabilização do utilizador pelas invalidades a que dê azo.

cessação do contrato de utilização, considera-se que o trabalho passa a ser prestado com base em contrato de trabalho sem termo celebrado com o utilizador (artigo 10.º da LTT).

A consequência cominada pelo legislador para o caso em que a prestação de trabalho junto do utilizador excede a duração do contrato de utilização — a estabilidade laboral do trabalhador junto do utilizador, a quem passa a estar vinculado por contrato de trabalho sem termo — afigura-se-nos perfeitamente enquadrada na teleologia de um diploma que pretende que esta forma de fornecimento de mão-de-obra seja utilizada apenas dentro dos contornos expressamente definidos na lei. Se o trabalhador temporário se mantém a prestar serviço junto do utilizador para além do que este havia acordado com a ETT, presume o legislador que, afinal, a necessidade de mão-de-obra a que o utilizador pretendeu fazer face através do recurso ao trabalho temporário ultrapassa essa natureza *temporária*, termos em que o trabalhador deverá ser enquadrado definitivamente na estrutura empresarial do utilizador, que necessita desse trabalhador.

Já no que respeita à previsão, a norma causa-nos alguma perplexidade. A questão que se coloca é a de saber porque terá o legislador criado um *prazo de 10 dias* para que o trabalhador possa invocar a sua vinculação ao utilizador por contrato de trabalho sem termo, e qual a natureza do estatuto do trabalhador durante esses 10 dias.

Como motivação para a fixação deste prazo, o legislador terá tido em vista as situações em que, não obstante a necessidade de recurso ao trabalho temporário pelo utilizador exceder a duração inicialmente prevista no contrato de utilização, esse excesso (motivado, por exemplo, pela ocorrência de imprevistos na execução das tarefas para que o utilizador recorreu ao trabalho temporário) é tão pequeno que não justifica a celebração de novo contrato de utilização. O legislador terá entendido que a fixação desse período de 10 dias bastaria para que o utilizador pudesse decidir pela necessidade de celebrar novo contrato de utilização, ao abrigo do qual continuasse a ser legítima a utilização temporária de mão-de--obra. Caso contrário, fica presumida a necessidade definitiva do trabalho prestado pelo trabalhador temporário, termos em que deixa de ser «temporário», passando a estar vinculado ao utilizador por contrato de trabalho sem termo.

Resta, contudo, por determinar o estatuto do trabalhador durante esse período de 10 dias.

Recorde-se que o trabalhador temporário ao serviço do utilizador pode estar vinculado à ETT por contrato de trabalho por tempo indeterminado para cedência temporária *ou* por contrato de trabalho temporário.

Na primeira hipótese, durante o referido período de 10 dias, o trabalhador continuará, como até então, e como após esse período (se até ao termo dos 10 dias deixar de prestar serviço junto do utilizador), vinculado à ETT por contrato de trabalho por tempo indeterminado para cedência temporária. Ou seja, durante esse período, como antes, e como depois (se a previsão do artigo 10.º da LTT não chegar a preencher-se), o trabalhador encontra-se sempre vinculado por contrato por tempo indeterminado para cedência temporária à ETT.

Já quando o trabalhador se encontra vinculado à ETT por contrato de trabalho temporário (a termo, portanto), a solução não surge tão linear. É que, em princípio, o contrato de trabalho temporário, atenta a dependência funcional que o legislador parece ter estabelecido entre aquele e um contrato de utilização previamente celebrado (artigo 18.º, n.º 1, da LTT), terá, tendencialmente, a mesma duração do que o contrato de utilização do trabalho temporário (cf. os artigos 9.º, n.ºs 2 a 8, e 19.º, n.º 1, al. g), da LTT)[54]. Se assim, for, durante os referidos 10 dias, em que situação se encontra o trabalhador? Será que, durante esses 10 dias, o trabalhador não se encontra vinculado, nem à ETT, nem ao utilizador?

Não nos parece que seja essa a solução da lei. Se a duração do contrato de trabalho temporário coincidir com a do contrato de utilização, e a prestação de serviço pelo trabalhador junto do utilizador exceder essa duração, a situação que enfrentamos é a de um trabalhador cedido sem se encontrar vinculado à ETT por contrato de trabalho por tempo indeterminado para cedência temporária ou por contrato de trabalho temporário (neste caso, porque esse contrato já atingiu o seu termo, tendo caducado nesse momento). Ora, já conhecemos a cominação da lei para esta situação: o trabalhador fica vinculado à ETT por *contrato de trabalho por tempo indeterminado para cedência temporária* (artigo 18.º, n.º 5, da LTT).

---

[54] Admitimos que não seja necessariamente assim. Com efeito, do regime do artigo 14.º, n.º 1, da LTT, que prevê o dever da ETT de substituir o trabalhador temporário, no caso de cessação do contrato de trabalho temporário antes da cessação do contrato de utilização, resulta que o legislador admite a hipótese das diferentes durações do contrato de trabalho temporário e do contrato da ETT com o utilizador a que o trabalhador é cedido. Daí que afirmemos que a coincidência das durações de ambos os contrato é apenas tendencial.

Não cremos que o artigo 18.º, n.º 5, da LTT, tenha como âmbito de aplicação apenas as situações em que *ab initio*, o trabalhador é cedido a um utilizador sem se encontrar vinculado à ETT para o efeito (porque não celebraram, de todo, contrato de trabalho, sem termo ou a termo, para cedência temporária, ou porque o contrato que tenham celebrado é inválido por violar a lei, hipóteses que já analisámos *supra*). Se assim fosse, a norma poderia ser facilmente contornada, mediante a celebração de contrato de trabalho temporário com um trabalhador por um curto prazo, seguida da cedência do trabalhador. Cessando o contrato de trabalho temporário, se não fosse aplicável o artigo 18.º, n.º 5, da LTT, a protecção do trabalhador resumir-se-ia a, nos termos gerais, invocar a sua integração na estrutura empresarial do utilizador, à qual era necessário, e, em consequência, em virtude da *subordinação jurídica* determinada, a sua vinculação àquele por contrato de trabalho sem termo. Cremos, diversamente, que o artigo 18.º, n.º 5, da LTT, é aplicável a qualquer situação em que um trabalhador se encontre temporariamente cedido a um utilizador sem que exista um vínculo jus-laboral, válido e eficaz, com a ETT que o cedeu que, nos termos da lei, legitime a cedência.

Pelo exposto, entendemos que, durante o período de 10 dias previsto no artigo 10.º da LTT, se o contrato de trabalho temporário tiver cessado na mesma data em que cessou o de utilização, encontra-se preenchida a previsão do artigo 18.º, n.º 5, da LTT, pelo que o trabalhador considera-se vinculado à ETT já não por um contrato de trabalho temporário, que cessou pelo decurso do prazo, mas sim por um *contrato de trabalho por tempo indeterminado para cedência temporária*. A situação desse trabalhador pode vir a determinar-se em dois sentidos diferentes: se o trabalhador se mantiver ao serviço do utilizador para além do período de 10 dias, passará a estar *vinculado ao utilizador por contrato de trabalho sem termo* (cessando, por esse motivo, o seu vínculo laboral com a ETT, que caduca); se o desempenho de funções junto do utilizador para além da duração do contrato de utilização não ultrapassar o período de 10 dias, o trabalhador encontra-se *vinculado à ETT por contrato de trabalho por tempo indeterminado para cedência temporária*.

Admitimos que esta interpretação possa ser considerada como resultando numa gravosa consequência para a ETT, mas não nos repugnam os resultados que permite alcançar, na medida em que:

— a previsão da norma só se preencherá se a própria ETT (parte no contrato de utilização do trabalho temporário, que determina ao trabalhador o desempenho de funções junto do utilizador, e *a duração desse desempenho*) o permitir; e

— a consequência seria a de a ETT passar a contar com mais um trabalhador, por tempo indeterminado, é certo, mas para cedência temporária, ou seja, que pode ceder, no normal exercício da sua actividade.

Assim, maximizando o «aproveitamento» do instrumento jurídico que o legislador introduziu em 1999, consegue-se nesta sede alcançar uma solução que significa um avanço ao nível da protecção do trabalhador, que fica vinculado à ETT com a estabilidade resultante da vinculação por contrato por tempo indeterminado, sem, todavia, criar obstáculos à ETT no normal exercício da sua actividade — a cedência do trabalhador, que continuará a ser possível.

VI. FALTA DE FORMA LEGAL OU DE INDICAÇÃO DA CAUSA JUSTIFICATIVA DO CONTRATO DE TRABALHO TEMPORÁRIO

O contrato de trabalho temporário é obrigatoriamente reduzido a escrito (artigo 18.º, n.º 2, da LTT) e tem de conter as menções elencadas no artigo 19.º, n.º 1, da LTT. Nos termos do artigo 19.º, n.º 2, da LTT, a ausência da celebração *por escrito* do contrato de trabalho temporário ou a *falta da indicação dos motivos que justificam a celebração do contrato* (artigo 19.º, n.º 1, al. b), da LTT), *tem a consequência prevista no artigo 42.º, n.º 3, da LCCT*, norma que determina que o *contrato se considera sem termo*[55].

A regra é a de que quem admite trabalhadores seja titular do estatuto próprio dessa qualidade. A fragmentação do estatuto do empregador própria do esquema contratual do trabalho temporário é considerada pela lei como excepcional, apenas podendo existir nas situações e uma vez cumpridos os requisitos que expressamente fixa. Consequentemente, o legislador exigiu, nos artigos 18.º, n.º 2, e 19.º, n.º 1, da LTT, que a celebração *lícita* de um contrato de trabalho temporário, que legitima a ETT a ceder o trabalhador a um terceiro utilizador, não assumindo o estatuto de um *comum* empregador, se consubstancie num documento escrito. Quando esse documento inexista, ou quando nele falte a menção

---

[55] Cf. os acórdãos do Supremo Tribunal de Justiça de 27 de Novembro de 1996 (processo n.º 96S104) e do Tribunal da Relação do Porto de 18 de Maio de 1992 (processo n.º 92.30.085) e de 14 de Maio de 2001 (processo n.º 01.40.211).

especificada dos motivos que justificam a celebração do contrato de trabalho temporário, o legislador entendeu – esse é o significado da remissão para o artigo 42.º, n.º 3, da LCCT — que já não pode ser concedido à ETT o «benefício» de apenas ficar vinculada àquele trabalhador *durante um período delimitado de tempo*: a «sanção» que a ETT sofre pela violação do requisito de forma do contrato de trabalho temporário é ficar vinculada, *por tempo indeterminado*, ao trabalhador em causa.

Face à redacção original da LTT, entendíamos[56] que esta norma, à semelhança do que sustentávamos para o artigo 17.º, n.º 3, devia ser interpretada como cominando a vinculação do trabalhador *ao utilizador* por contrato de trabalho sem termo.

Os argumentos que nos conduziam a sustentar esta interpretação aproximam-se dos que *supra* expusemos como justificação para que lêssemos o artigo 17.º, n.º 3, da LTT, na sua redacção original, como cominando a vinculação do trabalhador *ao utilizador* por contrato de trabalho sem termo: vincular o trabalhador à ETT seria vincular a essa empresa um trabalhador que ela não podia ocupar, atento o seu objecto social, pelo que só fazia sentido vincular o trabalhador a uma entidade empregadora que o pudesse ocupar efectivamente – o utilizador.

A solução criava o (pesado) ónus, a cargo do utilizador, que pretende auferir os benefícios do recurso ao trabalho temporário, de verificar a regularidade dos contratos de trabalho temporário pelo qual os trabalhadores que lhe eram cedidos estavam vinculados à ETT, sob pena de assumir o risco de vinculação, por contrato de trabalho sem termo, a esses trabalhadores.

Desde as alterações introduzidas na LTT pela Lei n.º 146/99, não vemos como possa ainda, na economia sistemática do diploma, sustentar-se que a vinculação que o artigo 19.º, n.º 2, da LTT, comina seja ao utilizador.

Com efeito, a defesa dessa interpretação à luz da redacção original da LTT, acompanhada pela mesma interpretação de normativo legal com o mesmo conteúdo – o artigo 17.º, n.º 3, na redacção original — ainda podia ser consistente. Hoje, propor que se mantivesse a mesma interpretação do disposto no artigo 19.º, n.º 2, da LTT, conduziria ao seguinte *paradoxo*: para os casos em que o trabalhador *é cedido* (iniciando, portanto, o contacto com o utilizador) *sem estar vinculado à ETT* para o efeito, o

---

[56] Cf. o nosso *Cedência de Trabalhadores* cit., p. 80-82, nota 90.

legislador teria alterado a solução que antes se propunha, determinando a vinculação do trabalhador à ETT, no artigo 18.º, n.º 5, da LTT; já nos casos em que *foi estabelecido um vínculo jus-laboral entre o trabalhador e a ETT*, mas sem respeito pelos requisitos de forma fixados pela lei, continuar-se-ia a sustentar a consequência da vinculação do trabalhador, por contrato de trabalho sem termo, *ao utilizador*. Pelo que entendemos que, actualmente, o artigo 19.º, n.º 2, da LTT, comina, inequivocamente, a vinculação do trabalhador, por contrato de trabalho sem termo, *à ETT*.

Mas a solução não se pode bastar com esta afirmação. Que o trabalhador fica vinculado à ETT por contrato de trabalho sem termo, é para nós dado assente. Resta determinar se esse contrato é um contrato de trabalho sem termo comum ou um contrato de trabalho sem termo *especial* – um *contrato de trabalho por tempo indeterminado para cedência temporária*, ou seja, determinar se a ETT poderá ou não vir a ceder o trabalhador que a ela fica vinculado por contrato de trabalho sem termo, por força do artigo 19.º, n.º 2, da LTT.

Cremos que a resposta só pode ser afirmativa, em função dos argumentos que passamos a expor.

Já conhecemos as dificuldades que emergiriam da consideração de que o trabalhador se encontrava vinculado à ETT por contrato de trabalho sem termo comum, ou seja, sem que a ETT tivesse possibilidade de ceder esse trabalhador a terceiros utilizadores. Como já vimos, ceder o trabalhador a utilizadores é a única forma pela qual a ETT pode *ocupar* o trabalhador.

Desde logo, a *letra da lei* não impede que se interprete o artigo 19.º, n.º 2, da LTT, no sentido de, preenchida a previsão da norma, o trabalhador se considerar vinculado à ETT por contrato de trabalho por tempo indeterminado para cedência temporária. Com efeito, a remissão para o artigo 42.º, n.º 3, da LCCT, tem como âmbito a cominação que aquela norma estabelece para a *duração do contrato*: um contrato de trabalho que a entidade empregadora pretendia como a termo converte-se em contrato de trabalho sem termo.[57]

---

[57] Inclusivamente, inclinamo-nos para entender que a manutenção da redacção do artigo 19.º, n.º 2, da LTT, se terá devido a um lapso do legislador. O legislador preocupou-se com a eliminação da antiga remissão (igual à do artigo 19.º, n.º 2, da LTT) do artigo 17.º, n.º 3, na redacção original da LTT, para a LCCT, e cremos que apenas por lapso não o terá feito no artigo 19.º, n.º 2, da LTT. De qualquer modo, reconhecemos esta «intuição» como ilidível, uma vez que o legislador alterou o artigo 19.º, n.º 2, da LTT, mas não neste ponto.

Acresce que não se pode perder de vista, enquanto argumento teleológico da interpretação, o objecto social *exclusivo* da ETT, que consiste em ceder temporariamente trabalhadores a terceiros utilizadores. Se o trabalhador celebrou contrato de trabalho com a ETT com a finalidade de ser cedido a utilizadores, e se preenche a previsão do artigo 19.º, n.º 2, da LTT, a consequência é que a duração do contrato não seja limitada, passando esse contrato a não ter termo. Mas, quanto *ao escopo* do contrato que assim se considera como vinculando o trabalhador à ETT, o artigo 19.º, n.º 2, da LTT, nada altera: o contrato de trabalho, se preenchesse os requisitos formais exigidos pela lei, seria um contrato *a termo para cedência temporária*; sendo violados esses requisitos, o contrato considera-se *sem termo*, mas igualmente *para cedência temporária*.

E já sabemos também que, da perspectiva da *ponderação de resultados*, esta é a solução que melhor concilia os diversos interesses em confronto: por um lado, ao cominar a vinculação à ETT por contrato de trabalho que não é aprazado, o legislador protege o interesse do trabalhador na estabilidade no emprego; por outro lado, evita que a ETT se veja vinculada a um trabalhador que não pode ocupar; pelo contrário, esse trabalhador pode ser cedido pela ETT.[58]

Assim, entendemos que a consequência cominada pelo artigo 19.º, n.º 2, da LTT, é a vinculação do trabalhador à ETT por contrato de trabalho por tempo indeterminado para cedência temporária.[59]

Acrescente-se também, como argumento a ponderar neste sentido, que, como *supra* referimos, a função social que o legislador atribuiu à ETT não é de menosprezar. Cremos que não seria coerente com o propósito de permitir esta forma de fornecimento de mão-de-obra, que pode significar aumento do emprego — através do reconhecimento da licitude da

---

[58] Parece-nos solução equilibrada que um trabalhador que celebra com a ETT um *contrato de trabalho temporário* que não obedece aos requisitos de forma fixados na lei – cuja expectativa negocial consistia, portanto, na celebração de um contrato *a termo* que permita à sua entidade empregadora *cedê-lo a terceiros* – não possa invocar, ao abrigo do artigo 19.º, n.º 2, da LTT, a vinculação à ETT por um contrato *sem termo* que *não* permitia à sua entidade empregadora *cedê-lo a terceiros*. Entendemos que defender a legitimidade dessa invocação penalizaria a ETT de forma inadmissível.

[59] Vale nesta sede o que *supra* referimos quanto à «desprotecção» da ETT em relação à prova de que o vínculo que o liga ao trabalhador é um *contrato de trabalho sem termo especial* (para cedência temporária), quando este vínculo surge, *ope legis*, por força do artigo 18.º, n.º 5, da LTT. Como referimos também nessa sede, esta «desprotecção» enquadra-se na lógica geral da oneração de quem deu azo a invalidades.

actividade das ETTs — e de garantir alguma estabilidade aos trabalhadores temporários — através da consagração, em 1999, da possibilidade de estas cederem trabalhadores a si vinculados por contratos de trabalho de duração indeterminada —, a criação simultânea de consequências tão gravosas e tão penalizadoras, na perspectiva do exercício da actividade pela ETT. Se o regime for excessivamente gravoso – como pensamos que seria se lêssemos o artigo 19.º, n.º 2, da LTT (e também o artigo 18.º, n.º 5), como vinculando o trabalhador à ETT por um contrato de trabalho sem termo *comum*, sem que esta tivesse possibilidade de o ceder a terceiros utilizadores —, o legislador assume o risco de que ninguém queira desenvolver uma actividade tão estritamente limitada.

Pensamos que a intenção do legislador não terá sido essa[60], mas sim a de balizar claramente as situações que legitimam a utilização do esquema contratual do trabalho temporário; no âmbito desse condicionamento, fixou um regime jurídico que permite à ETT o normal desenvolvimento da sua *específica actividade*: a cedência temporária de trabalhadores a utilizadores. O equilíbrio das soluções consagradas no diploma foi, notoriamente, incrementado com a introdução, pela Lei n.º 146/99, do instituto do contrato de trabalho por tempo indeterminado para cedência temporária, pelos motivos que temos vindo a expor.

VII. CELEBRAÇÃO DE CONTRATO DE TRABALHO TEMPORÁRIO FORA DAS SITUAÇÕES PREVISTAS NA LEI

Como vimos *supra*, atenta a coincidência entre as causas justifi-cativas da celebração do contrato de trabalho temporário e as causas justificativas da celebração do contrato de utilização do trabalho temporário (artigo 18.º, n.º 1, da LTT) e a dependência funcional entre os dois instrumentos contratuais, o *contrato de trabalho temporário só é celebrado fora das situações em que a lei o permite* (as mesmas em que permite a celebração do contrato de utilização) se também o *contrato de utilização foi celebrado numa situação em que a lei não o permite*.

---

[60] O próprio legislador afirmou, no preâmbulo do Decreto-Lei n.º 358/89, que "*O presente diploma não prossegue objectivos de repressão e condenação desta modalidade (...)*."

Como também concluímos *supra*, se o trabalhador chega, nesta situação, a desempenhar funções junto do utilizador, tal significa que:
— está a ser cedido sem estar vinculado à ETT por *contrato de trabalho por tempo indeterminado para cedência temporária* ou por *contrato de trabalho temporário* (atenta a ilicitude deste último), situação para que a lei comina a vinculação do trabalhador à ETT por contrato de trabalho por tempo indeterminado, como antes vimos (artigo 18.º, n.º 5, da LTT);
— está «a trabalhar para» o utilizador, em subordinação jurídica a este último, sem que qualquer esquema contratual válido afaste a qualificação da relação que entre eles se estabelece como contrato de trabalho sem termo.

Optando o trabalhador por esta última invocação, o seu contrato de trabalho (por tempo indeterminado para cedência temporária) com a ETT caducaria.

A solução descrita, que resulta da aplicação das normas gerais, resultaria já, em nosso entender, por maioria de razão, do disposto no artigo 19.º, n.º 2, da LTT.

Nos termos do artigo 19.º, n.º 2, da LTT, como expusemos ser nossa interpretação, a falta da forma legal ou a omissão, no contrato escrito, da *menção dos motivos que justificam a celebração do contrato, com menção concreta dos factos e circunstâncias que integram esses motivos* (artigo 19.º, n.º 2, al. b), da LTT), tem como consequência a vinculação do trabalhador à ETT por contrato de trabalho por tempo indeterminado. Ora, se o legislador cominou a vinculação do trabalhador à ETT por contrato de trabalho por tempo indeterminado para as situações em que, independentemente de a celebração do contrato de trabalho temporário se encontrar *materialmente legitimada* (por se enquadrar numa das situações previstas no artigo 9.º, n.º 1, da LTT – por remissão do artigo 18.º, n.º 1), os motivos da celebração daquele contrato não se encontram *documentados*, a mesma solução teria sempre de ser aplicável aos casos em que *os motivos que justificam a celebração do contrato de trabalho temporário nem sequer são admitidos pela lei*.

Com efeito, o artigo 19.º, n.º 2, da LTT demonstra que o legislador não quis permitir à ETT qualquer margem de manobra no que respeita aos motivos de celebração do contrato de trabalho temporário[61]: *se não se*

---

[61] Neste sentido quanto à taxatividade do elenco, cf. o acórdão do Tribunal da Relação do Porto de 22 de Março de 1999 (processo n.º 98.40.966).

encontra documentado que o trabalhador foi contratado ao abrigo de um dos motivos taxativamente fixados na lei como legitimadores da celebração de contrato de trabalho temporário, o contrato de trabalho celebrado entre a ETT e o trabalhador considera-se por tempo indeterminado (para cedência temporária). O que nos leva a afirmar, seguindo a *ratio legis*, que, feita a prova de que os motivos que justificaram a celebração de um concreto contrato de trabalhado temporário não são admitidos pela lei como legitimadores dessa celebração, a solução não pode deixar de ser a mesma: *o contrato de trabalho entre a ETT e o trabalhador considera-se por tempo indeterminado para cedência temporária*.

Uma vez mais, parece-nos que a solução descrita quadra perfeitamente com o espírito do diploma, que *permite* o esquema contratual do trabalho temporário apenas nas situações que expressamente prevê, numa perspectiva restritiva do recurso a esta forma de utilização de mão-de-obra.

Assim: no caso de celebração de um contrato de trabalho temporário fora das situações em que a lei a admitiu, deve considerar-se, segundo entendemos, que o trabalhador se encontra vinculado à ETT por contrato de trabalho por tempo indeterminado para cedência temporária. (Sem prejuízo, ainda, da invocação de contrato de trabalho sem termo com o utilizador).

Apontamento conclusivo

A título de encerramento desta breve análise de algumas questões suscitadas pelo regime jurídico do trabalho temporário, queremos apenas sublinhar a nossa convicção de que o legislador conseguiu, através da consagração do instituto, em 1989, mas especialmente com as alterações que lhe introduziu 10 anos depois, oferecer um instrumento que potencia, às empresas, a tão reclamada flexibilização, e aos trabalhadores, a luta contra o desemprego — não obstante, as deficiências técnicas que o diploma encerra, algumas assinaladas *supra*.

De qualquer modo, os limites a que a utilização deste regime está sujeito, e os meios de reacção, contra utilizações abusivas do mesmo, ao dispor do trabalhador, parecem-nos ter conseguido atingir o objectivo de equilíbrio de interesses divergentes.

JURISPRUDÊNCIA

Acórdãos do Supremo Tribunal de Justiça:
de 27 de Novembro de 1996 (processo n.º 96S104),
de 6 de Dezembro de 2000 (processo n.º 00S2959).

Acórdãos do Tribunal da Relação do Porto:
de 18 de Maio de 1992 (processo n.º 92.30.085),
de 1 de Junho de 1998 (processo n.º 98.40.266),
de 22 de Março de 1999 (processo n.º 98.40.966),
de 14 de Maio de 2001 (processo n.º 01.40.211).

Acórdãos do Tribunal da Relação de Coimbra:
de 5 de Abril de 2000 (processo n.º 132/1999).

Acórdãos do Tribunal da Relação de Lisboa:
de 22 de Maio de 1985 (processo n.º 1.580),
de 18 de Junho de 1986 (processo n.º 463),
de 1 de Julho de 1998 (processo n.º 10.194).

BIBLIOGRAFIA

CAMANHO, Paula, CUNHA, Miguel, PAIS, Sofia, VILARINHO, Paulo "Trabalho temporário", *Revista de Direito e Estudos Sociais*, ano VII da 2.ª Série, 1, 2 e 3, 1992, p. 171-259.

CORDEIRO, António Menezes – *Manual de Direito do Trabalho*, Almedina, Coimbra, 1994.

FERNANDES, António Monteiro – *Direito do Trabalho* (11.ª edição), Almedina, Coimbra, 1999.

MARTINEZ, Pedro Romano – *Direito do Trabalho (contrato de trabalho)*, volume II, Lisboa, 1998.

REDINHA, Maria Regina – *A Relação Laboral Fragmentada — estudo sobre o trabalho temporário*, Boletim da Faculdade de Direito da Universidade de Coimbra, Coimbra Editora, Coimbra, 1995.

REDINHA, Maria Regina – "Trabalho Temporário: Apontamentos sobre a Reforma do seu Regime Jurídico", in AAVV, *Estudos do Instituto de Direito do Trabalho* (org. Instituto de Direito do Trabalho da Faculdade de Direito da Universidade de Lisboa; coord.: Pedro Romano MARTINEZ), Almedina, Coimbra, 2001, p. 443-477.

REIS, Célia Afonso – *Cedência de Trabalhadores*, Almedina, Coimbra, 2000.

XAVIER, Bernardo Lobo – Curso de Direito de Trabalho (2.ª edição com aditamento de actualização), Verbo, Lisboa, 1993.

FUTEBOL, TRABALHO DESPORTIVO E COMISSÃO ARBITRAL PARITÁRIA: UM ACÓRDÃO HISTÓRICO SOBRE AS «CLÁUSULAS DE RESCISÃO»

João Leal Amado
Professor da FDUC

I. O CASO

No dia 3 de Abril de 2000 foi celebrado um contrato de trabalho entre o clube desportivo *x* (doravante SAD) e o jogador profissional de futebol *y* (doravante Futebolista), o qual deveria vigorar por três épocas desportivas, com início em 1/7/2000 e termo em 31/6/2003. Como contrapartida da prestação laboral-desportiva do Futebolista, a SAD obrigou-se a pagar-lhe as seguintes retribuições: 7.000.000$00 na época de 2000/01; 7.350.000$00 na época de 2001/02; 8.603.000$00 na época de 2002/03. A isto acresceria, a título de «ajudas de custo», a quantia diária de 8.047$00 (de 1/8/2000 a 31/5/2001) e de 10.450$00 (entre 1/8/2001 e 31/5/2002, bem como entre 1/8/2002 e 31/5/2003). Nestes termos, a quantia total a pagar pela SAD ao Futebolista ao longo do contrato ascenderia a 31.781.835$00 (portanto, quase trinta e dois mil contos). Entretanto, nesse mesmo contrato, as partes convencionaram que, em caso de incumprimento do mesmo por banda do Futebolista, este se obrigava a pagar à SAD a quantia de... 2.000.000.000$00 (dois milhões de contos)!

Acontece que, logo em 25 de Julho de 2000, o Futebolista veio a rescindir o contrato de trabalho desportivo, rescisão esta prontamente contestada pela SAD e julgada ilícita (isto é, destituída de justa causa) pela Comissão Arbitral Paritária — CAP.[1]

Na sequência da declaração de ilicitude da rescisão contratual promovida pelo Futebolista, a SAD intentou junto da CAP uma acção tendente ao ressarcimento dos danos causados pela ruptura daquele vínculo jurídico-laboral. Curiosa e, acrescente-se, sintomaticamente, apesar de ter sido estipulada uma cláusula penal no valor de 2.000.000.000$00, a própria SAD entendeu proceder à «redução equitativa da cláusula penal fixada entre as partes», reclamando do Futebolista o pagamento de uma indemnização de 80.000.000$00 (correspondente, pois, a 4% do montante da cláusula penal acordada!).

Na sua contestação, o Futebolista invocou diversos argumentos, entre eles o de que «a cláusula penal convencionada era ilegal e desrazoável».

Ora, a meu ver, é justamente no que diz respeito à determinação do *quantum* indemnizatório a pagar pelo Futebolista à SAD, em virtude da rescisão contratual efectuada por aquele, que o acórdão da Comissão Arbitral Paritária, de 6 de Maio de 2002 (proc. 51-CAP/2001), constitui, porventura, um marco histórico e um *leading case* para a jurisprudência laboral/desportiva do nosso país, até por ser a primeira vez que os tribunais portugueses (*in casu,* um tribunal arbitral) se confrontam com a conhecida figura das «cláusulas de rescisão».

Vou, por isso, transcrever a parte do acórdão em que esta matéria foi analisada.[2]

---

[1] A Comissão Arbitral Paritária encontra-se prevista no CCT celebrado entre a Liga Portuguesa de Futebol Profissional e o Sindicato de Jogadores Profissionais de Futebol (*BTE,* 1.ª série, n.º 33, de 8/9/1999). Sobre o ponto, v. ainda o disposto no art. 30.º (convenção de arbitragem) do regime jurídico do contrato de trabalho do praticante desportivo (Lei n.º 28/98, de 26 de Junho).

Sobre a CAP (a sua constituição, as suas competências, o seu funcionamento e a sua rica jurisprudência, infelizmente não publicada), v. ANTÓNIO SAMAGAIO, «A experiência da arbitragem desportiva em Portugal — a Comissão Arbitral Paritária», *Seminário sobre Arbitragem Desportiva,* Comité Olímpico de Portugal, 7 e 8 de Dezembro de 2001.

[2] O texto integral do presente acórdão foi-me gentilmente disponibilizado pelo Senhor Dr. Albino Mendes Baptista, membro da CAP e reputado juslaborista, a quem exprimo o meu profundo agradecimento.

II. O ACÓRDÃO

«Do pedido de indemnização formulado pela requerente [SAD]:

73. Aqui chegados importa, então, analisar quais as consequências que resultam para o requerido [Futebolista] do facto de ter, ilicitamente, rescindido o contrato que celebrou com a requerente.
74. Em primeiro lugar, não pode deixar de se referir que, a este propósito, como bem refere o requerido, existe uma diferença radical entre o que estatui a Lei n.º 28/98, de 26 de Junho, e o que dispõe o CCT dos Jogadores Profissionais de Futebol.
75. Com efeito, enquanto que na cláusula 50.ª do CCT referido se dispõe que: "o jogador fica constituído na obrigação de indemnizar o clube ou sociedade desportiva em montante não inferior ao valor das retribuições que lhe seriam devidas se o contrato tivesse cessado no seu termo".
76. No art. 27.º da Lei n.º 28/98, de 26 de Junho, estatui-se que o jogador: "incorre em responsabilidade civil pelos danos causados em virtude do incumprimento do contrato, não podendo a indemnização exceder o valor das retribuições que ao praticante seriam devidas se o contrato tivesse cessado no seu termo".
77. É evidente a contradição de regimes.
78. O CCT estabelece uma indemnização mínima, correspondente ao valor das retribuições que seriam devidas ao jogador se o contrato tivesse cessado no seu termo, admitindo que, se os prejuízos sofridos pelo clube forem superiores, este os possa reclamar do jogador.
79. Ou seja, temos uma presunção *juris et de jure* de que os danos sofridos pelo clube no caso de rescisão ilícita pelo jogador são, pelo menos, de montante correspondente ao valor das retribuições que seriam devidas ao jogador se o contrato tivesse cessado no seu termo.
80. A Lei do Contrato de Trabalho Desportivo, por seu turno, o que prevê é a indemnização dos danos que o clube demonstrar ter tido com a rescisão ilícita do contrato, impondo, no entanto, como limite máximo da indemnização, precisamente aquele que para o CCT seria o valor mínimo da mesma, ou seja, a indemnização não poderá, em caso algum, exceder o valor das retribuições que ao jogador seriam devidas se o contrato tivesse cessado no seu termo.
81. Não existe, pois, aqui, qualquer presunção de danos.
82. Ao clube caberá alegar e provar os danos que teve com a rescisão do contrato por parte do jogador, e só esses danos são indemnizáveis. Tendo, no entanto, o apontado limite legal.

83. Ora, dada a diferença de regimes, legal e convencional, qual o aplicável ao caso concreto?

84. A solução afigura-se simples e, aqui, não podemos deixar de concordar, plenamente, com o requerido.

85. Em nosso entender, a cláusula 50.ª do CCT é, patentemente, nula.

86. Quer porque a norma que contraria se afigura ser de natureza imperativa — repare-se que sempre que a Lei do Contrato de Trabalho Desportivo admite regulamentação convencional refere-o expressamente —,

87. Quer porque a referida cláusula convencional importa para o trabalhador um tratamento menos favorável do que o estabelecido na lei.

88. Assim sendo, a referida cláusula é proibida e, portanto, contrária à lei, tal como dispõe o art. 6.º/a/b do DL n.º 519-C1/79, de 29 de Dezembro.

89. Conclui-se, portanto, que a indemnização que a requerente pode reclamar do requerido está sujeita ao regime previsto no art. 27.º da Lei n.º 28/98, de 26 de Junho.

90. O mesmo é dizer que se aplica aqui o princípio geral de indemnização dos danos pela falta culposa do cumprimento da obrigação, nos termos do disposto no art. 798.º do CC.

91. Ou seja, a requerente tem direito a ser indemnizada pelos danos que alegue e prove ter tido em virtude do incumprimento do requerido.

92. Haveria, portanto, que apreciar os danos alegados pela requerente, para se apurar o montante da indemnização a arbitrar.

93. Simplesmente, as partes, no contrato que celebraram, estabeleceram uma cláusula penal para o caso de incumprimento do contrato por parte do requerido (cláusula 14.ª).

94. Levanta-se, assim, desde logo a questão de saber se é, ou não, lícito às partes convencionarem uma cláusula penal para o caso de incumprimento do contrato.

95. A resposta resultará, naturalmente, em primeiro lugar, da análise que se faça do disposto no art. 27.º da Lei n.º 28/98, de 26 de Junho, no sentido de saber se esta disposição admite, ou não, que as partes convencionem uma cláusula penal que as dispense de alegar e provar os danos efectivamente causados pelo incumprimento.

96. Em nosso entender, nada obsta a que se aplique ao contrato de trabalho desportivo, atento até o disposto no art. 27.º da Lei n.º 28/98 que impõe a indemnização dos danos provocados pelo incumprimento, o regime previsto nos arts. 810.º e segs. do CC que regulam o funcionamento da cláusula penal.

97. O que entendemos é que, qualquer que seja o montante da cláusula penal estabelecida entre as partes, ela será, automaticamente, reduzida ao montante máximo da indemnização prevista no art. 27.º da Lei n.º 28/98.

98. Ou seja, independentemente do valor que as partes lhe atribuam, a cláusula penal terá, em cada momento do contrato o valor correspondente às retribuições que ainda forem devidas ao jogador até ao termo do contrato.

99. O texto do n.º 1 da cláusula 50.ª do CCT bem pode corresponder a uma formulação para a referida cláusula penal. Simplesmente ela só será válida se inserta no contrato e se o tal valor for considerado um máximo.

100. Admitindo a faculdade de as partes contratantes de um contrato de trabalho desportivo convencionarem uma cláusula penal, e uma vez que no caso dos autos foi observada a forma legal exigida nos termos do disposto no art. 810.º do CC, escusado se torna proceder à averiguação dos danos sofridos pela requerente.

101. Aliás, nos termos do disposto no art. 811.º do CC, não tendo as partes convencionado o contrário, o facto de terem estabelecido uma cláusula penal obsta a que o credor exija indemnização pelo dano excedente.

102. Assim, a indemnização a arbitrar à requerente corresponderá à que resultar do valor da cláusula penal.

103. O que nos convoca, de imediato, para a questão do valor da cláusula penal convencionado pelas partes.

104. Como atrás referimos, e independentemente da faculdade conferida pelo art. 812.º do CC ao julgador, o montante da cláusula penal há-de, obrigatoriamente, ser reduzido ao valor das retribuições que ao praticante seriam devidas se o contrato tivesse cessado no seu termo, caso seja superior, como é o caso, por força do comando imperativo da lei que limita o montante da indemnização.

105. Desta forma, aliás, consegue-se uma posição equilibrada no sistema estabelecido para o contrato de trabalho desportivo.

106. É que, caso não se admitisse a validade de se convencionar uma cláusula penal para este tipo de contratos, o que aconteceria é que os jogadores raras vezes seriam responsabilizados/penalizados pelo incumprimento culposo dos contratos que livremente celebraram com os clubes, atenta a enorme dificuldade de estes provarem a existência de danos motivada por tal incumprimento. Pense-se na enorme dificuldade de estabelecer uma relação de conexão/causalidade entre o incumprimento e o dano nestes casos.

107. Ora, da economia deste contrato e dos interesses que o legislador reconhece estarem em confronto no mesmo, resulta a nosso ver que o legislador pretende uma efectiva responsabilização dos jogadores no caso de incumprimento culposo dos contratos.

108. Resta, pois, liquidar o valor das retribuições que ao jogador seriam devidas se o contrato tivesse cessado no seu termo, para determinarmos o valor da indemnização que o requerido terá que pagar à requerente.

109. Em causa está a retribuição convencionada entre requerente e requerido no contrato de trabalho que celebraram e que se encontra junto a fls. 33 a 35 dos autos, estando em dívida todas as retribuições aí convencionadas.

110. Do referido contrato resulta que a requerente, se o contrato tivesse cessado no seu termo, teria a pagar ao requerido PTE: 22.953.000$00 correspondente à remuneração acordada para as três épocas e, ainda, PTE: 8.828.835$00, a título de ajudas de custo devidas pelas três épocas.

111. A questão está em saber se o limite da indemnização previsto no art. 27.º da Lei n.º 28/98 tem por base de cálculo apenas a retribuição base auferida pelo jogador, ou se, pelo contrário, entra em linha de conta com as retribuições acessórias a que o jogador tem direito.

112. Uma vez que a lei fala em "retribuições" e não em remuneração, entendemos que ficam abrangidas no cálculo da indemnização todas as retribuições a que o jogador tenha direito e não apenas a remuneração base.

113. No entanto, no caso vertente não deverão ser considerados os montantes referentes às ajudas de custo de forma a não beneficiar o infractor. Ou seja, o clube que dissimulou a verdadeira retribuição do jogador.

114. Com efeito, no caso dos autos, embora seja pacífico que a quantia paga pela requerente ao requerido (alegadamente a título de ajudas de custo) constituía verdadeira retribuição e não pagamento de quaisquer ajudas de custo, a verdade é que a requerente não a considerou como fazendo parte da retribuição.

115. Assim, em nosso entender sempre haveria abuso de direito pedir, agora, que tal quantia fosse considerada retribuição para efeitos de cálculo da indemnização a reclamar do requerido.

116. Tudo visto e ponderado, entendemos que, neste caso, a indemnização deve ser calculada com referência à retribuição base auferida pelo jogador.

117. Temos, pois, que, no caso dos autos, o montante máximo da indemnização que o requerido poderia ser condenado a pagar à requerente é de PTE: 22.953.000$00.

118. Pelo que o montante da cláusula penal convencionada entre as partes se entende reduzido a este valor.

119. Em conclusão, julga-se parcialmente procedente o pedido formulado pela requerente e, em consequência, condena-se o requerido a pagar-lhe, a título de cláusula penal pelo incumprimento culposo do contrato, a quantia de PTE: 22.953.000$00».

III. ANOTAÇÃO

Visto que o contrato de trabalho desportivo se perfila, no nosso ordenamento jurídico, como um contrato sujeito a um termo estabilizador[3], o praticante desportivo que rescinda o contrato de trabalho sem justa causa promoverá indevidamente a ruptura contratual, incorrendo, por força do art. 27.º/1 da Lei n.º 28/98, em responsabilidade civil pelos danos causados em virtude do respectivo inadimplemento.

O praticante desportivo responderá, portanto, pelos danos causados em virtude da demissão *ante tempus*. E a questão que logo se coloca é a seguinte: poderá esta responsabilidade civil ser objecto de negociação entre as partes? Haverá aqui espaço de actuação para uma qualquer convenção disciplinadora da responsabilidade civil do praticante, em caso de demissão ilícita? Mais concretamente, poderão os sujeitos do contrato de trabalho desportivo estabelecer uma *cláusula penal,* fixando, por acordo, o montante da indemnização exigível?[4]

A experiência espanhola mostra-se, a este respeito, particularmente elucidativa, justificando, por isso mesmo, uma breve referência. Segundo

---

[3] A este propósito, v. LEAL AMADO, *Vinculação versus Liberdade (o processo de constituição e extinção da relação laboral do praticante desportivo),* Coimbra Editora, 2002, p. 97-116.

[4] No Brasil, esta cláusula penal deve mesmo constar do contrato de trabalho desportivo: nos termos do art. 28.º da «Lei Pelé», «a actividade do atleta profissional, de todas as modalidades desportivas, é caracterizada por remuneração pactuada em contrato formal de trabalho firmado com entidade de prática desportiva, pessoa jurídica de direito privado, que deverá conter, obrigatoriamente, cláusula penal para as hipóteses de descumprimento, rompimento ou rescisão unilateral». Sobre esta norma, v., por último, MELO FILHO, *O Novo Direito Desportivo,* Cultural Paulista, São Paulo, 2002, p. 54-8.

o art. 16.º/1 do Real Decreto n.º 1006/1985[5], «la extinción del contrato por voluntad del deportista profesional, sin causa imputable al club, dará a este derecho, en su caso, a una indemnización que en ausencia de pacto al respecto fijará la Jurisdicción Laboral en función de las circunstancias de orden deportivo, perjuicio que se haya causado a la entidad, motivos de ruptura y demás elementos que el juzgador considere estimable». Como se vê, causando a demissão danos à entidade empregadora desportiva, a lei espanhola reconhece a esta última o direito de receber uma indemnização, a qual será fixada judicialmente, em função de vários factores indicados no referido artigo, mas apenas, note-se, «en ausencia de pacto al respecto». Ou seja, a norma do art. 16.º/1 do Real Decreto n.º 1006/1985 parece possuir um carácter *supletivo,* permitindo a estipulação contratual dos chamados «pactos indemnizatórios», os quais prevalecerão, em princípio, sobre os critérios de determinação do valor da indemnização consagrados naquele artigo. Trata-se, afinal, da inclusão no contrato de trabalho desportivo de uma autêntica cláusula penal, fixando o montante da indemnização devida em caso de rescisão antecipada do vínculo pelo praticante — a chamada «cláusula de rescisão».[6]

---

[5] Diploma que, em Espanha, regula o contrato de trabalho dos desportistas profissionais. Para uma perspectiva global sobre o conteúdo deste diploma, v., por exemplo, DURÁN LÓPEZ, «La relación laboral especial de los deportistas profesionales», *Relaciones Laborales,* II, 1985, p. 262 e ss.

[6] Configurando este «pacto indemnizatório» como uma cláusula penal, v., entre outros, ALVAREZ DE LA ROSA, *Pactos indemnizatorios en la extinción del contrato de trabajo,* Civitas, Madrid, 1990, p. 102-3, e ALONSO OLEA & CASAS BAAMONDE, *Derecho del Trabajo,* 16.ª ed., Civitas, Madrid, 1998, p. 97. Esta qualificação não é inteiramente pacífica, mas tem sido propugnada pela doutrina maioritária. Para mais desenvolvimentos sobre o ponto, v. ESQUIBEL MUÑIZ, «¿Qué son las denominadas 'cláusulas de rescisión' del contrato de los deportistas profesionales?», *Revista Jurídica del Deporte,* n.º 3, 2000, p. 61 e ss., e, por último, M.ª GARCÍA GARNICA & M.ª PALAZÓN GARRIDO, «Las restricciones a la libertad contractual de los deportistas profesionales», *Revista Española de Derecho Deportivo,* n.º 13, 2001, p. 58 e ss., autores que, todos eles, também sufragam a tese da cláusula penal.

Contra a tese da cláusula penal, v., no entanto, em termos enfáticos, LLEDÓ YAGÜE, *Las Denominadas Cláusulas de Rescisión (en los contratos de prestación de servicios futbolísticos),* Dykinson, Madrid, 2000, *passim.* Segundo este autor, o direito de demissão do desportista profissional consiste numa «manifestação essencial do direito ao trabalho», a ruptura contratual *ante tempus* por este promovida assenta numa «legítima e lícita declaração de vontade unilateral», traduzindo-se no «exercício de um direito social» — o direito de extinguir unilateralmente a relação laboral desportiva em qualquer momento da vida desta. LLEDÓ YAGÜE conclui, em conformidade, que a demissão *ante tempus* não se analisa numa actuação antijurídica, não se reconduz a um incumprimento contratual, chegando mesmo a sustentar que o desportista profissional não é menos livre

É sabido que, de acordo com a nossa melhor doutrina, a cláusula penal é um género bastante amplo, compreendendo várias espécies, consoante a opção dos contraentes e em função do escopo por eles concretamente visado. Assim, segundo PINTO MONTEIRO, importa distinguir três modalidades de cláusula penal: a cláusula penal *stricto sensu*, a cláusula de liquidação prévia do dano ou de fixação antecipada da indemnização, e a cláusula penal puramente compulsória.

A primeira — *claúsula penal em sentido estrito, ou cláusula penal propriamente dita* — visa, fundamentalmente, compelir o devedor ao cumprimento, legitimando o credor, em caso de inadimplemento, a exigir, a título sancionatório, uma outra prestação (a pena convencional) em alternativa à que era inicialmente devida, e de maior vulto que esta.

A segunda — *cláusula de fixação antecipada do montante da indemnização* — visa, tão-só, facilitar a reparação do dano, nos termos previamente fixados pelas partes, não possuindo, pois, especiais intuitos compulsórios, mas antes a finalidade de evitar dúvidas e litígios ulteriores a respeito do *quantum* da indemnização. Trata-se da espécie directamente contemplada no art. 810.º/1 do Código Civil.

A terceira — *cláusula penal exclusivamente compulsivo-sancionatória* — não tem qualquer influência sobre a indemnização, acordando as partes que a pena convencional, não cumprindo o devedor voluntariamente, acrescerá à execução específica da prestação ou à indemnização correspondente.[7]

---

do que qualquer outro trabalhador para extinguir o respectivo contrato de trabalho (p. 37-8). Ora, se a demissão *ante tempus* não configura um inadimplemento do contrato, não faz qualquer sentido, na óptica do autor, qualificar as «cláusulas de rescisão» como cláusulas penais (v., em especial, p. 19-20 e 56-61).

Tenho sérias dúvidas quanto à bondade destas teses de LLEDÓ YAGÜE à luz do ordenamento espanhol, mas afigura-se-me líquida a sua impertinência face à lei portuguesa. Com efeito, a simples leitura dos arts. 26.º e 27.º da Lei n.º 28/98 logo esclarece que o nosso legislador concebe a rescisão do contrato por iniciativa do praticante desportivo, sem justa causa, como uma hipótese em que este promove indevidamente a extinção do mesmo, incorrendo em responsabilidade civil pelos danos causados em virtude do incumprimento do contrato (sobre o ponto, v. JÚLIO GOMES, «Da rescisão do contrato de trabalho por iniciativa do trabalhador», in *Memórias do V Congresso Nacional de Direito do Trabalho*, Almedina, Coimbra, 2003, p. 145). Neste quadro normativo, a «cláusula de rescisão» surge como a fixação, por acordo, do montante da indemnização exigível ao praticante em caso de incumprimento contratual — isto é, como uma autêntica cláusula penal, nos termos do art. 810.º do Código Civil.

[7] Para uma desenvolvida exposição sobre esta tríade de cláusulas penais, v. PINTO MONTEIRO, *Cláusula Penal e Indemnização*, Almedina, Coimbra, 1990, esp. p. 601 e ss.,

Se a cláusula penal, *lato sensu,* comporta estas distintas modalidades, compreende-se que a primeira tarefa do intérprete/aplicador do direito consista aqui em qualificá-la, isto é, em apurar a espécie acordada, *in casu,* entre os contraentes. Como escreve PINTO MONTEIRO, «não é a mesma coisa estipular uma pena a fim de liquidar a indemnização ou a fim de compelir o devedor ao cumprimento. A essa diferente intencionalidade prática deve corresponder um regime diferenciado e uma qualificação diversificada».[8]

Ora, é certo que a determinação da espécie de cláusula penal concretamente acordada, respeitando a intenção dos sujeitos e o escopo por eles prosseguido ao estipulá-la, constitui um problema de interpretação negocial. Mas cumpre, em todo o caso, perguntar: na relação laboral do praticante desportivo, a que modalidade de cláusula penal se reconduzem, tipicamente, as «cláusulas de rescisão»? Tratar-se-á, tão-só, de liquidar antecipadamente o dano futuro, fixando de modo *ne varietur* o *quantum* indemnizatório? Ou tratar-se-á de uma medida de fortalecimento do vínculo contratual, funcionando como meio de pressão sobre o devedor/trabalhador, compelindo-o a cumprir o contrato até que expire o prazo estipulado?

No universo desportivo, as «cláusulas de rescisão» possuem, na sua grande maioria, um objectivo bem definido: efectuar a chamada (aliás sugestivamente) «blindagem do contrato», isto é, assegurar a intangibilidade do vínculo contratual, criando um *breach-proof contract.* As penas convencionais acordadas atingem, não raro, valores astronómicos, da ordem dos milhões de euros (repare-se que, no caso vertente, a cláusula ascendia aos dez milhões de euros), valores que se julgariam impensáveis, totalmente desproporcionados em relação aos danos previsíveis resultantes da rescisão do contrato *ante tempus* por banda do praticante desportivo. Pretende-se isso mesmo: blindar o contrato, garantir que o praticante o cumpre na íntegra (vale dizer, até que ele caduque pelo decurso do prazo), cortar cerce qualquer veleidade deste no sentido de se demitir. Não se trata de liquidar o dano, de fixar antecipadamente o montante da indemnização; trata-se, isso sim, de incentivar o praticante a cumprir, de zelar pelo respeito efectivo das obrigações previamente assumidas.[9]

---

e, de forma mais sintética, do mesmo autor, «Sobre a cláusula penal», *Scientia Iuridica,* 1993, n.º 244/246, p. 231 e ss.

[8] *Cláusula Penal e Indemnização,* cit., p. 471.

[9] Aludindo à «leistungssicherungsfunktion» de tais penas convencionais,

Através destas «cláusulas de rescisão» milionárias, a entidade empregadora visa, portanto, um duplo objectivo: *i)* garantir o integral cumprimento do contrato por banda do praticante; *ii)* reservar para si um papel incontornável na eventual transferência do praticante desportivo *medio tempore*. Isto é, uma «cláusula de rescisão» de montante proibitivo impede o praticante de se demitir, pelo que a respectiva transferência sempre carecerá do assentimento da actual entidade empregadora, seja para revogar o contrato de trabalho com o praticante desportivo, seja para acertar as contrapartidas financeiras da transferência com o clube de destino[10]. Estamos, por conseguinte, perante uma cláusula penal em sentido estrito, medida coercitiva tendente à satisfação do interesse do credor/empregador.

Por razões que não custa entender, estas «cláusulas de rescisão» têm sido objecto de áspera censura por parte da doutrina do país vizinho. Como bem observa CARDENAL CARRO, «no es razonable condenar a un trabajador a pagar a su empresario una indemnización mayor, según las cuantías que se pactan, que las retribuciones que recibirá en toda su carrera, que lo que le hubiera correspondido recibir en caso de despido improcedente, e, incluso, que el capital de la propia Sociedad Anónima Deportiva»[11]. A verdade é que a referida blindagem do contrato, o indicado fortalecimento do vínculo, criam uma situação de iniludível «encarceramento contratual» do praticante desportivo, o qual se torna refém do contrato de trabalho, com todos os delicados problemas daí advenientes. Com efeito, a liberdade de trabalho, a liberdade de escolha e de exercício da profissão, a

---

v. KLINGMÜLLER & WICHERT, «Die Zulässigkeit von Ablösesummen für vertraglich gebundene Profifußballspieler», *SpuRt*, 2001, n.º 1, p. 3.

[10] Sobre esta dupla função das «cláusulas de rescisão», v. TOROLLO GONZÁLEZ, «Las relaciones laborales especiales de los deportistas y artistas en espectáculos públicos», *Revista Española de Derecho del Trabajo*, n.º 100, 2000, p. 190.

[11] *Deporte y Derecho: las relaciones laborales en el deporte profesional*, Universidade de Múrcia, 1996, p. 378. No sentido da nulidade de tais «pactos indemnizatórios» e/ou da sua modificação/moderação judicial, v., p. ex., SAGARDOY BENGOECHEA & GUERRERO OSTOLAZA, *El Contrato de Trabajo del Deportista Profesional*, Civitas, Madrid, 1991, p. 107-8, BORRAJO DACRUZ, «Extinción del contrato de trabajo deportivo por voluntad del futbolista profesional», *Homenaje al Profesor Juan García Abellán*, Universidade de Múrcia, 1994, p. 32-3, ROQUETA BUJ, *El Trabajo de los Deportistas Profesionales*, Tirant lo Blanch, Valência, 1996, p. 310-2, CAZORLA PRIETO, «La nulidad de las cláusulas», *Asociación Española de Derecho Deportivo – Boletin Informativo*, n.º 19, 1998, p. 4-5, FREGA NAVIA, *Contrato de Trabajo Deportivo*, Ciudad Argentina, Buenos Aires, 1999, p. 233 e ss., e LLEDÓ YAGÜE, *Las Denominadas...*, cit., p. 41-4 e 76-7.

freie Arbeitsplatzwahl, é iniludivelmente posta em xeque por tais «cláusulas de rescisão»[12]. Sendo estipulada uma cláusula penal de valor exorbitante, como amiúde sucede, na prática o desportista vê-se impedido de se desvincular e de passar a exercer a respectiva actividade profissional ao serviço de outra entidade empregadora desportiva (o que, desde logo, vulnera a sua liberdade de exercício da profissão); na exacta medida em que a referida cláusula penal coage o praticante a permanecer ao serviço da actual entidade empregadora, tal cláusula impede-o, outrossim, de mudar de profissão, de abandonar a profissão de praticante desportivo e de passar a exercer outro tipo de actividade profissional (o que, por seu turno, afecta a liberdade de escolha de profissão).[13]

Em suma, os direitos fundamentais de que o trabalhador/praticante desportivo é titular conduzem a uma singela conclusão: o contrato de trabalho desportivo não é, não pode ser, «blindável», pois tal blindagem conduz, em linha recta, a algo não muito distante do trabalho forçado.[14]

Entre nós, *quid juris?* Também no nosso país vai sendo cada vez mais frequente a inclusão de semelhantes «cláusulas de rescisão»/

---

[12] A própria UEFA reconhece, de resto, que as «cláusulas de rescisão» incluídas em muitos contratos de trabalho desportivo representam «uma espécie de regresso às indemnizações de transferência condenadas pelo Tribunal Europeu» — v. «O futebol na Europa depois do acórdão Bosman» (artigo traduzido do Boletim Oficial da UEFA), *Desporto,* 2000, n.º 1, p. 76. E deve acrescentar-se que, tal como estas indemnizações, também aquelas cláusulas se mostram lesivas da liberdade de circulação do praticante desportivo/trabalhador comunitário — sobre o ponto, v., p. ex., TOROLLO GONZÁLEZ, «Las relaciones...», cit., p. 191 e 193, e, desenvolvidamente, GONZÁLEZ DEL RÍO, «Las cláusulas de rescisión y su incompatibilidad con el Derecho comunitario. Aplicación de la doctrina Bosman», *Relaciones Laborales,* n.º 14, 2001, p. 11-22 (autor que, contudo, se mostra favorável à manutenção da figura das «cláusulas de rescisão», contanto que estas deixem de ser fixadas de modo arbitrário e passem a sê-lo de acordo com parâmetros objectivos).

Entre nós, apreciando criticamente as «cláusulas de rescisão» na perspectiva do direito comunitário, v. ALEXANDRE MESTRE, *Desporto e União Europeia: uma parceria conflituante?,* Coimbra Editora, 2002, p. 81-3.

[13] Sobre o conteúdo da liberdade de trabalho e de profissão, v., por todos, JORGE MIRANDA, *Manual de Direito Constitucional,* tomo IV (Direitos Fundamentais), Coimbra Editora, 1988, p. 407 e ss., bem como, extensamente, PACHECO DE AMORIM, «A liberdade de profissão», in *Estudos em Comemoração dos Cinco Anos (1995-2000) da Faculdade de Direito da Universidade do Porto,* Coimbra Editora, 2001, p. 595-782.

[14] Aliás, em nome do princípio constitucional da liberdade de trabalho, a própria exigência de justa causa para que o praticante rescinda, licitamente, o contrato de trabalho desportivo não deixa de ser questionável — neste sentido, v. P. ROMANO MARTINEZ, *Direito do Trabalho,* Almedina, Coimbra, 2002, p. 668.

/cláusulas penais no contrato de trabalho do praticante desportivo. Serão tais cláusulas admitidas pela lei?
A resposta colhe-se da interpretação do disposto no art. 27.º/1, *in fine*, da Lei n.º 28/98: o praticante desportivo que promova indevidamente a ruptura do vínculo incorre, como se disse, em responsabilidade civil pelos danos causados em virtude do incumprimento do contrato, mas «não podendo a indemnização exceder o valor das retribuições que ao praticante seriam devidas se o contrato de trabalho tivesse cessado no seu termo». Ou seja, estamos perante uma norma legal *limitativa da indemnização* a pagar pelo praticante, o qual apenas responderá até ao *plafond* indicado: o valor das retribuições vincendas. E estamos ainda, inequivocamente, perante uma norma legal de carácter *imperativo* (e não supletivo, como a sua homóloga espanhola), a qual funciona, portanto, como norma de tutela do trabalhador/praticante desportivo.

Do exposto resulta, a meu ver, a seguinte consequência: *qualquer «cláusula de rescisão» que estabeleça uma pena convencional de montante superior ao valor das retribuições vincendas, correspondentes ao tempo de contrato frustrado, será inválida, pois constitui princípio geral do Direito do Trabalho que as cláusulas do contrato individual não podem importar para o trabalhador um regime menos favorável do que o estabelecido em preceitos legais de natureza imperativa*[15]. E isto, note-se,

---

[15] A este propósito, adverte PINTO MONTEIRO: «Há que contar com os casos em que a lei vede o emprego de cláusulas penais (ou esvazie o alcance das mesmas), seja expressamente, seja de modo implícito, em razão da tutela especial que, em determinados domínios, confere a certos contraentes, por motivos de ordem pública de protecção social». Por tal motivo, considera o autor que estará bastante comprometida a possibilidade de utilização de cláusulas penais em matéria de contrato de trabalho (dado o princípio do *favor laboratoris*), quando elas prejudiquem as soluções que a lei consagra em favor dos trabalhadores e que exprimem a tutela social que a ordem jurídica confere a tais sujeitos. Exemplificando, PINTO MONTEIRO sustenta que a ordem pública de protecção social «levará a que não possa ser estabelecido, pela via da cláusula penal, um quantitativo indemnizatório abaixo daquele que a lei prescreve a favor do trabalhador, em caso de cessação do contrato por razões a ele não imputáveis» (*Cláusula Penal e Indemnização*, cit., p. 720-1).

Pela minha parte, estou inteiramente de acordo. E, *mutatis mutandis*, diria que a referida ordem pública de protecção social impõe também que não possa ser estabelecido, pela via da cláusula penal, um quantitativo indemnizatório acima daquele que a lei prescreve a favor do empregador, em caso de cessação do contrato por razões imputáveis ao trabalhador/praticante desportivo.

Considerando que o regime jurídico do contrato de trabalho desportivo, aprovado pela Lei n.º 28/98, «embora não proibindo expressamente tais cláusulas [de rescisão],

independentemente da natureza jurídica que entenda atribuir-se às «cláusulas de rescisão». Quer estas sejam concebidas como «cláusulas penais», quer sejam configuradas como «multas penitenciais»[16], o respectivo montante jamais poderá superar o limite das retribuições vincendas, atento o disposto no art. 27.º da Lei n.º 28/98.

*

O acórdão da CAP acima parcialmente transcrito revela-se, neste contexto, de extrema importância, e isto por uma dupla ordem de razões:
  i) Por um lado, nele afirma-se, com clareza, que a cláusula 50.ª do CCT para os jogadores profissionais de futebol «é, patentemente, nula» (n.º 85), dado violar a Lei n.º 28/98;[17]
  ii) Por outro lado, nele sustenta-se ainda, também de modo inequívoco, que «o montante da cláusula penal há-de, obrigatoriamente, ser reduzido ao valor das retribuições que ao praticante seriam devidas se o contrato tivesse cessado no seu termo, caso seja superior, por força do comando imperativo da lei que limita o montante da indemnização» (n.º 104). «Qualquer que seja o montante da cláusula penal estabelecida entre as partes, ela será, automaticamente, reduzida ao montante máximo da indemnização prevista no art. 27.º da Lei n.º 28/98», lê-se no n.º 97 do acórdão. Em conformidade, a despeito de a cláusula penal se cifrar, *in casu,* em dois milhões de contos, a CAP veio a condenar o Futebolista numa indemnização correspondente a pouco mais de 1% desta quantia (cerca de 23 mil contos).

Trata-se, por conseguinte, de uma sentença histórica, que fere de morte as avultadíssimas «cláusulas de rescisão» tão em voga no nosso futebol profissional — e ainda bem que o faz, pois tais pactos indemnizatórios perfilam-se, de um ponto de vista juslaboral, como cláu-

---

parece limitar-lhes os efeitos», v. FERNANDO SILVEIRO, «O 'empréstimo' internacional de futebolistas profissionais», in *Estudos de Direito Desportivo,* Almedina, Coimbra, 2002, p. 137.

[16] Sobre a questão, *Vinculação versus Liberdade...*, cit., p. 341-4.

[17] Exactamente neste sentido, permita-se-me a remissão para *Vinculação versus Liberdade...*, cit., n. 528, p. 320-2, onde se conclui que «o art. 50.º do CCT dos jogadores de futebol é inválido, pois estabelece um tratamento menos favorável para o trabalhador/praticante desportivo do que o previsto na lei, em matéria de responsabilidade indemnizatória do jogador emergente da sua demissão ilícita».

sulas autenticamente «liberticidas»[18]. Ora, a liberdade de trabalho do praticante desportivo pode — julgo mesmo que deve — ser restringida, mas não pode nem deve ser aniquilada. Entre a admissão de cláusulas *liberticidas* e a defesa de teses *libertárias* neste domínio vai, naturalmente, uma grande distância. E é neste espaço intermédio que soluções adequadas e proporcionadas, compatíveis com os valores juslaborais e jusdesportivos em presença, devem ser encontradas.

IV. CONCLUSÃO

Em caso de demissão ilícita, a nossa lei aponta, portanto, para uma indemnização a pagar pelo praticante correspondente, no máximo, ao montante das retribuições vincendas. Como é bom de ver, trata-se de uma solução bastante mais vantajosa para o praticante desportivo do que a acolhida, neste ponto, pelo ordenamento espanhol. E, nesta óptica, parece tratar-se de uma solução sensata, razoável e equilibrada. Afinal, trata-se de equiparar, tendencialmente, o montante a pagar pelo praticante desportivo que se demita ilicitamente ao montante a pagar pelo empregador que despeça ilicitamente esse mesmo praticante: em ambos os casos, o padrão de referência (*rectius,* o *plafond*) é constituído pelas retribuições vincendas.[19]

---

[18] Em sentido algo diferente, v., no entanto, as considerações tecidas por MENDES BAPTISTA, «Breve apontamento sobre as Cláusulas de Rescisão», *Revista do Ministério Público*, n.º 91, 2002, p. 141-7. O autor propõe o recurso à figura do abuso do direito e a utilização da faculdade prevista no art. 812.º do Código Civil (redução equitativa da pena convencional manifestamente excessiva) em ordem a salvaguardar o «núcleo duro» da liberdade de trabalho do praticante. Julgo, porém, que não deveremos depositar demasiadas esperanças nestes mecanismos correctores. A meu ver, o problema não pode deixar de ser enfrentado — e resolvido — pela regulamentação juslaboral, sobretudo num país como o nosso, em que existe uma disciplina jurídica específica para o contrato de trabalho desportivo.

[19] No caso *sub judice,* estávamos perante um contrato de trabalho com a duração de três épocas desportivas, ao longo do qual o Futebolista deveria auferir uma remuneração total de quase 32.000 contos. Resulta do disposto no art. 27.º/1 da Lei n.º 28/98 que, em caso de despedimento ilícito promovido pela SAD, o *quantum* indemnizatório a pagar por esta ao Futebolista teria por limite máximo aquele montante. Mais ainda: caso o Futebolista, após o despedimento, viesse a celebrar contrato com outra entidade empregadora desportiva, do referido montante deveriam ser deduzidas as remunerações que, durante o período correspondente à duração fixada para o primeiro

Mas, se assim é, logo surge uma outra questão: uma responsabilidade indemnizatória deste tipo, sujeita ao limite das retribuições vincendas, revelar-se-á idónea para disciplinar e ordenar um mercado com as características do mercado de trabalho desportivo? Um montante indemnizatório relativamente tão modesto não se mostrará insuficiente em ordem a dotar este sector daquele mínimo de estabilidade indispensável ao normal desenrolar das competições? A real possibilidade de planificação dos seus investimentos pelos clubes, a médio/longo prazo, o regular desenvolvimento da competição desportiva, a necessidade de evitar, tanto quanto possível, a desestabilização de um clube por outro(s) — em consequência de uma *cut-throat competition,* de uma luta sem quartel para adquirir os serviços de um qualquer praticante, mesmo na vigência de um contrato de trabalho deste com dado clube —, a própria protecção dos clubes menos poderosos financeiramente face à concorrência predatória daqueles que o são mais... em suma, a necessidade (ou, pelo menos, conveniência) de restringir a concorrência interempresarial no mercado de trabalho desportivo não reclamará que à demissão ilícita do praticante desportivo se liguem outras consequências, mais drásticas do que as acima indicadas?

Em escrito recente, tive ocasião de reflectir sobre esta questão. Julgo, por um lado, que o remédio idealizado (e praticado) por muitas federações desportivas e ligas de clubes nestes casos — o de, através da regulamentação relativa ao registo do contrato de trabalho[20], inibir o praticante de participar na competição desportiva, impedindo-o de exercer a sua actividade profissional ao serviço de outro empregador por todo o tempo correspondente ao do contrato prematuramente dissolvido — é também

---

contrato (três épocas), o Futebolista recebesse desta nova entidade empregadora (n.º 3 do art. 27.º).

Neste quadro normativo, pretender que, na hipótese inversa — isto é, em caso de demissão ilícita do praticante — o *quantum* indemnizatório ascendesse a dois milhões de contos (valor da «cláusula de rescisão») constituiria uma monstruosa aberração jurídica. É certo que o contrato de trabalho desportivo é um contrato de trabalho que apresenta traços *sui generis,* é um «contrato especial de trabalho», mas, manifestamente, não há especificidade que possa justificar tamanha disparidade de regimes.

[20] O registo do contrato de trabalho na respectiva federação desportiva/ /liga profissional de clubes constitui uma formalidade indispensável para que o praticante possa participar nas competições desportivas promovidas por aquelas entidades. Sobre o ponto, v. o art. 6.º da Lei n.º 28/98, bem como o art. 39.º/1-*f)* do DL n.º 144/93, de 26 de Abril (regime jurídico das federações desportivas e estatuto de utilidade pública desportiva).

indefensável, em termos jurídico-constitucionais e jurídico-laborais[21]. Mas já me parece haver razões convincentes para acolher a chamada doutrina do «terceiro cúmplice» no âmbito da relação laboral desportiva, responsabilizando o clube concorrente que induza/alicie o praticante desportivo a demitir-se ilicitamente.

À responsabilidade contratual do praticante deveria aqui somar-se, pois, a responsabilidade extracontratual do terceiro cúmplice. Assim sendo, em caso de demissão ilícita o praticante desportivo incorreria em responsabilidade civil perante o empregador, mas a medida da indemnização sempre estaria limitada ao valor das retribuições vincendas e ele conservaria a faculdade de continuar a exercer a sua actividade profissional ao serviço de uma outra entidade empregadora, sem poder ficar sujeito a qualquer tipo de quarentena durante o período contratual não cumprido. Porém, mostrando-se ter a referida demissão ilícita resultado de uma actuação censurável de terceiro, que induziu o praticante a desvincular-se *ante tempus* e com ele celebrou um contrato de trabalho incompatível com o primeiro, então é razoável (dir-se-ia: é justo) que este terceiro cúmplice responda pelos danos resultantes da dissolução antecipada do contrato, da qual foi, porventura, o principal causador. Trata-se, afinal, de fazer com que a tutela da entidade empregadora desportiva, não sendo particularmente *intensa* face ao praticante inadimplente (em virtude da limitação da responsabilidade indemnizatória deste), ganhe uma *extensão* que lhe permita responder de forma satisfatória às investidas de qualquer entidade empregadora concorrente.[22]

---

[21] Para maiores desenvolvimentos sobre o ponto, *Vinculação versus Liberdade...*, cit., p. 326-46. Em sentido contrário, v. SARAIVA DE ALMEIDA, «A ruptura unilateral imotivada do contrato de trabalho desportivo por iniciativa do praticante desportivo», *Minerva*, n.º 1, 2002, p. 93-113.

[22] A este propósito, *Vinculação versus Liberdade...*, cit., p. 347-57. Em sentido próximo, considerando que o meio mais idóneo para conferir estabilidade ao contrato de trabalho desportivo consiste, não tanto na responsabilidade contratual do praticante demissionário, mas sobretudo na responsabilidade extracontratual do clube cúmplice, v. CAIGER & O'LEARY, «The End of the Affair: The *'Anelka Doctrine'* – The Problem of Contract Stability in English Professional Football», in *Professional Sport in the European Union: Regulation and Re-regulation*, TMC Asser Press, The Hague, 2000, p. 213-4.

CONTRATO DE TRABALHO A TEMPO PARCIAL*

PAULA PONCES CAMANHO
*Assistente da Faculdade de Direito
da Universidade Católica Portuguesa – Porto*

SUMÁRIO: 1.Aspectos gerais. 2. A Lei 103/99, de 26 de Julho. A Directiva 97/81/CE, de 15 de Dezembro de 1997. 3. Noção de trabalho a tempo parcial. 4. Forma do contrato. 5. Alteração do tempo de trabalho. 6. Contratação a termo. 7. Regime jurídico do contrato de trabalho a tempo parcial: a equiparação, dever de informação, direitos dos trabalhadores — referência especial à retribuição.

1. Aspectos gerais

O trabalho a tempo parcial constitui uma realidade cada vez mais presente no mercado de trabalho.

Tal fenómeno começa a notar-se em Portugal, onde corresponde a

---

* Corresponde à aula leccionada no III Curso de Pós-Graduação em Direito do Trabalho, na Faculdade de Direito da Universidade de Lisboa, a 14 de Fevereiro de 2002. Para a sua publicação, optou-se por inserir em nota algumas referências doutrinais.

Apesar de terem uma vigência temporária, inclui-se igualmente no final deste texto os quadros fornecidos aos alunos aquando da aula, referentes aos incentivos à contratação a tempo parcial. Por um lado, porque, apesar de, desde 27 de Julho de 2002 [e o previsto no artigo 9.º, n.º 3, al. b), desde 27 de Julho de 2000), terem deixado de vigorar (artigo 14.º, n.º 3, da Lei 103/99, de 26 de Julho), os mesmos podem subsistir se atribuídos até essa data (artigo 14.º, n.º 5). Por outro lado, porque a "vigência" dos mesmos pode ser prorrogada por convenção colectiva, nos termos do artigo 14.º, n.º 4, da Lei 103/99, de 26 de Julho. Inclui-se igualmente a lista de jurisprudência sobre o tema fornecida aos alunos.

9% da generalidade dos contratos de trabalho, sendo igualmente patente nos restantes países na União Europeia[1].

Os trabalhadores que encontramos vinculados por contratos de trabalho a tempo parcial são fundamentalmente mulheres[2] e pessoas no início ou no fim da sua actividade profissional. É ainda notória a grande incidência do trabalho a tempo parcial no sector terciário da economia.

A contratação a tempo parcial permite satisfazer interesses dos trabalhadores, de política de emprego e das empresas[3].

No que respeita aos interesses dos trabalhadores, permite-lhes organizar melhor o seu tempo de trabalho, ajustando a actividade profissional às necessidades da vida pessoal e familiar, permitindo-lhes ainda dedicar-se a outras actividades profissionais.

Este fenómeno constitui ainda um instrumento importante de política de emprego, permitindo repartir o emprego disponível, reduzindo, assim, a taxa de desemprego[4].

---

[1] A média de emprego a tempo parcial na União Europeia é de 16%. Na Holanda, por exemplo, este tipo de trabalho atinge os 38% e no Reino Unido 24%. Nos Estados Unidos e no Japão verifica-se 20% de contratos de trabalho a tempo parcial (dados fornecidos por MIGUEL ÁNGEL BONILLA e MARIA PILAR RIVAS VALLEJO, *La contratación indefinida a tiempo parcial — Relación laboral, incentivos y protección social*, Cisspraxis, Valência, 2000, pág. 17).

[2] Segundo um estudo feito pela OCDE em 1995, a percentagem de mão-de-obra feminina no conjunto de trabalho a tempo parcial representava 69% em Portugal, 68% nos Estados Unidos, 75% em Espanha, 80% na Suécia, 82% em França, 87% na Bélgica, atingindo-se os 91% no Luxemburgo. Cfr. Françoise FAVENNEC-HERY, *Le travail à temps partiel*, Litec, Paris, 1997, pág. 20. De acordo com Isabel FARIA VAZ, *As formas típicas de emprego e a flexibilidade do mercado de trabalho*, Ministério para a Qualificação e o Emprego, Colecção "Estudos" — Série D, n.º 11, 1997, pág. 11, "em Portugal, o trabalho a tempo parcial é um fenómeno essencialmente feminino (69% das pessoas que trabalhavam a tempo parcial, em 1995, eram mulheres e 12% do total das mulheres empregadas trabalhavam a tempo parcial)".

[3] ALARCÓN CARACUEL, «Trabajadores a tiempo parcial y fijos discontinuos tras la reforma de 1997» in *Estabilidad en el empleo, diálogo social y negociación colectiva — La reforma laboral de 1997*, coord. Miguel Rodríguez-Piñero, Fernando Valdés Dal-Re e Mª Emilia Casas Baamonde, Tecnos, Madrid, 1998, pág. 63, FAVENNEC-HERY, *Le travail...* cit., págs. 23 e 24 e LUIGI MELE, *Il part-time*, Giuffrè Editore, Milano, 1990, págs. 9 a 11.

[4] Isto é particularmente notório em países como a Finlândia, que pratica uma política de incentivos ao trabalho a tempo parcial; na Alemanha, onde este surge como uma das alternativas à luta contra o desemprego e em Espanha, onde é facilitada a reforma parcial do trabalhador com idade próxima da reforma, desde que seja concluído um contrato de substituição com um outro trabalhador desempregado. Exemplos fornecidos por FAVENNEC-HERY, *Le travail ...*cit., pág. 26. Para esta Autora, o recurso ao trabalho

Do ponto de vista das empresas, permite-lhe optimizar os custos dos factores tempo e humano, intensificando a utilização do capital e rentabilizando ao máximo os equipamentos industriais, potenciando a adaptação da jornada de trabalho às necessidades produtivas das empresas[5].

No entanto, tal forma de contratação implica uma maior complexidade na gestão da empresa, podendo tornar-se pouco interessante para os empresários[6].

2. A Lei 103/99, de 26 de Julho. A Directiva 97/81/CE, de 15 de Dezembro.

A lei portuguesa estabelece limites máximos à duração do trabalho (aos períodos normais de trabalho), mas nada prescreve relativamente aos seus limites mínimos, pelo que nada impede a celebração de contratos de trabalho a tempo parcial (*part-time*), ou seja, com duração inferior à estabelecida na lei[7].

---

a tempo parcial "participa numa política de criação, redistribuição ou salvaguarda do emprego. Ele torna-se um instrumento na luta contra o desemprego, ao concretizar a ideia de uma limitação do tempo de trabalho, seja em benefício de uma outra actividade, seja de outros trabalhadores", (*Le travail* ...cit., pág. 92).

[5] Cfr. MIGUEL ÁNGEL BONILLA e MARIA PILAR RIVAS VALLEJO, *La contratación* ... cit., pág. 18. Na opinião destes autores, "a rentabilidade económica é conseguida pelas empresas através da utilização de fórmulas de *part-time* tanto horizontal (horas por dia ou por semana) como vertical (dias à semana ou ao mês), sendo igualmente possível a utilização de fórmulas mistas (prestação de trabalho a tempo parcial durante certos dias da semana mês ou ano)", ob. cit. loc. cit. De acordo com DARIO LUPI e GIORGIO RAVAIOLI, *Il lavoro flessibile — Tutti gli strumenti legali per superare la "rigidità" nel rapporto di lavoro*, Cosa & Come, Giuffrè, Milano, 1997, págs. 125 e 126, "a crescente procura de formas de flexibilidade de trabalho, que caracterizaram a primeira metade dos anos 90, são a prova de como mudaram as exigências organizacionais e produtivas do mundo do trabalho, e tais mudanças tornam ainda mais «actual» o instrumento do contrato a tempo parcial". Na opinião de RENATO SCOGNAMIGLIO, *Diritto del Lavoro*, 5ª edição, Jovene, Napoles, 2000, pág. 208, a exigência de uma utilização flexível da força de trabalho já se fazia sentir desde a segunda metade dos anos 70, depois da crise económica e social verificada.

[6] Por esta razão, é fundamental que se tomem medidas destinadas a tornar atractiva esta forma de contratação, *v.g.* através de incentivos.

[7] Neste sentido, PEDRO ROMANO MARTINEZ, *Direito do Trabalho*, Almedina, Coimbra, 2002, pág. 499. Igualmente em Itália era pacífico na doutrina e na jurisprudência, antes da Lei n.º 863, de 19 de Dezembro de 1984, o reconhecimento do trabalho a *part-time*. Cfr. MAURIZIO TATARELLI, *Part-time e tempo determinato nel lavoro privato e pubblico*, Cedam, Padova, 1999, pág. 3.

Antes da Lei 103/99, de 26 de Julho, que veio estabelecer o regime jurídico do trabalho a tempo parcial, encontrávamos poucas referências legislativas a este tipo de trabalho. Resumiam-se ao artigo 43.º do DL 409/71, de 27 de Setembro (LDT) — que remete a regulamentação desta forma de contratação para as convenções colectivas de trabalho e estatui somente quanto à retribuição dos trabalhadores contratados a tempo parcial (n.º 3), estabelecendo um critério de proporcionalidade relativamente aos trabalhadores a tempo completo —, ao artigo 2.º do DL 69-A/87, de 9 de Fevereiro — que estabelece a forma de cálculo do salário mínimo no trabalho a tempo parcial, utilizando-se igualmente aqui um critério de proporcionalidade —; e ao artigo 19.º da Lei 4/84, de 5 de Abril — que consagra o direito de os trabalhadores com um ou mais filhos menores de 12 anos prestarem a sua actividade em horário reduzido.

A nível comunitário, a Directiva 97/81/CE do Conselho, de 15 de Dezembro de 1997, regulou o trabalho a tempo parcial[8]. Este diploma é muito genérico, preocupando-se o legislador comunitário em assegurar dois aspectos: o princípio da não discriminação dos trabalhadores a tempo parcial e a criação de oportunidades de trabalho.

O legislador português regulou estes contratos na Lei 103/99, de 26 de Julho. Na opinião de MONTEIRO FERNANDES[9], a lei portuguesa encontra-se "estritamente ligada a considerações de política de emprego (...) convicção de que algumas oportunidades de trabalho podem ser criadas através da chamada «partilha de postos de trabalho»" — e ainda, por inspiração da Directiva, a configuração do trabalho a tempo parcial como instrumento de flexibilidade.

---

[8] Esta Directiva foi resultado de um acordo entre todos os parceiros sociais — União das Confederações da Indústria e Patronato da Europa, Centro Europeu de Empresas Públicas e Confederação Europeia dos Sindicatos —, que se aplicou aos países membros com base nesta decisão do Conselho.
No entanto, tal como veremos *infra*, encontramos algumas diferenças entre o regime consagrado na Directiva e o estabelecido nesta lei.

[9] *Direito do Trabalho*, 11ª edição, Almedina, Coimbra, 1999, pág. 364.

3. Noção de trabalho a tempo parcial

O artigo 1.º, n.º 1, da Lei 103/99, de 26 de Julho[10], considera trabalho a tempo parcial "o que corresponda a um período normal de trabalho semanal igual ou inferior a 75% do praticado a tempo completo numa situação comparável"[11], definindo-se no n.º 3 deste preceito "situação comparável"[12]. Este limite de 75% poderá ser elevado por convenção colectiva de trabalho (n.º 2 do artigo 1.º)[13].

A questão que se poderá colocar é a de saber se, no caso de um trabalhador ter um período normal de trabalho superior a 75% do praticado

---

[10] Qualquer referência legal que se faça, salvo indicação em contrário, corresponderá à Lei 103/99, de 26 de Julho.

[11] Esta noção não corresponde à da Directiva, que se basta com a prestação de trabalho num "tempo inferior" ao que corresponde a um trabalhador numa situação comparável. A mesma definição é estabelecida na Convenção 175 da OIT, de 1994 [artigo 1.º, al. a)] (não ratificada por Portugal). Igualmente as leis alemã e italiana não estabelecem limites percentuais, considerando esta última — Decreto Legislativo n.º 61, de 25 de Fevereiro de 2000 — que há trabalho a tempo parcial quando a actividade é desenvolvida "em horário inferior ao normal" e quando existe "pré-determinação na redução do horário com referência à semana, ao mês e ao ano", cfr. TATARELLI, *Part-time* ...cit., págs. 6 e 7. Igualmente na lei espanhola em vigor — artigo 12.1 do "Estatuto de los Trabajadores", com a redacção dada pela Lei 12/2001, de 9 de Julho — há somente referência a tempo inferior sem qualquer limite percentual (diferentemente do que estatuía anteriormente, com o Decreto-Lei 15/98, em que se previa o limite de 77% para se poder considerar o trabalho como prestado a tempo parcial).

[12] Em primeiro lugar deve tomar-se como termo de comparação os trabalhadores a tempo completo que prestem o mesmo ou idêntico serviço no mesmo estabelecimento; caso estes não existam, atender-se-á aqueles que prestam o mesmo ou idêntico serviço noutro estabelecimento da mesma empresa e com a mesma actividade; se tal comparação não for possível, a situação comparável é aferida em relação aos trabalhadores que prestam o mesmo ou idêntico serviço em estabelecimento de idêntica dimensão no mesmo ramo de actividade e, como último critério, surgem-nos os trabalhadores a tempo completo que prestam o mesmo ou idêntico serviço em estabelecimento no mesmo ramo de actividade. De acordo com o n.º 4 do artigo 1.º, poderão, por convenção colectiva de trabalho, ser estabelecidos outros critérios de comparação, atendendo, por exemplo, à antiguidade e qualificação profissional.
A definição de "situação comparável" não corresponde à da Directiva (art. 3.º, n.º 2).

[13] Não se estabelece o limite mínimo a partir do qual se pode considerar que o trabalhador exerce a sua actividade a tempo parcial. Assim, nada impede que o trabalhador exerça a sua actividade 1 ou 2 horas por semana. Tal facto poderá ter unicamente repercussões a nível do direito à informação do trabalhador (art. 2.º, al. b) do DL 5/94, de 11 de Janeiro) e na concessão (ou melhor, não concessão) dos incentivos previstos na Lei 103/99 [artigos 7.º, n.º 2 e 11.º, n.º 2, al.b)].

em tempo completo (numa situação comparável), se poderá considerar que executa a sua actividade a tempo parcial, uma vez que tal forma de exercício da actividade está excluída de noção constante do n.º 1 do artigo 1.º. No entanto, tal não poderá deixar de se considerar como trabalho a tempo parcial[14], uma vez que não corresponde a uma execução da actividade a tempo completo, só que não estará sujeito à aplicação da Lei 103/99, de 26 de Julho[15]. No entanto, a regra da proporcionalidade, estabelecida no artigo 43.º, n.º 3 do DL 409/71, de 27 de Setembro, terá de ser respeitada.

O trabalho a tempo parcial pode ser prestado todos os dias da semana ou em alguns dias da semana, sem prejuízo do descanso semanal obrigatório (artigo 4.º, n.º 1), devendo o número de dias ser fixado por acordo.

O trabalho pode ser desigual de semana para semana ou pode haver uma distribuição não regular ao longo dos dias da mesma semana[16].

Para aferir o período normal de trabalho quando o mesmo não é igual todas as semanas dever-se-á fazer a média de um período de 4 meses, se outro não for estabelecido em convenção colectiva de trabalho (artigo 1.º, n.º 6).

Na nossa opinião, o legislador nacional foi muito restritivo na definição. Não se vislumbram razões para impedir que um trabalhador a tempo parcial preste a sua actividade durante algumas semanas por mês[17].

---

[14] Esta é a solução que resulta da lei espanhola, pois aqui o legislador toma como ponto de referência qualquer redução, por pequena que seja (ainda que o trabalhador exerça a sua actividade 39 horas por semana, sendo o período normal de trabalho semanal de 40 horas). Neste sentido, embora considerando criticável a solução, ALARCÓN CARACUEL, «Trabajadores a tiempo parcial ...» cit., págs. 58 e 59.

[15] Opinião diferente parece ter JÚLIO GOMES, entendendo que o caso referido em texto corresponderia a uma situação de "trabalho a tempo completo com jornada reduzida" e que "permitir a redução proporcional da retribuição" equivaleria a "esvaziar o limite fixado por lei". No entanto, este Autor acaba por reconhecer que será difícil, neste caso, manter em vigor o princípio da igualdade: "trabalho igual, salário igual", «Trabalho a tempo parcial», in III Congresso Nacional de Direito do Trabalho, Memórias, Almedina, Coimbra, 2001, págs. 68 e 69.

[16] Neste sentido, MONTEIRO FERNANDES, Direito do Trabalho ...cit., pág. 367.

[17] Tal solução parece ser admitida pela Directiva quando, na cláusula 3ª, n.º 1, se estabelece que o cálculo do tempo seja feito numa base semanal ou como média ao longo de um período que pode ir até 1 ano. Igualmente a lei espanhola admite que o cálculo do número de horas se possa fazer ao dia, à semana ou ao mês, admitindo, assim, a prestação da actividade durante algumas semanas do mês ou em alguns meses do ano. Este facto tem, segundo MOLTÓ GARCÍA, El contrato de trabajo a tempo parcial, Cuadernos de laboral, Editorial Montecorvo, Madrid, 2000, pág. 24, consequências importantes,

Há aqui um entrave à flexibilidade laboral que constitui um dos objectivos do diploma.

Uma questão que se pode colocar é a de saber o que sucede quando o trabalho a tempo parcial não tem base voluntária, ou seja, não resulta de um acordo entre a entidade patronal e o trabalhador. Aparentemente a lei só contempla tal situação (*vd.* artigos 1.º, n.º 5 e 3.º, n.º 2). Igualmente a Directiva parece clara neste sentido quando se refere, na sua cláusula 1ª, al. b), ao objectivo de "fomentar o desenvolvimento do trabalho a tempo parcial numa base de voluntariado".

No entanto, podem surgir situações em que o trabalhador passe a desenvolver a sua actividade a tempo parcial por decisão da entidade patronal — redução imposta ao trabalhador nos termos do artigo 5.º, n.ºs 1 e 2 do DL 398/83, de 2 de Novembro — ou por opção do trabalhador — casos em que é conferido ao trabalhador o direito a passar a exercer a sua actividade a tempo parcial[18].

Pensamos não ser de excluir a aplicação do diploma a estas situações. O artigo 1.º, n.º 1 não parece fazê-lo, uma vez que não refere como integrando a noção de trabalho a tempo parcial a necessidade de um acordo. Claro que há especificidades que poderão resultar, por exemplo, da aplicação das regras constantes no DL 398/83, de 2 de Novembro, como por exemplo, quanto à retribuição (*v.g.* artigos 6.º e 12.º deste diploma), mas outras regras constantes da Lei n.º 103/99, de 26 de Julho

---

possibilitando a "contratação a tempo parcial para trabalhos descontínuos" ou "sazonais repetitivos".

TATARELLI, *Part-time...* cit., pág. 10, afirma que "a cadência temporal, a distribuição do horário de trabalho, pode ser diária, semanal, mensal ou anual. A tal propósito, nas formas mais comuns, o *part-time* distingue-se em, horizontal, vertical (ou cíclico) e misto. Na primeira, a prestação é efectuada todos os dias com horário reduzido; na segunda, a prestação é efectuada em horário completo, mas só em alguns dias da semana, em algumas semanas do mês ou em alguns meses do ano. A terceira verifica-se quando, o horário reduzido alterna com horário completo em alguns dias de semana, do mês ou do ano, ou seja, quando ao trabalho prestado cada dia com redução de horário, junta-se, em alguns períodos, um certo número de horas. Naturalmente que podem ser adoptadas ainda diversas combinações". A mesma distinção é feita por DARIO LUPI e GIORGIO RAVAIOLI, *Il lavoro flessibile...* cit., págs. 129 a 135.

Neste contexto JÚLIO GOMES, «Trabalho a tempo parcial...» cit., pág. 76, afirma que a referência ao período de trabalho semanal pode ter interesse para excluir do âmbito da lei os "trabalhos fixos descontínuos" ou intermitentes. No entanto, o Autor parece não excluir a possibilidade de o trabalhador não exercer a sua actividade todas as semanas.

[18] Veja-se *infra* a situação apontada no contexto da lei a protecção da maternidade e paternidade (art. 19.º da Lei 4/84, de 5 de Abril).

poderão ter aplicação, como é o caso, por exemplo, dos limites ao trabalho suplementar[19].

A lei estabelece a liberdade de celebração de contratos de trabalho a tempo parcial (artigo 16.°), não podendo esta ser excluída por convenção colectiva de trabalho anterior à Lei 103/99, de 26 de Julho[20].

4. Forma

O artigo 1.°, n.° 5, estabelece que o contrato de trabalho a tempo parcial deverá revestir forma escrita, com referência expressa ao período normal de trabalho semanal e ao horário de trabalho.

Curiosamente, a lei não estabelece a sanção para a inobservância da forma[21].

As consequências possíveis para o desrespeito da forma escrita são, em primeiro lugar, considerar que, nos termos gerais, a falta de forma conduz à nulidade do contrato (art. 220.° do Código Civil). Pensamos que esta solução não parece ser defensável, e até seria abusiva (*venire contra factum proprium*), no caso de ser a entidade patronal a não reduzir o contrato a escrito e, depois, invocar tal vício de forma[22].

---

[19] Em sentido diferente, JÚLIO GOMES, «Trabalho a tempo parcial...» cit., págs. 70 e 71, considera que o diploma terá aplicação quando a prestação de trabalho a tempo parcial resultar da vontade do trabalhador, ficando excluídas as situações que decorrem de iniciativa da entidade patronal. Igualmente TATARELLI, *Part-time*... cit., pág. 7, e face à lei italiana, considera ser necessário o consenso para haver trabalho a *part-time*: "Assim, exclui-se que possam qualificar-se como *part-time* as relações laborais nas quais a redução de horário seja devida circunstâncias económicas ou conjunturais, internas ou externas à empresa, independentemente do elemento volitivo do trabalhador".

[20] De acordo com SÁ E MELLO, «Novos modelos de organização do tempo de trabalho — Enquadramento jurídico», *in Estudos do Instituto do Direito do Trabalho*, Volume I, Instituto do Direito do Trabalho, Faculdade de Direito, Universidade de Lisboa, Almedina, Coimbra, 2001, pág. 340, a liberdade de celebração de contratos de trabalho a tempo parcial não pode ser excluída por instrumentos de regulamentação colectiva que "regulem ou venham a regular a prestação de trabalho a tempo parcial".

[21] A lei espanhola, por exemplo, é, simultaneamente, mais exigente e mais clara. Mais exigente, porque obriga à celebração do contrato por escrito em modelo aprovado pelo *Instituto Nacional d'Empleo*. Mais clara, pois prescreve que a inobservância dos requisitos formais implica que se presuma que o contrato é celebrado por tempo indefinido (sem termo) e a tempo completo. Esta presunção não é absoluta, podendo ser ilidida, provando--se o número de horas e a sua distribuição (Real Decreto 2317/1993, de 29/12 — art. 18.°/3; art. 12.°/4 Estatuto de los Trabajadores, com a redacção do art. 19.° da Ley 55/99).

[22] No mesmo sentido, vd. TATARELLI, *Part-time*... cit., pág. 14.

Poder-se-ia defender que a falta de forma conduziria à nulidade parcial do contrato, ou seja, à semelhança do que acontece com a inobservância da forma no contrato de trabalho a termo, considerar-se nula a cláusula acordada referente ao tempo de trabalho, o que implicaria considerar-se o contrato como celebrado a tempo completo. No entanto, não encontramos fundamento legal para esta solução, além de que poderia não corresponder à vontade da(s) parte(s), o que inviabilizaria a redução do contrato (art. 14.º do DL 49408, de 24 de Novembro de 1969 — LCT)[23].

Na prática, o que se verificará com a omissão da forma legalmente prescrita é a impossibilidade de a entidade patronal poder usufruir dos benefícios resultantes da celebração do contrato de trabalho a tempo parcial[24].

Tratando-se de um contrato de trabalho a termo e a tempo parcial, a falta de redução a escrito tem como consequência considerar-se o contrato sem termo (artigo 42.º, número 3 do DL 64-A/89, de 27 de Fevereiro), mas o problema subsiste quanto a saber se é a tempo completo ou a tempo parcial.

5. Alteração do tempo de trabalho

Um trabalhador a tempo parcial pode passar a trabalhar a tempo completo, assim como um trabalhador a tempo completo pode passar a desenvolver a sua actividade a tempo parcial. Tanto num caso como no outro, tal alteração pode ocorrer por um período determinado como pode dar-se a título definitivo[25].

---

[23] Esta é, segundo LUIGI MELE, *Il part-time...* cit., págs. 61 a 63, uma das soluções defendidas em Itália, mas o Autor considera que tal pode não corresponder à vontade do trabalhador. Este é igualmente o entendimento do Supremo Tribunal italiano (TATARELLI, *Part-time...* cit., pág. 15). Outros autores consideram que a exigência de forma constitui uma formalidade *ad probationem*, e que, em caso de inobservância, as partes podem sempre demonstrar, através de outros meios de prova, "que na realidade quiseram limitar o horário de trabalho nos termos convencionados" (LUIGI MELE, *Il part-time...* cit., págs. 62).

[24] Quanto à prova da celebração de um contrato de trabalho a tempo parcial, veja-se Ac. STJ de 17 de Janeiro de 2001, CJ STJ 2001, T. I, pág. 278, onde se considerou que o ónus da prova cabe à entidade patronal. Note-se, no entanto, que à situação factual analisada não se aplicava ainda a Lei 103/99, de 26 de Julho.

[25] O artigo 43.º, n.º 2 do DL 409/71, de 27 de Setembro, já prescrevia que as convenções colectivas de trabalho deviam estabelecer a preferência na admissão a tempo

Nestas situações, ou seja, quando ocorra uma alteração do tempo de trabalho nos termos expostos, o artigo 3.º, n.º 1, estabelece a necessidade de observância da forma escrita[26].

O artigo 3.º, n.º 2, prevê a possibilidade de revogação, por parte do trabalhador, do acordo que altera o tempo de trabalho (de tempo completo para tempo parcial ou vice-versa), até ao 2.º dia útil seguinte à data da produção dos seus efeitos, mediante comunicação escrita à entidade empregadora[27]. Esta possibilidade de revogação não existe no caso de acordo de modificação do período de trabalho devidamente datado e com assinaturas objecto de reconhecimento notarial presencial ou realizadas na presença de um inspector do trabalho (artigo 3.º, n.º 3).

No caso de um trabalhador a tempo completo passar a exercer a sua actividade a tempo parcial por tempo determinado, até ao máximo de 3 anos[28], o trabalhador pode, no final do prazo, retomar a prestação de trabalho a tempo completo (artigo 3.º, n.º 4). Consagra-se, neste preceito, um direito de reversão, ou seja, de retomar, depois do termo acordado, a prestação de trabalho a tempo completo[29].

---

parcial relativamente a trabalhadores com responsabilidades familiares, com capacidade de trabalho reduzida e trabalhadores estudantes.

[26] O problema da consequência da falta de forma, analisado em 4, coloca-se igualmente nesta situação.

[27] Consagra-se neste preceito um "direito de arrependimento", como ocorre em muitos outros domínios (nomeadamente relacionados com a protecção do consumidor), mas também presente no Direito do Trabalho, no âmbito da cessação do contrato por iniciativa do trabalhador ou da sua revogação por mútuo acordo — Lei 38/96, de 31 de Agosto.

[28] Assim como outro período mais elevado estabelecido em convenção colectiva de trabalho ou por acordo das partes (artigo 3.º, n.º 5).

[29] Pensamos que este preceito não se justifica pois, se foi acordada uma passagem de tempo completo a tempo parcial por período determinado, é evidente que os próprios termos do acordo celebrado ("por período determinado") implicarão necessariamente que, findo o prazo, há retorno à situação anterior, ou seja, à prestação de trabalho a tempo completo. O regime estatuído neste preceito só se justificaria caso se pretendesse conceder esse direito de reversão antes de decorrido o período acordado para a mudança do tempo de trabalho ou limitá-lo a alterações do tempo de trabalho que não excedam os 3 anos.

Pensamos que primeira solução não foi pretendida pela legislador, a que acrescerá o facto, para a sua rejeição, de que poderia causar uma grande incerteza à entidade patronal que entretanto poderia ter contratado um outro trabalhador a termo para substituir aquele que acordou na modificação temporária do seu período de trabalho, e que se poderia ver na eventualidade de ter dois trabalhadores para ocupar o mesmo posto de trabalho, porque se exerceu o direito de reversão antes do prazo.

A segunda solução também não parece defensável, pois caso fosse essa a solução pretendida teria sido preferível estabelecer-se que a passagem a tempo parcial nunca poderia exceder os 3 anos.

O problema que se pode colocar é o de saber se se manterá o direito de reversão se for acordada a passagem a tempo parcial por período superior a três anos.

MONTEIRO FERNANDES[30] parece inclinar-se para a impossibilidade de o trabalhador, por decisão unilateral, poder, neste caso, retomar a prestação de trabalho a tempo completo, relacionando o artigo 3.º, n.º 6 com a impossibilidade de contratar a termo por período superior a 3 anos[31].

Pensamos não ser defensável esta solução. O artigo 3.º, n.º 5 prevê a possibilidade de o período ser alargado, e tal implicará, necessariamente, a aplicação das consequências previstas no n.º 4 do mesmo artigo, ou seja, a possibilidade de reversão[32]. Dito de outro modo, se a lei prevê que a passagem de tempo completo para tempo parcial por período determinado pode ocorrer por período superior a 3 anos, desde que previsto em convenção colectiva de trabalho ou pelas partes, tal passagem não pode deixar de conferir o direito de reversão, sob pena de não ser uma situação transitória e passar a ser a título definitivo[33].

Se esta passagem resultar da necessidade de acompanhar filho, adoptado ou filho do cônjuge que com ele resida durante os primeiros 12 meses de vida, o período em que se está a trabalhar a tempo parcial (no máximo de 3 anos — n.º 4) será equiparado à situação de tempo completo para cálculo das prestações da Segurança Social.

6. Contratação a termo

Caso um trabalhador passe temporariamente a exercer a sua actividade a tempo parcial, na pendência desta situação, a entidade

---

[30] *Direito do Trabalho...* cit., págs. 366 e 367, nota 2.

[31] Impossibilidade que, em nossa opinião, não existe no DL 64-A/89, de 27/2. Vd. PAULA PONCES CAMANHO, "Algumas reflexões sobre o regime jurídico do contrato de trabalho a termo", *Juris et de jure*, Nos vinte anos da Faculdade de Direito da Universidade Católica Portuguesa, Porto, 1998, págs. 979 a 981.

[32] Esta é a solução para que se inclina igualmente SÁ E MELLO, «Modelos de organização ...» cit., pág. 341.

[33] É curioso que o carácter transitório ou definitivo da mudança de tempo completo para parcial dependa, de acordo com o artigo 3.º, n.º 4, da vontade do trabalhador que pode, ou não, exercer o direito de reversão que lhe assiste. Ou seja, um trabalhador a tempo completo pode passar a trabalhar a tempo parcial por um período determinado e, não exercendo o direito de reversão, a situação torna-se definitiva, sem que a entidade empregadora possa fazer alguma coisa para obstar à produção deste efeito.

patronal pode contratar a termo e a tempo parcial um trabalhador para substituir aquele que entretanto passou a trabalhar a tempo parcial. Trata-se de uma nova situação em que se admite a celebração de um contrato a termo, que acresce às previstas no artigo 41.° do DL 64-A/89, de 27 de Fevereiro.

A esta situação não serão de aplicar os limites do DL 64-A/89, de 27 de Fevereiro, quanto à duração máxima do contrato a termo (3 anos)[34], uma vez que a passagem de tempo completo a tempo parcial pode dar-se por período superior, nos termos do n.° 5 do artigo 3.°.

7. Regime jurídico do contrato de trabalho a tempo parcial: a equiparação, dever de informação, direitos dos trabalhadores — referência especial à retribuição.

O primeiro ponto a realçar consiste na grande liberdade conferida pela lei aos instrumentos de regulamentação colectiva (*v.g.* artigos 1.°, n.° 2, 2.°, n.° 2 e 3.°, n.° 5).

O contrato a tempo parcial corresponde a um vínculo laboral comum, em que a única diferença consiste na duração do tempo de trabalho[35]. Assim, está sujeito às mesmas regras, com as especificidades decorrentes da lei.

O contrato de trabalho a tempo parcial pode ser celebrado com duração indeterminado ou a termo[36], havendo uma equiparação, em

---

[34] Para quem entenda que a lei estabelece tal limite, o que não é o nosso caso. Veja-se relativamente a esta questão, o nosso estudo, "*Algumas reflexões* ...", cit., págs. 979 a 981.

[35] Neste sentido, ALARCON CARACUEL, «Trabajadores a tiempo parcial ...» cit., págs. 57 e 58, afirma que no contrato a tempo parcial não há uma alteração qualitativa dos elementos constitutivos do contrato (sujeito, causa e objecto), mas somente uma "mudança meramente quantitativa da obrigação da actividade do trabalhador, que se traduz numa jornada mais reduzida do que a habitual e, consequentemente, na prestação salarial", pelo que não se poderá falar em trabalho a tempo parcial como "modalidade contratual". No mesmo sentido, LUIGI MELE, *Il part-time...* cit., pág. 47 e MOLTÓ GARCÍA, *El contrato de trabajo* ... cit., pág. 14.

[36] Nas situações previstas no DL 64-A/89, de 27 de Fevereiro, ou na substituição de trabalhador a tempo completo que passe, temporariamente, a trabalhar a tempo parcial.

Em Itália admite-se igualmente a celebração de contratos de trabalho a tempo parcial e a termo, sempre que se verifiquem as condições substanciais que autorizem a aposição de um prazo de duração ao contrato (TATARELLI, *Part-time...* cit., pág. 39). O mesmo sucede em Espanha, MOLTÓ GARCÍA, *El contrato de trabajo...* cit., pág. 32.

termos de tratamento, com os trabalhadores a tempo completo numa situação comparável (artigo 2.°, n.° 1).

O tratamento só pode ser diferente se justificado por razões objectivas previstas em convenção colectiva de trabalho ou que respeitem a condições de trabalho inerentes à prestação de trabalho a tempo completo (remuneração base e certas prestações retributivas complementares)[37].

Assim, a remuneração base de um trabalhador a tempo parcial corresponde à auferida por um trabalhador a tempo completo numa situação comparável, em proporção ao respectivo período normal de trabalho (artigo 5.°, n.° 1).

A mesma regra deve ser aplicada a outras prestações retributivas, ou seja, que constituam contrapartida ao trabalho[38]. É o caso do subsídio de penosidade, de turno ou da remuneração por trabalho nocturno[39]. Mas já não se deverá aplicar esta regra a parcelas retributivas que decorram do "próprio facto da prestação", sendo "independentes do tempo de trabalho" executado[40]. É o caso, segundo JÚLIO GOMES, do subsídio de transporte[41].

---

[37] TATARELLI Part-time... cit., págs. 48 e 49, defende que devem considerar-se nulas as cláusulas de um contrato que, violando a regra da proporcionalidade, prevejam para o trabalhador a tempo parcial um retribuição diferenciada e "portanto, um tratamento pior relativamente ao conferido ao trabalhador a tempo completo".

[38] De acordo com TATARELLI, Part-time... cit., pág. 49, o princípio da proporcionalidade não respeita somente à remuneração base, mas a outros "elementos retributivos" relacionados com a presença no serviço ou com a duração da prestação, dando como exemplo, o prémio de produtividade.

[39] Neste sentido, JÚLIO GOMES, «Trabalho a tempo parcial... » cit., pág. 84.

[40] JÚLIO GOMES, ob. cit. loc. cit.

[41] Ob. cit. loc. cit. De facto, tal como refere este Autor, as despesas de transporte são idênticas para trabalhadores que prestem 1, 3 ou 8 horas de trabalho por dia. Isto só não será assim se o trabalho a tempo parcial não for executado todos os dias, mas o trabalhador prestar a sua actividade só em alguns dias por semana, pois, neste caso, as despesas serão inferiores.

No que respeita às diuturnidades, no Ac. STJ de 9 de Julho 1997 (internet, site STJ) entendeu-se que se deveria fazer igualmente uma proporção.

No mesmo sentido, TATARELLI, Part-time... cit., pág. 49, defende que não são susceptíveis de ser calculadas proporcionalmente as prestações que têm carácter "ressarcitório ou restitutório", dando com exemplo o reembolso de despesas, nem aquelas "que não dependem da duração da prestação", como é o caso das despesas de transporte. LUPI e RAVAIOLI, Il lavoro flessibile... cit., pág. 156 e 157, acrescentam a indemnização por transferência de local de trabalho.

No que respeita ao subsídio de refeição, este deverá ser pago por inteiro, excepto se o período normal de trabalho for inferior a cinco horas diárias, caso em que se aplicará a regra da proporcionalidade[42].

O trabalhador a tempo parcial é titular de todos os direitos e obrigações que não estejam ligados à duração do trabalho (férias, por exemplo), sendo-lhe igualmente aplicável o estatuto do trabalhador estudante[43].

Um problema que se pode colocar relativamente aos trabalhadores a tempo parcial é o de saber como calcular a indemnização ou compensação em caso de cessação do contrato de trabalho.

Nesta matéria não parece haver desvio à regra geral do artigo 13.º, n.º 3 do DL 64-A/89, de 27 de Fevereiro: atender-se-á à última remuneração auferida pelo trabalhador, ou seja, à que este aufere no momento da cessação do contrato[44].

---

[42] Esta solução pode conduzir a que o trabalhador, exercendo a sua actividade a tempo parcial em duas empresas, possa receber dois subsídios de refeição, desde que trabalhe, pelo menos, cinco horas em cada uma.

O regime previsto na lei é criticado por JÚLIO GOMES, ob. cit. loc. cit., que considera como decisivo para a atribuição do subsídio o facto de o trabalhador não poder fazer a sua refeição em casa.

[43] Há direitos que são por natureza indivisíveis. É o caso, segundo ALARCÓN CARACUEL, «Trabajadores a tiempo parcial...» cit, págs. 59 e 64, do direito à eleição de representantes do trabalhador, que se deverá reger pelo princípio "um trabalhador, um voto", quer se trate de um trabalhador a tempo completo ou de um trabalhador a tempo parcial.

Outra questão que pode ser colocada, e que tem sido debatida em Itália, LUIGI MELE, Il part-time... cit., págs. 235 a 237, é a de saber qual o período experimental do trabalhador a tempo parcial no caso de trabalho a tempo parcial prestado só em alguns dias da semana: se aquele é fixado em dias de calendário ou em dias de trabalho efectivo.

[44] Tal solução poderá conduzir a situações de injustiça. Pensemos num trabalhador que sempre exerceu a sua actividade a tempo completo e passa, por um período de 1 ano, a exercê-la a tempo parcial com um período normal de trabalho correspondente a metade do que tinha. Caso o seu contrato cesse durante esse período de 1 ano, por qualquer motivo que lhe confira direito a uma indemnização ou compensação, esta será calculada com base na última remuneração auferida, que será necessariamente a correspondente a metade da que recebia anteriormente. Ou seja, apesar de ter trabalhado durante anos a tempo completo, com uma remuneração correspondente a este período de trabalho, a sua indemnização/compensação será calculada atendendo à remuneração auferida no momento da cessação, ou seja, à que corresponde a uma situação temporária.

Tal é ainda mais chocante se compararmos a situação deste trabalhador com a de um outro que tenha a mesma antiguidade e a mesma categoria e que não alterou o seu

No caso de acidente de trabalho, a lei determina que o cálculo das prestações para os trabalhadores a tempo parcial tem como base a retribuição que aufeririam se trabalhassem a tempo inteiro (artigo 44.º do DL 143/99, de 30 de Abril, referente à reparação dos acidentes de trabalho)[45].

O trabalhador a tempo completo está igualmente sujeito à obrigação de prestar trabalho suplementar[46]. No entanto, a lei estabelece expressamente limites ao número de horas ao trabalho suplementar dos trabalhadores a tempo parcial: 80 horas por ano. No entanto, este limite pode ser ultrapassado em situações de força maior (artigo 5.º, n.º 2 do

---

período normal de trabalho e, cessando o contrato de ambos os trabalhadores na mesma altura, por exemplo, por despedimento colectivo, um (o que continuou a tempo completo) receberá o dobro do outro (o que passou a trabalhar a tempo parcial, com um período normal de trabalho reduzido a metade).

Esta diferença de tratamento, que consideramos pouco justa, seria contornada se o legislador tivesse adoptado uma solução semelhante à da lei francesa. Esta, no que respeita à indemnização, estabelece que, quando os trabalhadores forem ocupados a tempo completo e depois a tempo parcial na mesma empresa, a sua indemnização é calculada proporcionalmente aos períodos de trabalho numa e noutra modalidade. Cfr. JÚLIO GOMES, «Trabalho a tempo parcial...» cit., pág. 85. No entanto, não há base legal para, em Portugal, se proceder da mesma forma.

JÚLIO GOMES «Trabalho a tempo parcial...» cit., pág. 86, considera que nas situações em que a passagem a tempo parcial é transitória, a indemnização deve ser calculada atendendo à remuneração "normal" do trabalhador, ou seja, àquela a que teria direito se regressasse a tempo completo.

[45] Neste sentido, ver Ac. Rel. Lisboa de 22 de Janeiro de 1992, CJ, 1992, T. I, págs. 196 ss.

[46] Regime diferente vigora em Itália, em que está proibida a prestação de trabalho suplementar, a não ser que uma convenção colectiva de trabalho admita tal possibilidade. Cfr. LUIGI MELE, Il part-time... cit., págs. 145 e 146, o que, segundo o Autor, se justifica para tutelar o trabalhador, que pode ter acordado na prestação de trabalho com período reduzido por razões familiares. No mesmo sentido, TATARELLI Part-time... cit., pág. 54. No entanto, entende LUIGI MELE que, para tal, bastaria a possibilidade de o trabalhador prestar desde logo o seu acordo.

Também em Espanha o regime é diverso: proíbe-se a prestação de trabalho suplementar dos trabalhadores a tempo parcial, excepto nos casos de força maior ou mediante um pacto de "*horas complementarias*": "aquele pelo qual se estabelece entre os sujeitos do contrato de trabalho a tempo parcial a possibilidade de realizar horas adicionais de trabalho para além das acordadas no contrato de trabalho" e dentro de determinados requisitos (MOLTÓ GARCÍA, El contrato de trabajo..., cit., pág. 44), funcionando, de acordo com PURCALLA BONILLA e RIVAS VALLEGO, La contratación ... cit., pág. 48, como "uma espécie de alternativa às horas extraordinárias, uma espécie de jornada «diferida» ou de «horas de reserva»".

DL 421/83, de 2 de Dezembro); para fazer face a acréscimos eventuais de trabalho se tiver sido acordado por escrito, não podendo, ainda assim, exceder as 200 horas por ano e quando a duração do trabalho a tempo parcial convencionada seja proporcionalmente superior à que determina o limite de 80 horas[47].

A lei consagra um dever de informação a cargo do empregador (artigo 6.º, n.º 2) e que, sempre que possível, este deve tomar em consideração os pedidos dos trabalhadores relativamente à mudança do tempo de trabalho.

Há mesmo uma situação prevista na lei em que o trabalhador tem o direito de trabalhar a tempo parcial: artigo 19.º da Lei 4/84, de 5 de Abril — quando tem um ou mais filhos menores de 12 anos[48].

---

[47] Ou seja, superior a 40% do tempo completo, O legislador pensou na hipótese de o trabalhador a tempo parcial trabalhar o tempo correspondente a 40% do tempo completo (o limite das 80 horas corresponde a 40% das 200 horas, que constitui o número máximo de horas de trabalho suplementar para os trabalhadores a tempo completo — artigo 5.º, n.º 1, al. a) do DL 421/83, de 2 de Dezembro).

Se o período normal de trabalho semanal for superior a 40% daquele que é praticado a tempo completo, ter-se-á de fazer uma proporção para apurar o limite do número de horas de trabalho suplementar aplicáveis ao trabalhador. Por exemplo, se o período normal de trabalho semanal é de 40 horas e se um trabalhador a tempo parcial trabalhar 20 horas por semana, este terá como limite ao trabalho suplementar as 100 horas por ano, e não as 80 horas.

[48] Situação actualmente regulamentada pelo DL 230/2000, de 23 de Setembro.

Existe, relativamente aos funcionários da Administração Pública, a possibilidade de adopção de um regime de tempo parcial para os funcionários que estejam a 5 ou menos anos de passar à aposentação (DL 324/99, de 18 de Agosto). Neste caso, a passagem a tempo parcial é irreversível desde que aceite pela Administração e a lei fixa o período normal de trabalho em metade do prestado a tempo completo e a retribuição é igualmente fixada em metade.

CELEBRAÇÃO DE CONTRATOS DE TRABALHO A TEMPO PARCIAL PARA PARTILHA DE POSTOS DE TRABALHO
Benefícios da entidade empregadora*
(art. 8.º Lei 103/99, de 26/7)

Jovens à procura do primeiro emprego ou desempregados de longa duração[49]	Contrato sem termo	Dispensa de pagamento de contribuições	Duração — 36 meses
Jovens à procura do primeiro emprego ou desempregados de longa duração[50]	Contrato a termo	Redução de 50% na taxa contributiva	Duração — 36 meses
Outros trabalhadores, desde que desempregados há, pelo menos, 3 meses	Contrato sem termo	Redução de 50 % na taxa contributiva	Duração — 36 meses
Outros trabalhadores, desde que desempregados há, pelo menos, 3 meses	Contrato a termo	Redução de 25% na taxa contributiva	Duração — 36 meses

* Estes benefícios só são reconhecidos se:
a) Entidade empregadora tiver a situação contributiva regularizada
b) A soma dos períodos normais de trabalho do trabalhador que passou a trabalhar a tempo parcial e do que foi admitido para a substituição parcial não for inferior ao período normal de trabalho (em tempo completo).

---

[49] Definidos nos termos dos arts. 3.º e 4.º do DL 89/95, de 6/5.
[50] Definidos nos termos dos arts. 3.º e 4.º do DL 89/95, de 6/5.

CONTRATAÇÃO DE TRABALHADORES A TEMPO PARCIAL COM CRIAÇÃO DE POSTOS DE TRABALHO*
Benefícios da entidade empregadora•
(art. 9.º Lei 103/99, de 26/7)

Jovens à procura do primeiro emprego ou desempregados de longa duração	Contrato sem termo	Dispensa de contribuições, nos termos do DL 89/95, de 6/5	Duração — 36 meses
Jovens à procura do primeiro emprego ou desempregados de longa duração	Contrato a termo	Redução de 50% na taxa contributiva	Duração — 36 meses
Outros trabalhadores, desde que desempregados há, pelo menos, 3 meses	Contrato sem termo	Redução de 50% na taxa contributiva	Duração — 36 meses
Outros trabalhadores, desde que desempregados há, pelo menos, 3 meses★	Contrato a termo	Redução de 25 % na taxa contributiva	Duração — 24 meses

* Há criação de postos de trabalho quando a entidade patronal tem ao seu serviço um n.º de trabalhadores subordinados superior ao que se verificava no último mês do ano civil anterior.

• Estes benefícios só são reconhecidos se:
a) Entidade empregadora tiver a situação contributiva regularizada
b) O n.º de horas de trabalho não for superior inferior a 25% nem superior a 75% da duração normal do trabalho a tempo completo

(Em alternativa a estes incentivos, é aplicável à contratação de trabalhadores a tempo parcial, se houver criação líquida de postos de trabalho, o regime do DL 34/96, de 18 de Abril, com as especificidades constantes dos n.ºs 2 e 3 do art. 10.º da Lei 103/99).

★ Este benefício deixou de vigorar em 27/7/2000 — art. 14.º, n.º 3

CONTRATO DE TRABALHO A TEMPO PARCIAL
Jurisprudência

— Ac. Rel. Lisboa de 22/1/92, CJ 1992, T. I, p. 196
— Ac. Rel. Porto de 21/9/92, CJ 1992, T. IV, p. 285
— Ac. Rel. Porto de 16/1/95, CJ 1995, T. I, p. 252
— Ac. STJ de 9/1/97, BMJ 469, p. 320
— Ac. STJ de 9/7/97 (Internet — *Site* STJ)
— Ac. STJ de 26/11/97, CJ 1997 (STJ), T. III, p. 290
— Ac. STJ de 3/3/98, BMJ 475, p. 413
— Ac. Rel. Évora de 2/6/98, BMJ 478, p. 467
— Ac. Rel. Évora de 15/9/98, BMJ 479, p. 741
— Ac. Rel. Porto de 18/1/99 (Internet — *Site* TRP)
— Ac. STJ de 17/1/2001, CJ 2001 (STJ), T. I, pág. 278

A TRIBUTAÇÃO DOS RENDIMENTOS DE TRABALHO DEPENDENTE EM IRS

Luís Manuel Teles de Menezes Leitão

1. Introdução

O tema da nossa conferência respeita à tributação dos rendimentos do trabalho dependente[1]. Neste âmbito, a carga fiscal que vem especificamente incidir sobre este tipo de rendimentos reconduz-se essencialmente a duas situações: o Imposto sobre o Rendimento das Pessoas Singulares (IRS), cuja categoria A contempla especificamente esta matéria e as contribuições para a segurança social, que vêm complementar essa tributação no âmbito da parafiscalidade[2]. Face à amplitude do tema, optámos, no entanto, por restringir a nossa análise à tributação no âmbito da categoria A do IRS.

Analisemos assim esta tributação:

2. A incidência real da categoria A do IRS

2.1. *Generalidades*

A categoria A do IRS restringe-se aos rendimentos de trabalho dependente, os quais são normalmente delimitados por serem contrapartida de uma prestação de actividade laboral, seja ela abrangida pelo

---

[1] O presente artigo corresponde ao texto escrito da conferência que efectuámos em 12 de Março de 2003, no Curso de Pós-Graduação em Direito do Trabalho, organizado pelo Instituto de Direito do Trabalho da FDL

[2] Nos termos do art. 3.º do D.L. 199/99, de 8 de Junho a sua taxa é actualmente de 34,75% das quais cabem 11% ao trabalhador e 23,75% à entidade patronal.

Direito Privado, seja pelo Direito Público. No entanto, o art. 2.º do Código abrange igualmente toda uma série de situações, que dificilmente se podem enquadrar nessa categoria, o que implica ter que se construir um enquadramento do facto tributário na categoria A, com base em critérios económicos e não exclusivamente jurídicos.

É, no entanto, possível estabelecer, no âmbito da norma de incidência da categoria A uma distinção entre o núcleo central de incidência, que nos aparece referido no n.º 1 do art. 2.º do C.I.R.S. e situações que apenas por conexão vêm a ser abrangidas nesta categoria, que são objecto de uma detalhada enumeração no art. 2.º, n.º 3 C.I.R.S.

2.2. O núcleo central da categoria A do IRS (art. 2.º, n.º 1 C.I.R.S.)

2.2.1. Generalidades

No âmbito do núcleo central da categoria A do IRS incluem-se as remunerações derivavas das seguintes quatro situações jurídicas (art. 2.º, n.º 1 C.I.R.S.):
1. Trabalho por conta de outrem, prestado ao abrigo de contrato individual de trabalho ou de outro a ele legalmente equiparado;
2. Trabalho prestado ao abrigo de contrato de aquisição de serviços ou outro de idêntica natureza, sob a autoridade e direcção da pessoa ou entidade que ocupa a posição de sujeito activo na relação jurídica dele resultante;
3. Exercício de função, serviço ou cargo público;
4. Situações de pré-reforma, pré-aposentação ou reserva, com ou sem prestação de trabalho, bem como de prestações atribuídas, não importa a que título, antes de verificados os requisitos exigíveis nos regimes obrigatórios de segurança social aplicáveis para a passagem à situação de reforma, ou, mesmo que não subsista o contrato de trabalho, se mostrem subordinadas à condição de serem devidas até que tais requisitos se verifiquem, ainda que, em qualquer dos casos anteriormente previstos, sejam devidos por fundos de pensões ou outras entidades, que se substituam à entidade originariamente devedora.

Examinemos sucessivamente estas situações:

2.2.2. Trabalho por conta de outrem, prestado ao abrigo de contrato individual de trabalho ou de outro a ele legalmente equiparado (art. 2.º, n.º 1 a) C.I.R.S.)

A primeira situação prevista no art. 2.º, n.º 1 a) do Código abrange as situações relativas às remunerações devidas por um contrato de trabalho, definido no art. 1152.º do Código Civil e no art. 1.º da Lei do Contrato de Trabalho, aprovada pelo D.L. 49408, de 24 de Novembro de 1969, como aquele pelo qual uma pessoa se obriga, mediante retribuição a prestar a sua actividade intelectual ou manual a uma pessoa, sob autoridade e direcção desta, e que se contrapõe ao contrato de prestação de serviços, em que a prestação característica é apenas o resultado do trabalho intelectual ou manual, e não a actividade (art. 1154.º do Código Civil). Assim, no âmbito desta categoria abrange-se os rendimentos resultantes da prestação de trabalho enquanto actividade e não de trabalho enquanto resultado, uma vez que esta gera uma situação de trabalho independente, em princípio abrangida antes pela categoria B.

A norma de incidência abrange tanto os contratos de trabalho sujeitos ao regime geral, como os regimes especiais da prestação de trabalho, designadamente o *contrato de trabalho a termo* (D.L. 64-A/89, de 27 de Fevereiro e Lei 38/96, de 31 de Agosto), o *contrato de trabalho temporário* (arts. 18.º e ss. do D.L. 358/89, de 17 de Outubro, alterado pela Lei 39/96, de 31 de Agosto e pela Lei 146/99, de 1 de Setembro), o *contrato de serviço doméstico* (D.L. 235/92, de 24 de Outubro), *o contrato de trabalho do praticante* desportivo (Lei 28/98, de 26 de Junho), o *contrato de trabalho rural* (PRT para a agricultura de 8 de Junho de 1979), o *contrato de trabalho portuário* (D.L. 280/93, de 13 de Agosto, e o D.L. 298/93, de 28 de Agosto) e o *contrato de trabalho de estrangeiros* (Lei 20/98, de 12 de Maio).

Já não constituirão, no entanto, situações de trabalho subordinado os casos do contrato de aprendizagem (arts 16.º e ss. do D.L. 205/96, de 25 de Outubro), que constitui antes uma situação de prestação de serviços[3].

Controversa tem sido neste âmbito a tributação dos porteiros, onde se tem hesitado na sua qualificação como contrato de trabalho, parecendo a melhor posição a de que constitui um contrato misto de locação e prestação de serviços[4]. No entanto, a verdade é que a PRT de 2/5/1975,

---

[3] Cfr. PEDRO ROMANO MARTINEZ, *Direito do Trabalho*, Coimbra, Almedina, 2002, p. 649

[4] Cfr. ROMANO MARTINEZ, *op. cit.*, p. 658.

alterada pela PRT de 20/6/1975 determinou a sujeição dos porteiros ao regime do contrato de trabalho, o que motivou que um Despacho da DGCI de 26/9/1989 viesse a qualificar a sua retribuição como enquadrável na categoria A do IRS[5].

Abrangem-se ainda nesta situação os contratos em que exista uma equiparação legal ao contrato de trabalho. Estará nesta situação o *trabalho ao domicílio* (art. 2.° da LCT e D.L. 440/91, de 14 de Novembro), bem como os *contratos em que o trabalhador compra as matérias primas e fornece por certo preço, ao vendedor delas, o produto acabado* (art. 2.° LCT)[6].

> 2.2.3. *Trabalho prestado ao abrigo de contrato de aquisição de serviços ou outro de idêntica natureza, sob a autoridade e direcção da pessoa ou entidade que ocupa a posição de sujeito activo na relação jurídica dele resultante (art. 2.°, n.° 1 b) C.I.R.S.)*

Tem sido bastante controvertida a interpretação a dar à alínea b) do art. 2.°, n.° 1 do CIRS, que faz referência ao contrato de aquisição de serviços, sob a autoridade ou direccção da pessoa que ocupa a posição de sujeito activo da relação jurídica dele resultante. É manifesto que, ao se fazer referência à prestação de trabalho sob a autoridade ou direcção doutrem, o legislador se refere a situações de trabalho dependente, permitindo que a administração fiscal enquadre a situação na categoria A, sempre que conclua existir autoridade ou direcção de outrem, mesmo que as partes tenham optado pela qualificação do tipo contratual da prestação de serviços.

Para além disso, certos contratos legalmente qualificados como de prestação de serviços, mas que pressupõem uma efectiva relação de trabalho com outra entidade que não o beneficiário de serviço são aqui enquadrados. É o que sucede com o contrato de uitilização de trabalho temporário (arts. 9.° e ss. do D.L. 358/89, de 17 de Outubro) ou com o contrato de cedência temporária (arts. 17.° e ss. do D.L. 358/89, de 17 de

---

[5] Cfr. ANDRÉ SALGADO DE MATOS. *Código do Imposto sobre o Rendimento das Pessoas Singulares Anotado*, Lisboa, ISG, 1999, pp. 66-67.

[6] Cfr. DIRECÇÃO GERAL DAS CONTRIBUIÇÕES E IMPOSTOS (org.), *IRS (Noções Fundamentais*, Lisboa, CFAP, 1990, p. 28.

Outubro) ou com a cedência ocasional de trabalhadores (arts. 26.º e ss. do D.L. 358/89, de 17 de Outubro)[7].

Já quanto à prestação de serviços em geral (art. 1154.º), designadamente as modalidades típicas do mandato, depósito e empreitada, esta não é enquadrável no âmbito da categoria A. Deve, no entanto, salientar--se que se a prestação de serviços for realizada a uma única entidade é permitido ao sujeito passivo optar pela tributação de acordo com as regras da categoria A, mantendo-se essa opção por um período de três anos (art. 28.º, n.º 8 do C.I.R.S.).

2.2.4. *Exercício de função, serviço ou cargo público (art. 2.º, n.º 1 c) C.I.R.S.)*

Outra situação abrangida no âmbito do núcleo central da categoria A do IRS diz respeito à função, serviço ou cargo público. Abrange-se, portanto, aqui todo e qualquer servidor público, que exerça a sua actividade no âmbito da administração pública, orgãos políticos ou tribunais e quer trabalhe para o Estado, para as Regiões Autónomas ou para as Autarquias Locais. Incluem-se aqui, portanto, os titulares de cargos políticos e altos cargos públicos, os magistrados, os militares no activo, e os empregados na administração pública. De acordo com o D.L. 184/89, de 2 de Junho, alterado pela Lei 25/98, de 26 de Maio, a relação jurídica de emprego na administração pública tanto pode abranger a nomeação (art. 6.º) como o contrato de pessoal (art. 7.º), sendo que o contrato de pessoal por sua vez tanto pode ser contrato administrativo de provimento (art. 8.º), como contrato de trabalho a termo certo, sendo que neste último caso é regido pela lei geral de trabalho relativa aos contratos a termo (art. 9.º). A Administração pode ainda celebrar contratos de prestação de serviços (art. 10.º), os quais não são obviamente enquadráveis no âmbito da categoria A.

---

[7] Cfr. ANDRÉ SALGADO DE MATOS, *op. cit.*, p. 69.

2.2.5. *Situações de pré-reforma, pré-aposentação ou reserva, com ou sem prestação de trabalho, bem como de prestações atribuídas, não importa a que título, antes de verificados os requisitos exigìveis nos regimes obrigatórios de segurança social aplicáveis para a passagem à situação de reforma, ou, mesmo que não subsista o contrato de trabalho, se mostrem subordinadas à condição de serem devidas até que tais requisitos se verifiquem, ainda que, em qualquer dos casos anteriormente previstos, sejam devidos por fundos de pensões ou outras entidades, que se substituam à entidade originariamente devedora (art. 2.°, n.° 1 d) C.I.R.S.)*

Numa formulação extremamente complexa, abrangem-se nesta norma várias situações:

A) **Pré-reforma**

A pré-reforma, regulada pelo D.L. 261/91, de 15 de Julho, consiste de acordo com o seu artigo 3.°, na situação de suspensão ou redução da prestação de trabalho realizada com o acordo do trabalhador maior de 55 anos em que este recebe temporariamente uma prestação pecuniária mensal, até passar à situação de pensionista, regressar à actividade ou se extinguir o contrato de trabalho.

B) **Pré-aposentação**

A pré-aposentação consiste num instituto jurídico próximo da pré-reforma aplicável aos membros da polícia de segurança pública, tendo esse regime sido instituído pelo D.L. 417/86, de 19 de Dezembro, alterado pelo D.L. 458/88, de 14 de Dezembro e pelo D.L. 58/90, de 14 de Fevereiro, e cujos requisitos constam do art. 77.° do Estatuto da Polícia de Segurança Pública, aprovado pelo Decreto-Lei n.° 151/85, de 9 de Maio, com a redacção que lhe foi conferida pelo Decreto-Lei n.° 447/91, de 27 de Novembro. Esse instituto foi depois extensivo ao pessoal de vigilância da Direcção Geral dos Serviços Prisionais, pelo D.L. 316/91, de 18 de Janeiro e aos funcionários públicos, anteriormente inseridos no Quadro de Excedentes Interdepartamentais, pelo art. 7.° do D.L. 14/97, de 11 de Janeiro.

A pré-aposentação, no âmbito da PSP ocorre obrigatoriamente aos 60 anos (salvo para as categorias de sub-intendente, intendente ou superintendente, em que ocorre antes aos 65 anos, e de comissário principal, que ocorre aos 62 anos), podendo ainda ser concedida aos que tenham mais de 55 anos de idade ou 36 de serviço ou sejam considerados incapazes para o serviço activo, embora não para outras funções. Pode realizar-se com ou sem manutenção da prestação de actividade, uma vez que implica apenas a manutenção da disponibilidade para o serviço e implica o recebimento de uma prestação idêntica ao salário do trabalhador.

No caso dos funcionários anteriormente inseridos no QEI, caracteriza-se por suspender o vínculo à função pública e atribuir o direito à percepção de uma prestação pecuniária mensal correspondente a 50% da respectiva remuneração base e dos subsídios de Natal e de férias, a suportar pelo serviço ou organismo de origem.

B) **Reserva**

A reserva consiste numa situação semelhante à anterior, aplicável aos militares, constituindo uma fase intermédia entre o activo e a reforma. A reserva é regulada pelos art. 143.º e 153.º e ss. do Estatuto dos Militares das Forças Armadas, aprovado pelo Decreto-Lei n.º 236/99, de 25 de Junho Pode implicar ou não a cessação da prestação normal de serviço efectivo e determina o recebimento de uma remuneração, sujeita a critérios vários. Também se aplica o regime da reserva aos militares da Guarda Nacional Republicana, nos termos do art. 77.º do Estatuto, aprovado pelo D.L. 265/93, de 31 de Julho.

D) **Prestações pagas antes de verificados os requisitos para a passagem à reforma**

As prestações pagas, não importa a que título, antes de verificados os requisitos dos regimes obrigatórios de segurança social aplicáveis para a passagem à situação de refoma, ou mesmo que não subsista o contrato de trabalho, se mostrem subordinadas à condição de serem devidas até que tais requisitos se verifiquem, mesmo que sejam devidas por fundos de pensões ou outras entidades, que se susbtituam à entidade originariamente devedora. Trata-se neste caso de situações semelhantes à pré-reforma, ainda que não enquadráveis no respectivo regime (por, por exemplo, o trabalhador ainda não ter atingido os 55 anos), sendo que a entidade empregadora ou outra entidade convenciona com o trabalhador a suspensão ou redução da prestação de trabalho mediante a atribuição de uma remuneração até se atingir a idade da sua aposentação.

Conforme se pode verificar, trata-se de situações ainda não abrangidas na categoria H (rendimentos de pensões) e que, por isso, são tributáveis no âmbito da categoria A do IRS.

2.2.5. *Natureza das remunerações abrangidas nesta sede*

A lei tem o cuidado de especificar o cariz abrangente da norma de incidência, referindo que as remunerações são tributadas, independentemente da sua qualificação jurídica abrangendo por isso, designadamente, ordenados, salários, vencimentos, gratificações, percentagens, comissões, participações, subsídios ou prémios, senhas de presença, emolumentos, participações em coimas ou multas e outras remunerações acessórias, ainda que periódicas, fixas ou variáveis, de natureza contratual ou não (art. 2.º, n.º 2 C.I.R.S.)[8]. Não há, portanto, qualquer possibilidade de aplicar, em sede de IRS o conceito de retribuição constante dos arts. 82.º e ss. da LCT, que apenas considera retribuição "a remuneração de base e todas as outras prestações regulares e periódicas feitas, directa ou indirectamente, em dinheiro ou em espécie" (art. 82.º, n.º 2). Efectivamente, a remuneração por trabalho extraordinário, as gratificações e a participação nos lucros, apesar de excluídas do conceito de retribuição nos arts. 86.º, 88.º e 89.º da LCT integram o conceito de remuneração objecto de incidência da categoria A do IRS.

É, no entanto, de salientar que este conceito abrangente de remuneração continua a ter que estar em conexão com a prestação de trabalho ou outras prestações abrangidas na categoria A, sem o que o enquadramento fiscal pode ser outro.

2.3. *Situações periféricas introduzidas no âmbito da categoria A do IRS*

2.3.1. *Generalidades*

Na disposição do art. 2.º, n.º 3 do CIRS vem o legislador introduzir ainda uma referência a situações periféricas que não fazendo parte do

---

[8] Conforme refere SALDANHA SANCHES, *Manual de Direito Fiscal*, 2ª ed., Coimbra, Coimbra Editora, 2002, p. 208, e nota (11), estabelece-se neste caso uma previsão normativa que visa, através da sucessiva enumeração abranger todas as modalidades contratuais possíveis de percepção deste tipo de rendimento.

núcleo central da categoria A do IRS vêm a ser, no entanto, a ela equiparadas. Entre elas incluem-se as seguintes:

2.3.2. *Remunerações dos órgãos estatutários de gestão das pessoas colectivas e entidades equiparadas, com excepção dos que nela participem como revisores oficiais de contas (art. 2.º, n.º 3 a) C.I.R.S.)*

Nunca se considerou a existência de uma relação laboral em relação aos órgãos estatutários das pessoas colectivas. No entanto, a lei fiscal vem integrá-la totalmente no âmbito da tributação do trabalho dependente. Exceptuam-se apenas os revisores oficiais de contas, uma vez que os seus rendimentos são tributados na categoria B.

2.3.3. *Remunerações acessórias* (fringe benefits)

Outra situação que se encontra prevista no âmbito do IRS como objecto de tributação são as denominadas remunerações acessórias *(fringe benefits)*, definidas na cláusula geral do art. 3.º b) como os direitos, benefícios ou regalias não incluídos na remuneração principal que sejam auferidos devido à prestação de trabalho, ou em conexão com esta e constituam para o seu beneficiário uma vantagem económica[9]. O que caracteriza estas remunerações é o facto de terem normalmente um carácter complementar relativamente à retribuição devida pela prestação de trabalho, ainda que constituam um encargo directo ou indirecto da entidade patronal e façam parte dos benefícios que o trabalhador recebe por virtude dessa prestação e que por isso se consideram corresponder a uma manifestação da sua capacidade contributiva. Neste caso, podem estar em causa prestações com natureza pecuniária como subsídios, abonos ou pagamento de determindas despesas, mas também prestações sem natureza pecuniária como a atribuição de casa ou automóvel de função, o fornecimento de refeições no local de trabalho, etc[10]. A atribuição destes benefícios muitas vezes é realizada com fins de planeamento fiscal, uma

---

[9] Cfr. MARIA DOS PRAZERES RITO LOUSA, "Aspectos gerais relativos à tributação das vantagens acessórias", na *CTF* 374 (Abril-Junho 1994), pp. 7-62 e VASCO BRANCO GUIMARÃES, "As componentes não tributadas das remunerações e outras formas de obtenção do rendimento líquido", na *CTF* 395 (Julho-Setembro 1999), pp. 39-68.

[10] Cfr. PRAZERES LOUSA, *op. cit.*, p.

vez que a disponibilidade do dinheiro como meio geral de pagamentos permitiria sempre ao trabalhador a sua utilização para a aquisição de quaisquer destes benefícios. Assim, se se generaliza a prática de estas serem atribuídos pela entidade patronal é precisamente pela dificuldade em efectuar a sua tributação, minorando-se assim a carga fiscal que incide sobre o trabalhador[11]. Daí a necessidade de a lei fiscal estender a tipificação a alguma destas realidades, o que é realizado pelo art. 2.°, n.° 3 C.I.R.S. Na verdade se tal não acontecesse, daí resultaria que a lei fiscal efectuaria um tratamento discriminatório de contribuintes com idêntica capacidade contributiva, consoante a sua retribuição fosse paga normalmente ou através da atribuição de vantagens acessórias (violação da equidade horizontal), bem como poderia tributar de forma mais gravosa contribuintes de menores rendimentos, que não recebiam vantagens acessórias (violação da equidade vertical). Para além disso, a não tributação das vantagens acessórias colocaria problemas de eficiência económica e neutralidade fiscal, dado que estabeleceria a orientação do consumo dos contribuintes para certos sectores de actividade, levando ao desenvolvimento desse sectores em prejuízo de outros. Finalmente, a não tributação das vantagens acessórias funcionaria como um estímulo ao incumprimento das obrigações tributárias por parte dos contribuintes que se sentiriam discriminados por não auferirem estas vantagens.

Grande parte do conteúdo desta norma já resultava do disposto no art. 2.°, n.° 2, podendo assim ela considerar-se como interpretativa da incidência da remuneração, explicando que ela abrange entre outras as seguintes situações:

1) *Os abonos de família e respectivas prestações complementares, na parte em que não excedam os limites legais estabelecidos*

O abono de família é objecto de uma exclusão da incidência enquanto se mantiver dentro dos limites legais, operando-se assim uma derrogação à sua previsão no âmbito do art. 2.°, n.° 2 do C.I.R.S., onde se abrangem todos e quaisquer abonos. Trata-se de uma situação que se justifica por constituir uma forma de protecção da família, revestindo

---

[11] Outras razões poderão existir para a concessão de vantagens acessórias, como o intuito de evitar a mobilidade do trabalhador. Efectivamente, o trabalhador a quem são atribuídos benefícios em espécie tem menos tendência para mudar o posto de trabalho, devido ao conforto que já lhe é proporcionado por esses benefícios. No entanto, o enquadramento fiscal é a razão principal para a concessão destas vantagens.

assim a natureza de um benefício fiscal. Efectivamente, o facto de o Código do IRS adoptar o sistema do quociente conjugal (*splitting*) em lugar do quociente familiar (divisão pelo número de mebros do agregado familiar) implica um desfavorecimento fiscal das famílias numerosas. O benefício consistente na não tributação parcial do abono de família constitui assim uma forma de minorar essa situação[12].

2) O subsídio de refeição, na parte em que exceder em 50% o limite legal estabelecido ou em 70% sempre que o respectivo subsídio seja atribuído através de vales de refeição

O subsídio de refeição é objecto de tributação nos termos gerais, mas existe uma delimitação negativa da incidência do imposto até ao limite legal, acrescido de 50%. Assim, estariam isentas do imposto os subsídios de refeição que não excedessem os seguintes limites por cada dia de trabalho: em 1998 de 4.49 euros (Portaria 29-A/98, de 16 de Janeiro); em 1999, de 4,68 euros (Portaria 147/99, de 27 de Fevereiro); em 2000 de 4,86 euros (Portaria 239/2000, de 29 de Abril; em 2001 de 5,09 euros (Portaria 80/2001, de 8 de Fevereiro) e em 2002 de 5,24 euros (Portaria 88/2002, de 28 de Janeiro)[13].

A parte objecto de isenção pode elevar-se ao limite legal acrescido de 70%, quando o pagamento for efectuado através de vales de refeição, o que constitui um benefício fiscal suplementar a essa forma de pagamento, justificada pelo facto de assegurar a efectiva utilização dessa importância em refeições.

3) As importâncias dispendidas, obrigatória ou facultativamente, pela entidade patronal com seguros e operações do ramo "vida", contribuições para fundos de pensões, fundos de poupança-reforma ou quaisquer regimes complementares de segurança social, desde que constituam direitos adquiridos e individualizados dos respectivos beneficiários, bem como as que, não constituindo direitos adquiridos e individualizados dos respectivos beneficiários, sejam por estes objecto de resgate, adiantamento, remição ou qualquer forma de antecipação da correspon-dente disponibilidade ou, em qualquer caso, de recebimento do

---

[12] Cfr. VASCO GUIMARÃES, *op. cit.*, p. 51.
[13] Cfr. JOSÉ ALBERTO PINHEIRO PINTO, *Fiscalidade*, Lisboa, Areal Editores, s.d., p. 132.

capital, mesmo que estejam reunidos requisitos legais para a passagem à situação de reforma e esta se tenha verificado

Estão em causa naturalmente nesta disposição as contribuições da entidade patronal para sistemas facultativos de protecção social, determinando a lei que essas contribuições são consideradas rendimento do trabalho dependente e tributadas na esfera do trabalhador em dois casos: o de constituirem direitos adquiridos e individualizados dos respectivos beneficiários —, esclarecendo o n.º 9 desta disposição que se consideram direitos adquiridos dos respectivos beneficiários aqueles cujo exercício não depende da manutenção do vínculo laboral, ou como tal considerado para efeitos fiscais — ou quando venham a ser objecto de alguma forma de antecipação da disponibilidade, ainda que estejam preenchidos os requisitos para a passagem à reforma ou esta se tenha verificado. Daqui resulta que as contribuições para os sistemas da segurança social só não são consideradas rendimento de trabalho dependente quando sejam respeitantes ao regime geral de segurança social ou quando, embora respeitante a regimes complementares, não constituam direitos adquiridos e individualizados dos beneficiários e não sejam objecto de qualquer forma de antecipação da disponibilidade. Para além disso, o art. 2.º, n.º 8 a) determina que não constituem rendimento tributável as prestações efectuadas pelas entidades patronais para regimes obrigatórios de segurança social, ainda que de natureza privada, que visem assegurar exclusivamente benefícios em caso de reforma, invalidez ou sobrevivência.

A previsão destes dois casos no âmbito das remunerações acessórias sujeitas a tributação tem duas explicações distintas: Relativamente ao facto de constituirem direitos dos beneficiários, verifica-se que as contribuições são dedutíveis à colecta do I.R.S., pelo que se fossem suportados pela entidade patronal sem consituirem rendimento no sujeito passivo constituiram uma forma de dedução fraudulenta. O art. 86.º do C.I.R.S. vem, por isso, estabelecer que no caso de estas contribuições serem pagas por terceiro só podem ser objecto da dedução no caso de terem sido comprovadamente objecto de tributação no sujeito passivo. O segundo caso visa evitar que através da antecipação da disponibilidade do rendimento, o sujeito pasivo viesse a conseguir receber as quantias em dinheiro, sem passar pelo crivo da tributação no âmbito desta categoria[14].

---

[14] Cfr. ANDRÉ SALGADO DE MATOS, *op. cit.*, p. 82.

4) Os subsídios de residência ou equivalentes ou a utilização da casa de habitação fornecida pela entidade patronal

A atribuição de subsídio de residência, ou mesmo o fornecimento de casa de habitação por parte da entidade patronal, constitui igualmente uma vantagem acessória para o sujeito passivo, na medida em que este ao não suportar encargos com a aquisição da sua própria residência, obtém uma poupança, que na concepção de rendimento como acréscimo patrimonial é susceptível de tributação[15]. Esta norma tem sido, porém, objecto de uma interpretação restritiva pela nossa jurisprudência, na medida em que em sucessivas decisões se tem sustentado não poder ser objecto de tributação o fornecimento de casa de função a magistrados ou o pagamento de subsídio de compensação, em caso de não fornecimento[16].

5) Os resultantes de empréstimos sem juros ou a taxa de juro inferior à de referência para o tipo de operação em causa, concedidos ou suportados pela entidade patronal, com excepção dos que se destinem à aquisição de habitação própria permanente, de valor não superior a 27.000.000$00 (E 134675,43) e cuja taxa não seja inferior a 65% da prevista no art. 10.º do D.L. 138/98, de 16 de Maio.

Esta norma visa abranger uma situação muito comum nos contratos de trabalho celebrados com instituições financeiras, que é a atribuição ao trabalhador de empréstimos sem juros ou com taxa de juro abaixo do preço de mercado. Ao contrário do que parece resultar da redacção da lei é manifesto que neste caso o que vem a ser objecto de tributação é a diferença entre a taxa de juro efectivamente particada pela instituição financeira e a taxa de juro aplicável ao empréstimo em causa, como aliás refere o art. 24.º, n.º 3 C.I.R.S. Existe ainda no entanto um benefício fiscal

---

[15] Conforme refere SALDANHA SANCHES, "Antigas e novas remunerações em espécie: o seu regime fiscal", em PEDRO ROMANO MARTINEZ (org.), *Estudos do Instituto de Direito do Trabalho*, Coimbra, Almedina, 2001, pp. 387-396 (393) "suportar a despesa com habitação do empregado da empresa significa atribuir-lhe uma parte importante do rendimento".

[16] Neste sentido, vide os Ac. STA 19/1/1994 (FERREIRA TORMENTA) e Ac. STA 12/10/1994 (HERNÂNI FIGUEIREDO), na *RLJ* 127 (1994-1995), respectivamente pp. 105-113 e 361-363, ambos com anotações desfavoráveis de TEIXEIRA RIBEIRO, na mesma Revista, a pp. 113-115 e 363-365. Cfr. ainda ID, "A noção de rendimento na reforma fiscal", na mesma Revista, a pp. 322-324.

atribuído a certos empréstimos para aquisição de habitação própria permanente, que permite a dedução à colecta de 30% dos juros suportados, como o limite de euros 527, 99 (art. 85.º, n.º 1 a) C.I.R.S.).

6) As importâncias despendidas pela entidade patronal com viagens e estadas, de turismo e similares, não conexas com as funções exercidas pelo trabalhador ao serviço da mesma entidade

Existe também uma vantagem acessória, na situação de a entidade patronal fornecer ao trabalhador viagens e estadas não conexas com as suas funções, o que justifica que este benefício venha a ser igualmente objecto de tributação. Não são aqui, no entanto, inseridas as faculdades que as empresas de aviação, transporte marítimo ou ferroviário, oferecem aos seus empregados para nelas viajarem, uma vez que neste caso não existe qualquer importância despendida pela entidade patronal,

7) Os ganhos derivados de planos de opções, de subscrição, de atribuição ou outros de efeito equivalente, sobre valores mobiliários ou direitos equiparados, ainda que de natureza ideal, criados em benefício de trabalhadores ou membros de órgãos sociais, incluindo os resultantes da alienação ou liquidação financeira das opções ou direitos ou de renúncia onerosa ao seu exercício a favor da entidade patronal ou de terceiros, e, bem, assim, os resultantes da recompra por essa entidade, mas, em qualquer caso, apenas na parte em se revista de carácter remuneratório, dos valores mobiliários ou direitos equiparados, mesmo que os ganhos apenas se materializem após a cessação da relação de trabalho ou de mandato social

É extremamente comum atribuir como vantagem acessória, em virtude da ligação que estabelecem à empresa *shares ou stock options*, ou seja, opções de subscrição ou de compra de acções oferecidas aos trabalhadores que as podem exercer, num prazo determinado, para subscrever ou comprar acções da sociedade por um preço previamente estabelecido. Normalmente os próprios direitos de opção têm um valor de mercado e podem ser negociados antes do prazo para o seu exercício.

O rendimento tributável consiste essencialmente na diferença entre o valor de aquisição e o valor de alienação do valor mobiliário, ainda que a lei o limite ao ganho de natureza remuneratória. É de referir que a alienação onerosa dos valores mobiliários já é susceptível de ser tributada no âmbito da categoria G[17], mas tem sido tendência comum nas legislações o seu enquadramento no âmbito da tributação das remunerações acessórias[18]. Actualmente as regras da definição do cálculo desta forma de tributação constam do art. 24.°, n.° 4 C.I.R.S[19].

8) Os rendimentos, em dinheiro ou em espécie, pagos ou colocados à disposição a título de direito a rendimento inerente a valores mobiliários ou direitos equiparados, ainda que estes se revistam de natureza ideal, e, bem assim, a título de valorização patrimonial daqueles valores ou direitos, independentemente do índice utilizado para a respectiva determinação, derivados de planos de subscrição, de atribuição ou outros de efeito equivalente, criados em benefício de trabalhadores ou membros de órgãos sociais, mesmo que o pagamento ou colocação à disposição ocorra apenas após a cessação da relação de trabalho ou de mandato social

À semelhança do que sucede na norma anterior, enquadra-se na categoria A os rendimentos dos valores mobiliários resultantes de planos de subscrição, atribuição ou outros criados em benefício dos trabalhadores ou membros de órgãos sociais, ainda que esse rendimento seja recebido apenas após a extinção da respectiva relação.

9) Os resultantes da utilização pessoal pelo trabalhador ou membro de órgão social de viatura automóvel que gere encargos para a entidade patronal, quando exista acordo escrito entre o trabalhador ou membro do órgão social e a entidade patronal sobre a imputação àquele da referida viatura automóvel

Nesta hipótese, o art. 24.°, n.° 5, estabelece que o rendimento anual corresponde ao produto de 0,75% do seu custo de aquisição multiplicado pelo número de meses de utilização do automóvel. É, no entanto, de referir que a tributação raramente ocorrerá neste caso, dada a exigência do acordo escrito entre a entidade patronal e o trabalhador para que esta tributação

---

[17] Por esse motivo, MANUEL FAUSTINO, *op. cit*, p. 75 chegou a defender a não tributação deste rendimento na categoria A.
[18] Cfr. PRAZERES LOUSA, *op. cit.*, p. 36.
[19] Cfr. ainda JORGE FIGUEIREDO "Da tributação dos planos de opção de compra e subscrição de acções pelos trabalhadores: uma abordagem integrada", em *Fisco* 53 (Abril 1993), pp. 30-38.

ocorra. Ora, o trabalhador dificilmente aceitará celebrar esse acordo, em virtude de passar a ser tributado em IRS por este montante. Mas também a entidade patronal não tem qualquer interesse na celebração desse acordo, uma vez que deixará de ficar sujeita à tributação autónoma das reintegrações da viatura, nos termos do art. 81.º, n.º 6 C.I.R.C. sendo que a sua taxa corresponde a apenas 20% da taxa de IRC mais elevada. Não se torna assim vantajoso, quer para a entidade patronal, quer para o trabalhador a celebração desse acordo, que acarreta consequências fiscais desfavoráveis para ambos[20].

10) A aquisição pelo trabalhador ou membro de órgão social, por preço inferior ao valor de mercado, de qualquer viatura que tenha originado encargos para a entidade patronal

Neste caso, o art. 24.º, n.º 6, estabelece que o rendimento consiste na diferença positiva entre o respectivo valor de mercado e o somatório dos rendimentos anuais tributados como rendimentos decorrentes da atribuição de uso com a importância paga a título de preços de aquisição, referindo ainda o n.º 7 que se considera como valor de mercado o que corresponder à diferença entre o valor de aquisição e o produto desse valor pelo coeficiente de desvalorização constante de tabela a aprovar por portaria do Ministro das Finanças.

A percepção deste rendimento é objecto de uma presunção legal, presumindo-se que a viatura foi adquirida pelo trabalhador ou membro de órgão social, quando seja registada no seu nome, no de qualquer pessoa que integre o seu agregado familiar ou no de outrem por si indicada, no prazo de dois anos a contar do exercício em que a viatura deixou de originar encargos para a entidade patronal.

2.3.4. *Os abonos para falhas devidos a quem, no seu trabalho tenha que movimentar numerário na parte em que excedam 5% da remuneração mensal fixa (art. 2.º, n.º 3 c) C.I.R.S)*

O abono para falhas consiste numa remuneração normalmente atribuída a quem movimento dinheiro no seu trabalho, destinada a permitir cobrir eventuais falhas de caixa. Há aqui uma exclusão da incidência da tributação desse subsídio, até ao limite de 5% da remuneração mensal fixa.

---

[20] Cfr. JOSÉ ALBERTO PINHEIRO PINTO, *op. cit*, p. 133.

Se exceder esse limite, apenas o excesso será tributado. Naturalmente que para efeitos de cálculo desse montante se contam os subsídios de Natal e de férias, apenas se excluindo as remunerações que não tenham natureza fixa[21].

> 2.3.5. *As ajudas de custo e as importâncias auferidas pela utilização de automóvel próprio em serviço da entidade patronal, na parte em que ambas excedam os limites legais ou quando não sejam observados os pressupostos da sua atribuição aos servidores do Estado e as verbas para despesas de deslocação, viagens ou representação de que não tenham sido prestadas contas no termo do exercício fixa (art. 2.º, n.º 3 d) C.I.R.S)*

Estabelece-se neste caso uma tributação das ajudas de custos e das importâncias auferidas pela utilização de automóvel próprio ao serviço da entidade patronal, mas apenas quando excedam os limites legais ou não sejam prestadas contas no termo do exercício[22]. O regime legal das ajudas de custo consta do D.L. 106/98, de 24 de Abril, relativamente a deslocações no território nacional e do D.L. 192/95, de 28 de Julho, relativamente a deslocações ao estrangeiro. Pareces, no entanto, que aplicação desse regime abrange apenas os limites quantitativos das ajudas de custos e não os limites qualitativos que existem para os servidores do Estado, designadamente o alojamento em hótel de três estrelas (art. 2.º, n.º 1 b) do D.L. 192/95)[23]. Os limites diários para as ajudas de custos foram os seguintes: em 1998, de 48,46 euros no território nacional e de 115,01 euros no estrangeiro (Portaria 29-A/98, de 16 de Janeiro); em 1999, de 49,92 euros no território nacional e de 118,46 euros no estrangeiro (Portaria 147/99, de 27 de Fevereiro); em 2000 de 51,18 euros no teritório nacional e 121,43 euros no estrangeiro (Portaria 239/2000, de 29 de Abril;

---

[21] Neste sentido, MANUEL FAUSTINO, *op. cit.*, p. 75.

[22] Esta solução para a tributação das ajudas de custo constitui um especialidade, uma vez que face ao conceito de rendimento-acréscimo, qualquer pagamento de ajudas de custo deveria ser qualificado como rendimento, o que no entanto, em face do IRS, apenas ocorre, uma vez ultrapassados os limites legais. Cfr. JOÃO RICARDO CATARINO, "Ajudas de custo – algumas notas sobre o regime substantivo e fiscal", em *Fisco*, n.º 97/98 (Setembro de 2001), pp. 77-91 (79).

[23] Cfr. JOÃO RICARDO CATARINO, *Fisco*, n.º 97/98 (Setembro de 2001), pp. 83 e 86.

em 2001 de 53,07 euros no território nacional e 125,93 euros no estrangeiro (Portaria 80/2001, de 8 de Fevereiro) e em 2002 de 54,53 euros no território nacional e de 129,39 euros no estrangeiro (Portaria 88/2002, de 28 de Janeiro).

Já em relação às importâncias auferidas pela utilização de automóvel próprio ao serviço da entidade patronal, os seus valores foram os seguintes: em 1998 0,29 euros por quilómetro (Portaria 29-A/98, de 16 de Janeiro); em 1999 e 2000, 0,30 euros por quilómetro (Portaria 147/99, de 27 de Fevereiro e Portaria 239/2000, de 29 de Abril; em 2001 0,32 euros por quilómetro (Portaria 80/2001, de 8 de Fevereiro) e em 2002 de 0,33 por quilómetro (Portaria 88/2002, de 28 de Janeiro)[24].

> 2.3.6. *Quaisquer indemnizações resultantes da constituição, extinção ou modificação de relação jurídica que origine rendimentos de trabalho dependente, incluindo as que respeitem ao incumprimento das condições contratuais, ou sejam devidas pela mudança de local de trabalho fixa (art. 2.º, n.º 3 e) C.I.R.S), sem prejuízo do disposto no n.º 4 do art. 2.º C.I.R.S.*

São também abrangidas na incidência da categoria A do IRS as indemnizações devidas pela constituição, extinção ou modificação da relação jurídica que origine rendimentos desta categoria. Em face da norma do art. 12.º, o IRS não incide em princípio sobre indemnizações, com excepção dos casos referidos nessa mesma norma. No entanto, no âmbito da categoria A a percepção de indemnizações pela constituição, modificação ou extinção da relação é igualmente considerada como rendimento de trabalho dependente e tributada nesta sede.

Refere, no entanto, o n.º 4 do art. 2.º que a tributação só incide na parte que exceda uma vez e meia o valor médio das retribuições regulares com carácter de retribuição sujeitas a imposto, auferidas nos últimos doze meses, multiplicado pelo número de anos ou fracção de antiguidade ou de exercício de funções na entidade devedora. O art. 2.º, n.º 6 especifica que nesse valor não são incluídas as importâncias relativas aos direitos vencidos durante os referidos contratos e situações, designadamente remunerações por trabalho prestado, férias, subsídios de férias e de Natal.

---

[24] Cfr. JOSÉ ALBERTO PINHEIRO PINTO, *op. cit*, p. 132.

A importância sujeita a tributação é assim calculada de acordo com a seguinte fórmula[25]:

$$R = I - 1,5 \times n \left(\frac{Rm \times 14}{12} \right)$$

sendo:
R — rendimento tributável
I — indemnização
n — número de anos ou fracção de antiguidade ao seviço na entidade pagadora da indemnização
Rm — remuneração mensal, incluindo as diuturnidades

Esta exclusão de tributação deixa, porém, de se aplicar caso nos 24 meses seguintes seja criado novo vínculo profissional ou empresarial, independentemente da sua natureza, com a mesma entidade, caso em que as importâncias serão tributadas pela totalidade. Nos termos do art. 2.º, n.º 5, é também considerada como criação de um vínculo empresarial com a mesma entidade a situação em que se estabeleçam com a entidade patronal relações através de uma sociedade em que o beneficiário ou uma pluralidade de beneficiários, isoladamente ou em conjunto com elementos do agregado familiar possuam 50% do capital, salvo se essas relações forem inferiores a 50% do volume de vendas ou prestações de serviços do exercício.

Também deixa de se aplicar esta exclusão de tributação, caso o sujeito passivo tenha beneficiado nos últimos cinco anos de idêntica situação (art. 2.º, n.º 7).

> 2.3.7. *A quota-parte, acrescida dos descontos para a segurança social, que constituam encargo do beneficiário, devida a título de participação nas companhas de pesca aos pescadores que limitem a sua actuação à prestação de trabalho fixa (art. 2.º, n.º 3 f) C.I.R.S)*

Regula-se aqui a situação das remunerações auferidas pelos pescadores em regime de companha, as quais normalmente compreendem uma parte fixa e uma parte variável em função do pescado. Essas remu-

---

[25] Seguimos DGCI (org.), *IRS*, p. 31.

nerações, acrescidas dos correspondentes descontos para a segurança social, são assim qualificadas como trabalho dependente[26].

2.3.8. As gratificações auferidas pela prestação ou em razão da prestação de trabalho, quando não atribuídas pela entidade patronal (art. 2.º, n.º 3 g) C.I.R.S)

São tributadas no âmbito do art. 2.º, n.º 2, C.I.R.S. as gratificações fornecidas pela entidade patronal. Esta norma visa estender essa tributação às gratificações fornecidas por terceiros, desde que por alguma forma conexas com a prestação de trabalho. Estarão nesta situação os empregados de casinos e os polícias.

2.3.9. Outras situações

A enumeração é do art. 2.º, n.º 3 C.I.R.S. é claramente exemplificativa, pelo que outro tipo de vantagens acessórias, ainda que não enumeradas poderão ser aqui incluídas. Entre elas insere-se por exemplo, o fornecimento de parqueamento próprio, benefício valioso nas áreas urbanas sujeitas a estacionamento tarifado[27]. Já não são, porém, consideradas vantagens económicos o fornecimento de vestuário ou fardamento necessário ao exercício de certas profissões[28].

3. Benefícios fiscais em sede da categoria A de IRS.

No âmbito da categoria A de IRS surgem-nos alguns benefícios fiscais.

Assim, existe em primeiro lugar uma isenção de IRS para os deficientes com uma grau de invalidez superior a 60%, nos termos do art. 16.º do E.B.F. Essa isenção abrange 50% do rendimento, como o limite de 13.774, 86 euros, limite esse que é majorado em 15% quando o grau de invalidez seja superior a 80%.

---

[26] Cfr. MANUEL FAUSTINO, op. cit., p. 77.
[27] Cfr. PRAZERES LOUSA, op. cit., p. 30.
[28] Neste sentido, MANUEL FAUSTINO, op. cit., p. 75.

Há também uma isenção para o pessoal diplomático e consular e das organizações estrangeiras ou internacionais, quanto às remunerações auferidas nessa qualidade, conforme determina o art. 35.º do E.B.F., isenção essa que, no entanto, não prejudica o englobamento desses rendimentos para efeitos de determinação de taxa.

São também isentos de IRS, de acordo com o disposto no art. 36.º do E.B.F., os militares e forças de segurança em missões de salvaguarda de paz, sendo que essa isenção também não prejudica o englobamento dos rendimentos, para efeito de determinação de taxa.

Para além disso, existe ainda uma isenção para rendimentos auferidos no âmbito de acordos e relações de cooperação: nos termos do art. 37.º E.B.F. Mais uma vez esta isenção não prejudica o englobamento dos referidos rendimentos para efeitos de determinação de taxa.

Finalmente, existe uma isenção para os rendimentos auferidos por eclesiásticos católicos no exercício do seu múnus espirirual, de acordo com o art. VIII da Concordata. A isenção é, no entanto, restrita a esses rendimentos pelo que outras actividades exercidas fora desse múnus serão naturalmente objecto de tributação[29].

4. A determinação da matéria colectável no âmbito da categoria A do IRS

Consistindo o IRS num imposto global sobre o rendimento, os rendimentos obtidos em categoria devem ser incluídos na declaração de rendimentos das pessoas singulares, a qual deve ser entregue anualmente relativamente aos rendimentos do ano anterior, nos termos dos arts. 57.º e ss. C.I.R.S. A administração fiscal tem, porém, intervenção de contrôle dessa declaração, nos termos referidos no art. 65.º C.I.R.S.

Para efeitos de determinação da matéria colectável, há que efectuar a dedução de perdas nas categorias B e F, a que se refere o art. 55.º C.I.R.S. Em relação à categoria A não há possibilidade de dedução de perdas. Admitem-se, porém, o abatimento das prestações a que o sujeito passivo seja obrigado, de acordo com o art. 56.º C.I.R.S.

A tributação em categoria A é, no entanto, objecto de uma dedução específica, no montante de 72% de 12 vezes o salário mínimo nacional mais elevado (art. 25.º, n.º 1 a) C.I.R.S.), sendo que no entanto se as

---

[29] Cfr. SALGADO DE MATOS, op. cit., p. 93.

contribuições para a segurança social excederem esse montante, a dedução passa a efectuar-se pelo valor total dessas contribuições (art. 25.º, n.º 2). Para além disso, a dedução pode ser elevada a 75% de 12 vezes o salário mínimo nacional mais elevado, desde que a diferença resulte de quotizações para ordens profissionais ou importâncias comprovadamente pagas relativas a despesas de formação profissional, desde que a entidade formadora seja organismo de direito público ou entidade oficialmente reconhecida (art. 25.º, n.º 4, C.I.R.S.). Finalmente, esse limite é ainda elevado em 50%, quando se trate de titular deficiente em montante igual ou superior a 60% (art. 25.º, n.º 6 C.I.R.S.).

Para além disso, são ainda dedutíveis na categoria A "as indemnizações pagas pelo trabalhador à sua entidade patronal por rescisão unilateral do contrato de trabalho sem aviso prévio em resultado de sentença judicial ou de acordo judicialmente homologado ou, nos restantes casos, a indemnização de valor não superior à remuneração de base correspondente ao aviso prévio" (art. 25.º, n.º 1 b) C.I.R.S) e as quotizações sindicais acrescidas de 50%, na parte em que não constituam contrapartida de benefícios de saúde, educação, apoio à terceira idade, habitação, seguros ou segurança social e desde que não excedam, em relação a cada sujeito passivo, 1% do rendimento desta categoria (art. 25.º, n.º 1 c) C.I.R.S.).

5. Taxas e liquidação do imposto

A liquidação consiste, conforme se sabe, no processo de aplicação das taxas de imposto à matéria colectável. As taxas de imposto encontram-se referidas no art. 68.º C.I.R.S., variando de acordo com seis escalões entre 12% e 40%. No caso de contribuintes casados, ocorre uma tributação da totalidade do rendimento familiar, que no entanto é sujeito a um quociente conjugal (*splitting*: art. 69.º C.I.R.S.), ou seja à divisão por dois para efeitos de determinação de taxa, que depois é multiplicado por dois para se apurar a colecta do IRS. Não se optou, assim, pela solução do quociente familiar, que implicaria a divisão do rendimento colectável pelo número de membros do agregado familiar.

Há, no entanto, uma limitação à tributação dos rendimentos predominantemente originados em trabalho dependente, uma vez que o art. 70.º, n.º 1, estabelece que "da aplicação das taxas estabelecidas no art. 68.º não pode resultar, para os titulares de rendimentos predominantemente originados em trabalho dependente, a disponibilidade de um rendimento líquido de imposto inferior ao valor annual do salário mínimo nacional mais elevado acrescido de 20%, nem resultar qualquer imposto para os mesmos rendimentos, cuja matérica colectável, após a aplicação do quociente conjugal, seja igual ou inferior a 1667,63 euros", Em relação às famílias numerosas, o art. 70.°, n.° 2 estabelece que não são aplicadas no art. 68.° quando em relação a agregados familiares com três ou quatro dependentes o rendimento colectável seja igual ou inferior ao valor anual do salário mínimo nacional mais elevado, acrescido de 60% ou, em relação a agregados familiares com cinco ou mais dependentes, o rendimento colectável seja igual ou inferior ao valor anual do salário mínimo nacional mais elevado, acrescido de 120%.

A colecta do IRS apurada por virtude do cálculo acima referido pode ser ainda objecto de deduções. As deduções à colecta encontram-se previstas nos arts. 78.° e ss. C.I.R.S., abrangendo a dedução relativa aos sujeitos passivos, seus dependentes e ascendentes (art. 79.°), à dupla tributação internacional (art. 81.°), às despesas de saúde (art. 82.°), às despesas de educação e formação (art. 83.°), aos encargos com lares (art. 84.°), a encargos com imóveis e equipamentos novos de energias renováveis ou que consumam gás natural (art. 85.°), prémios de seguros (art. 86.°), despesas com aconselhamento jurídico e patrocínio judiciário (art. 87.°) e benefícios fiscais (art. 88.°).

No âmbito das deduções à colecta que constituem benefícios fiscais, incluem-se, por exemplo, as deduções à colecta relativas a conta poupança habitação (art. 18.° E.B.F.), planos de poupança em acções (art. 24.°, n.° 2 E.B.F.) aquisição de acções em ofertas públicas de venda realizadas pelo Estado (art. 60.° E.B.F.) e aquisição de computadores e outros equipamentos informáticos (art. 64.° E.B.F.).

6. Responsabilidade pelo pagamento do imposto

No âmbito da categoria A do IRS, a responsabilidade pelo pagamento do imposto cabe primariamente à entidade patronal como substituto tributário, uma vez que os art 98.° e ss., estabelecem uma imposição de retenção na fonte. Para efeitos dessa retenção, há que distinguir entre as remunerações fixas e não fixas. Às fixas aplica-se as taxas da respectiva tabela (art. 3.° do D.L. 42/91). Às variáveis aplicam-se as tabelas constantes do art. 100.° C.I.R.S.. Por força da regra da substituição tributária, constante do art. 103.° C.I.R.S., a responsabilidade pelo pagamento das importâncias retidas é do substituto ficando o susbtituído desonerado desse pagamento. No entanto, como a retenção na fonte tem a natureza de pagamento por conta do imposto devido a final, cabe ao substituído a responsabilidade originária pelo imposto não retido e ao substituído a responsabilidade subsidiária. Assim, em princípio na categoria A é à entidade patronal que cabe a responsabilidade primária pela retenção e entrega do IRS devido pelos trabalhadores.

Há que salientar ainda uma extensão desta responsabilidade pelo pagamento, em relação aos trabalhadores estrangeiros, uma vez que o art. 144.°, n.° 4 da Lei dos Estrangeiros (D.L. 244/98, de 8 de Agosto, alterado pela Lei 9/97, de 26 de Julho, pelo D.L. 4/2001, de 10 de Janeiro e pelo D.L. 34/2003, de 25 de Fevereiro, que o republicou integralmente) determina que "o empregador, o utilizador, por força do contrato de prestação de serviços ou de utilização de trabalho temporário, e o empreiteiro geral são responsáveis solidariamente pelo pagamento das coimas previstas nos números anteriores, dos créditos salariais decorrentes do trabalho efectivamente recebido, pelo incumprimento da legislação laboral e pela não declaração de rendimentos sujeitos a descontos para o fisco e a segurança social, relativamente ao trabalho prestado pelo trabalhador estrangeiro ilegal e pelo pagamento das despesas necessárias à estada e ao afastamento dos cidadãos estrangeiros envolvidos", referindo ainda o n.° 5 que "responde também solidariamente o dono da obra que não obtenha da outra parte contraente declaração de cumprimento das obrigações decorrentes da lei relativamente a trabalhadores imigrantes eventualmente contratados". Temos aqui, assim, uma responsabilidade dilatada a outras entidades relativamente aos rendimentos da categoria A do IRS.

Uma vez que neste caso a retenção na fonte tem meramente a natureza de imposto por conta do que for devido a final (art. 103.°, n.° 2 C.I.R.S.), caberá ao trabalhador efectuar o pagamento do imposto restante, se for devido (art. 97.° C.I.R.S.).

ARBITRAGEM
DE CONFLITOS COLECTIVOS DE TRABALHO*

DÁRIO MOURA VICENTE
Professor da Faculdade de Direito de Lisboa

SUMÁRIO: I. Introdução. II. Regras aplicáveis à arbitragem de conflitos colectivos de trabalho. III. A convenção de arbitragem. IV. O tribunal arbitral. V. O processo arbitral. VI. A decisão arbitral. VII. A impugnação da decisão arbitral. VIII. A extensão e a adesão a decisões arbitrais.

I

1. Como em muitos outros domínios, também no Direito do Trabalho se faz sentir contemporaneamente uma acentuada tendência para a desjudiciarização dos conflitos sociais.

Essa tendência aflora no novo Código do Trabalho[1], o qual adopta uma orientação claramente favorável à arbitragem como meio de composição de conflitos colectivos de trabalho[2] e consagra mecanismos tendentes a assegurar eficácia a este instituto.

Para tanto, o art. 2.º do Código inclui, nos seus n.ᵒˢ 2 e 4, as decisões proferidas em arbitragem voluntária (aí dita facultativa) ou obrigatória entre os instrumentos de regulamentação colectiva de trabalho. E o art. 590.º acrescenta que os conflitos colectivos de trabalho podem ser dirimidos por

---

* Conferência proferida na Faculdade de Direito de Lisboa, em 5 de Junho de 2003, no *IV Curso de Pós-Graduação em Direito do Trabalho e da Segurança Social*.

[1] Publicado no *Diário da Assembleia da República*, II série-A, n.º 90, de 5 de Maio de 2003, pp. 3640 ss., em anexo à Proposta de Lei n.º 29/IX.

[2] Para uma delimitação deste conceito, veja-se Raul Ventura, «Conflitos de trabalho. Conceito e classificações, tendo em vista um novo código de processo do trabalho», in *Curso de Direito Processual do Trabalho*, Lisboa, 1964, pp. 7 ss.

esse meio. Às decisões arbitrais confere o art. 566.º, n.º 1, do Código os mesmos efeitos que pertencem às convenções colectivas.

Neste aspecto o Código situa-se, aliás, na esteira de outros textos normativos, de fonte internacional e interna, que o antecederam. Com efeito, já em 1951 a Organização Internacional do Trabalho adoptou uma *Recomendação Relativa à Conciliação e à Arbitragem Voluntárias*[3]; e a *Carta Social Europeia*, aberta à assinatura em 1961[4], previu, no seu art. 6.º, n.º 3, a instituição e a utilização de processos apropriados de conciliação e arbitragem voluntária para a resolução dos conflitos de trabalho. Mais recentemente, também o art. 2.º, n.º 1, do D.L. n.º 519--C1/79, de 29 de Dezembro (de aqui em diante Lei das Relações Colectivas de Trabalho), admitiu que a regulamentação colectiva das relações de trabalho fosse feita por decisão arbitral.

Não serão porventura muito numerosas as decisões arbitrais entre nós proferidas sobre conflitos colectivos de trabalho. Mas tem inequívoca relevância a consagração na lei da possibilidade de tais conflitos serem dirimidos por este meio: através da arbitragem podem as partes tentar pôr termo a um conflito que não conseguiram solucionar por negociação colectiva, sem que alguma delas recorra à greve ou a outros meios de autotutela com maiores custos sociais; e podem consegui-lo em melhores condições do que se sujeitassem esse conflito aos tribunais judiciais, dadas, nomeadamente, a possibilidade de escolherem os julgadores, a especialização destes e a maior celeridade do processo arbitral.

II

2. O primeiro problema que suscita a figura em apreço prende-se com a determinação das regras que lhe são aplicáveis.

Pelo que respeita à *arbitragem voluntária* de conflitos colectivos de trabalho, esse problema acha-se parcialmente resolvido no Código do Trabalho, pois o art. 565.º, n.º 5, deste diploma estabelece que lhe é subsidiariamente aplicável o regime geral da arbitragem voluntária.

Menos clara é a Lei das Relações Colectivas de Trabalho, que apenas quanto a uma questão concreta — os elementos que devem figurar na decisão arbitral — remete, no n.º 5 do seu art. 34.º, para a Lei n.º 31/86,

---

[3] Recomendação n.º 92, de 29 de Junho de 1951, disponível em http://ilolex.ilo.ch.
[4] E aprovada para ratificação pela Resolução da Assembleia da República n.º 21/91, publicada no *Diário da República*, I série, de 6 de Agosto de 1991.

de 29 de Agosto (doravante Lei da Arbitragem Voluntária), entretanto alterada pelo D.L. n.º 38/2003, de 8 de Março. Mas também a outros aspectos da arbitragem laboral, relativamente aos quais a Lei das Relações Colectivas de Trabalho é omissa, se tem entendido ser aplicável a Lei da Arbitragem Voluntária, não obstante a ausência de uma remissão expressa para este diploma[5]. Isto porque se contém nele o regime comum da arbitragem voluntária na ordem jurídica portuguesa, o qual é, por conseguinte, de aplicação subsidiária nos domínios cobertos por legislação especial, como o das relações colectivas de trabalho.

Que esse regime não é incompatível com uma arbitragem com este objecto, demonstra-o a circunstância de a própria Lei da Arbitragem Voluntária estabelecer, no seu art. 1.º, n.º 3, que «as partes podem acordar em considerar abrangidos no conceito de litígio, para além das questões de natureza contenciosa em sentido estrito, quaisquer outras, designadamente as relacionadas com a necessidade de precisar, completar, actualizar ou mesmo rever os contratos ou as relações jurídicas que estão na origem da convenção de arbitragem».

É, pois, à luz do Código do Trabalho (ou da Lei das Relações Colectivas de Trabalho, até à entrada em vigor deste[6]), e, subsidiariamente, da Lei da Arbitragem Voluntária, que há-de determinar-se o regime jurídico aplicável à arbitragem voluntária de conflitos de trabalho.

3. Outro tanto não pode dizer-se da *arbitragem obrigatória, ou necessária*, de conflitos colectivos de trabalho, que o Código do Trabalho prevê e regula nos seus artigos 567.º e seguintes, e que o legislador teve em vista «dinamizar», consoante se afirma na Exposição de Motivos que antecede a Proposta de Lei apresentada pelo Governo à Assembleia da República[7].

De facto, nos conflitos que resultem da celebração ou revisão de uma convenção colectiva de trabalho pode, segundo o art. 567.º, n.º 1, do Código, ser tornada obrigatória a realização de arbitragem, quando,

---

[5] Nesta linha fundamental de orientação pronunciam-se: António Monteiro Fernandes, *Direito do Trabalho*, 11.ª ed., Coimbra, 1999, p. 839; Bernardo Lobo Xavier, *Curso de Direito do Trabalho*, 2.ª ed., Lisboa/São Paulo, 1999, p. 164; e Pedro Romano Martinez, *Direito do Trabalho*, Coimbra, 2002, p. 1006.

[6] Que deverá ocorrer em 1 de Novembro de 2003, nos termos do art. 3.º, n.º 1, do diploma que aprova o Código.

[7] Publicada na separata n.º 24/IX do *Diário da Assembleia da República*, de 15 de Novembro de 2002 (cfr. o n.º 3.3, XIV, alínea *c*), desse texto).

«depois de negociações prolongadas e infrutíferas, tendo-se frustrado a conciliação e a mediação, as partes não acordem, no prazo de dois meses a contar do termo daqueles procedimentos, em submeter o conflito a arbitragem voluntária».

Prevê-se naquele preceito, por conseguinte, uma forma de arbitragem que não assenta, como a anterior, no exercício pelas partes da sua autonomia, mas antes numa decisão administrativa, que impõe a resolução por esse meio de um diferendo colectivo.

Compreende-se, assim, que não lhe possa ser aplicado com a mesma amplitude o regime instituído pela Lei n.º 31/86, o qual apenas tem em vista a arbitragem voluntária; e que se estabeleça mesmo, no n.º 4 do art. 568.º do Código do Trabalho, a aplicabilidade ao despacho que determina a sua realização do disposto no Código do Procedimento Administrativo, prevendo-se ainda, no art. 572.º, a adopção de legislação especial sobre a matéria.

Portanto, o disposto na Lei n.º 31/86 apenas será aplicável à arbitragem obrigatória de conflitos colectivos de trabalho na medida em que for compatível com a índole particular desta e sem prejuízo do que se ache estabelecido quanto a ela em legislação especial.

III

4. A arbitragem voluntária tem na base uma *convenção de arbitragem*, i. é, um acordo pelo qual as partes submetem à decisão de árbitros um litígio actual ou os litígios eventuais emergentes de determinada relação jurídica. Consoante se trate da primeira ou da segunda destas hipóteses, fala-se de *compromisso arbitral* ou de *cláusula compromissória*, que são, por conseguinte, as duas modalidades possíveis da convenção de arbitragem. Prevê-o expressamente o n.º 2 do art. 1.º da Lei n.º 31/86.

Na convenção de arbitragem podem as partes regular diversos aspectos da arbitragem, como, por exemplo, a remuneração dos árbitros (Lei n.º 31/86, art. 5.º), a composição do tribunal arbitral (art. 6.º), a designação destes (art. 7.º), as regras de processo a observar (art. 15.º), o prazo para a decisão (art. 19.º), a maioria exigível para que esta seja tomada (art. 20.º), os critérios de decisão (art. 22.º), o depósito da decisão (art. 24.º), a admissibilidade de recurso (art. 29.º) e o Direito aplicável ao mérito da causa (art. 33.º, n.º 1).

A autonomia assim reconhecida às partes deve ser considerada extensiva à arbitragem voluntária de conflitos colectivos de trabalho, porquanto no art. 564.º do Código do Trabalho se consigna que esta terá lugar nos termos que as partes definirem e apenas na falta de tal definição de acordo com o disposto nas regras constantes do próprio Código.

Os requisitos a que se encontra sujeita a convenção de arbitragem acham-se previstos no art. 2.º da Lei n.º 31/86. Entre eles avulta a exigência de que a convenção seja reduzida a escrito e de que nela se especifique o objecto do litígio, no caso do compromisso arbitral, ou a relação jurídica a que os litígios respeitem, no caso da cláusula compromissória.

5. É muito diferente, neste particular, o regime da arbitragem obrigatória de conflitos colectivos de trabalho: a realização desta não pressupõe uma convenção de arbitragem, pois é determinada, consoante estabelece o art. 568.º, n.º 1, do Código, por despacho ministerial, a requerimento de qualquer das partes ou por recomendação da Comissão Permanente de Concertação Social.

O proferimento desse despacho depende, no entanto, consoante se deixou dito atrás, de se terem frustrado a conciliação e a mediação e de as partes não terem acordado em submeter o conflito a arbitragem voluntária. A arbitragem obrigatória encontra-se, assim, submetida a um *princípio de subsidiariedade*.

A imposição administrativa de uma arbitragem obrigatória de conflitos colectivos de trabalho não priva as partes, por conseguinte, da possibilidade de recorrerem às jurisdições laborais ou à arbitragem voluntária. A esta luz, a sua consagração legal não pode deixar de ser tida por conforme com o direito constitucional de acesso aos tribunais.

Na decisão sobre a realização de uma arbitragem obrigatória deve o ministro responsável pela área laboral atender, além disso, ao número de trabalhadores e empregadores afectados pelo conflito, à relevância da protecção social dos trabalhadores abrangidos pela convenção cessante e aos efeitos sociais e económicos da existência do conflito.

Observe-se, por outro lado, que este regime não importa a exclusão da possibilidade de as partes regularem os aspectos acima mencionados, *maxime* celebrando para o efeito uma convenção de arbitragem. Que assim não é, demonstra-o a circunstância de, no n.º 6 do art. 569.º do Código do Trabalho, se mandar aplicar à arbitragem obrigatória, sem prejuízo da regulamentação prevista em legislação especial, o regime estabelecido no mesmo Código para a arbitragem voluntária, o qual, como se viu, se subordina ao princípio da autonomia privada.

IV

6. Também pelo que respeita à constituição do tribunal arbitral há que distinguir o regime da arbitragem voluntária do da arbitragem obrigatória.

Relativamente à primeira, consagra-se no art. 565.º, n.º 1, do Código a regra conforme a qual o tribunal é integrado por três árbitros, sendo um nomeado por cada uma das partes e o terceiro escolhido por estes. Mas esta regra é supletiva, podendo as partes acordar na realização da arbitragem por um árbitro único ou por um número de árbitros superior àquele, desde que ímpar, como exige o art. 6.º, n.º 1, da Lei da Arbitragem Voluntária. Além disso, pode a designação dos árbitros ser feita por acordo das partes, consoante prevê o art. 7.º da Lei, o que tem manifesto interesse, por exemplo, para efeitos da aplicabilidade das regras sobre impedimentos e recusas.

Nem a Lei nem o Código estabelecem exigências especiais quanto à formação profissional dos árbitros, que apenas têm de ser pessoas singulares e plenamente capazes (art. 8.º da Lei). Os árbitros podem, aliás, ser assistidos por peritos (art. 565.º, n.º 3, do Código).

Os árbitros devem, em todo o caso, ser independentes das partes[8]; o que a Lei procura assegurar através da previsão da aplicabilidade àqueles que não sejam nomeados por acordo das partes do regime de impedimentos e escusas estabelecido para os juízes (art. 10.º, n.º 1).

A parte que pretenda instaurar o litígio deve notificar desse facto a parte contrária, nos termos do art. 11.º, n.º 1, da Lei. Sempre que às partes caiba designar um ou mais árbitros, essa notificação deve conter, de acordo com o n.º 4 do mesmo preceito, a designação do árbitro ou árbitros pela parte que se propõe instaurar a acção, bem como o convite dirigido à parte contrária para designar o árbitro ou árbitros que lhe cabe indicar. Se faltar a nomeação de árbitro ou árbitros, cabe a mesma ao presidente do tribunal da relação do lugar fixado para a arbitragem ou, na falta dessa fixação, do domicílio do requerente (art. 12.º, n.º 1, da Lei).

Sendo o tribunal constituído por mais de um árbitro, cabe-lhes escolher entre si o presidente, salvo se as partes tiverem acordado noutra solução (art. 14.º, n.º 1, da Lei).

---

[8] Sobre o problema, *vide* António Menezes Cordeiro, *Manual de Direito do Trabalho*, Coimbra, 1991, pp. 339 e 341.

7. Na arbitragem obrigatória a nomeação dos árbitros suscitará em regra maiores dificuldades do que na arbitragem voluntária. A essas dificuldades se terá, aliás, ficado a dever o fracasso desta modalidade do instituto em apreço na vigência do regime anterior ao novo Código do Trabalho[9].

A matéria encontra-se agora regulada, de forma em parte inovadora, nos arts. 569.º e 570.º do Código.

Em princípio, a nomeação dos árbitros a escolher pelas partes deve ter lugar nas quarenta e oito horas seguintes à notificação do despacho ministerial que determine a sua realização (art. 569.º, n.º 1). Os árbitros assim nomeados devem, por seu turno, escolher o terceiro árbitro no prazo de setenta e duas horas a contar da comunicação da sua identidade por cada uma das partes à parte contrária, ao Ministério competente e ao secretário-geral do Conselho Económico e Social (art. 569.º, n.º 2).

Faltando a designação de algum dos árbitros a nomear pelas partes, deve o secretário-geral do referido Conselho proceder, no prazo de vinte e quatro horas, ao sorteio desse árbitro de entre os que constem de listas de árbitros oferecidas pelos representantes dos trabalhadores ou dos empregadores, consoante o caso. A parte em falta pode oferecer outro árbitro, em substituição do sorteado, no prazo de quarenta e oito horas (art. 569.º, n.º 3). Se o terceiro árbitro não for designado, procede-se de igual modo ao sorteio do respectivo nome, de entre os que constem de uma lista de árbitros presidentes (art. 569.º, n.º 4).

Ao processo de elaboração das listas de árbitros refere-se o art. 570.º. Aí se estabelece que as listas dos árbitros dos trabalhadores e dos empregadores sejam elaboradas pelos respectivos representantes na Comissão Permanente de Concertação Social, no prazo de dois meses a contar da entrada em vigor do Código (n.º 1); e que a lista de árbitros presidentes seja elaborada nos dois meses subsequentes por uma comissão composta pelo presidente do Conselho Económico e Social e por representantes das associações sindicais e das associações de empregadores com assento na Comissão Permanente de Concertação Social (n.º 2).

Se qualquer das listas de árbitros não tiver sido feita nestes termos, a competência para a sua elaboração pertence à referida comissão, deliberando por maioria no prazo de um mês (n.º 4). Se ainda assim não

---

[9] Cfr. Monteiro Fernandes, ob. cit. (n. 5), p. 844; Romano Martinez, ob. cit. (n. 5), pp. 1008 s.

for elaborada qualquer das listas, a competência para o efeito é deferida ao presidente do Conselho Económico e Social, que deve compô-la no prazo de um mês (n.º 5).

Observe-se ainda, a este propósito, que a não nomeação de árbitro, tanto na arbitragem voluntária como na obrigatória, passou a constituir contra-ordenação muito grave, nos termos do art. 688.º, n.º 1, do Código do Trabalho.

V

8. A diversidade de regimes que verificámos existir entre a arbitragem voluntária e a obrigatória no tocante à convenção de arbitragem e à constituição do tribunal não é tão acentuada pelo que respeita ao processo arbitral: iniciada a instância, deve esta desenvolver-se em termos fundamentalmente idênticos, quer a sujeição do conflito a árbitros se deva à iniciativa das partes quer proceda de decisão ministerial.

Num ponto, porém, o regime processual da arbitragem obrigatória, tal como o legislador o configurou no Código do Trabalho, diverge do da arbitragem voluntária.

Referimo-nos à susceptibilidade de *suspensão da arbitragem*, regulada no art. 567.º, n.º 2, do Código, a qual constitui, a nosso ver, mais uma manifestação da ideia de subsidiariedade da arbitragem obrigatória, pois o seu sentido precípuo não pode deixar de ser o de restituir às partes a regulação autónoma do conflito que as opõe.

A possibilidade de proceder a essa suspensão também existe, bem entendido, na arbitragem voluntária: haja vista ao disposto no art. 15.º da Lei n.º 31/86, que consagra, pelo que respeita ao processo arbitral, o princípio da autonomia privada. Porém, segundo o citado preceito do Código do Trabalho, na arbitragem obrigatória a suspensão só pode ocorrer uma vez e apenas pode ser decretada pelos árbitros mediante requerimento conjunto das partes.

Em ambas as modalidades de arbitragem hão-de observar-se os princípios enunciados no art. 16.º da Lei, cuja violação com influência decisiva na resolução do litígio constitui, de acordo com o art. 27.º, n.º 1, alínea c), da Lei, fundamento de anulação da decisão arbitral.

Entre esses princípios destaca-se a *absoluta igualdade de tratamento* entre as partes, que a alínea a) daquele preceito consagra. Este princípio postula que às partes caibam no processo os mesmos poderes, direitos, ónus e deveres: cada uma deve encontrar-se em posição de igualdade perante a outra e ambas devem ser iguais perante o tribunal[10].

Dele decorre também o *direito ao contraditório*, cuja estreita observância no processo arbitral é, aliás, imposta pela alínea *d*) do mesmo preceito. O princípio do contraditório implica que os factos alegados por uma das partes como causa de pedir ou fundamento de excepção possam ser contraditados pela outra, por impugnação ou por excepção. E requer ainda, no plano da prova, que às partes seja facultada, em condições de igualdade, a propositura de quaisquer meios probatórios potencialmente relevantes para o apuramento da realidade dos factos principais ou instrumentais da causa. Finalmente, no plano das questões de Direito, o princípio do contraditório exige que antes da sentença seja facultada às partes a discussão efectiva de todos os fundamentos jurídicos em que a decisão se baseie[11].

A representação das partes perante o tribunal arbitral é facultativa (art. 17.º da Lei). As partes podem, portanto, pleitear por si perante os tribunais arbitrais a que caiba a resolução de conflitos colectivos de trabalho.

VI

9. Pelo que respeita às decisões arbitrais proferidas sobre conflitos colectivos de trabalho não há também diferenças significativas entre o regime da arbitragem voluntária e o da arbitragem obrigatória.

Na falta de regras especiais sobre a matéria, deve entender-se que tais decisões se encontram subordinadas ao disposto nos arts. 19.º a 26.º da Lei da Arbitragem Voluntária.

Relativamente aos critérios de julgamento do mérito da causa, a regra aplicável é a que consta do art. 22.º da Lei, de acordo com o qual os árbitros decidem segundo o Direito constituído, salvo se as partes os autorizarem a julgar segundo a equidade.

Não é fácil determinar o exacto alcance deste preceito num domínio, como o do Direito do Trabalho, caracterizado pela *imperatividade tendencial* das suas normas[12].

---

[10] Assim, Miguel Teixeira de Sousa, *Estudos sobre o novo Processo Civil*, 2.ª ed., Lisboa, 1997, p. 42.

[11] Cfr. José Lebre de Freitas, *Introdução ao Processo Civil*, Coimbra, 1996, pp. 97 ss.

[12] Sobre o ponto, *vide* Maria do Rosário Palma Ramalho, *Da autonomia dogmática do Direito do Trabalho*, Coimbra, 2001, pp. 433 ss.

Deve a este respeito notar-se que a decisão segundo a equidade não dispensa o julgador de determinar previamente as normas jurídicas potencialmente aplicáveis ao caso. A equidade não é, com efeito, um critério de decisão livre (*hoc sensu*: independente de qualquer referência a normas preexistentes). Ainda que se confira à equidade, entendida como justiça do caso concreto[13], o papel de *elemento corrector* da solução legal porventura inadequada ao caso de espécie, não está o julgador *ex aequo et bono* dispensado de qualificar juridicamente os factos em apreço, subsumindo-os a uma ou mais normas. Pode decerto, quando isso se justifique, aplicar-lhes uma sanção diversa da que estas prevêem, atendendo às circunstâncias do caso singular; mas para tanto terá de indicar as razões de conveniência, de oportunidade e de justiça concreta em virtude das quais se afasta da solução consignada na norma legal[14]. Qualquer outro entendimento envolveria, aliás, o risco de as partes se sujeitarem ao arbítrio do julgador.

A circunstância de o tribunal arbitral dispor dos referidos poderes não pode, por conseguinte, ter como resultado uma diminuição do nível global de protecção de que gozam os trabalhadores perante o Direito constituído.

10. No tocante aos elementos da decisão arbitral, há-de atender-se ao preceituado no art. 566.º, n.º 2, do Código do Trabalho, que manda

---

[13] Neste sentido vejam-se, nomeadamente: Mário Bigotte Chorão, *Introdução ao Direito*, vol. I, Coimbra, 1989, p. 105, e «Equidade», *in Temas fundamentais de Direito*, Coimbra, 1991, p. 85; João Antunes Varela/J.M. Bezerra/Sampaio e Nora, *Manual de Processo Civil*, 2.ª ed., Coimbra, 1985, p. 378; e José de Oliveira Ascensão, *O Direito. Introdução e teoria geral*, 11.ª ed., Coimbra, 2001, p. 229.

[14] Cfr. o nosso *Da arbitragem comercial internacional*, Coimbra, 1990, pp. 201 e ss. A mesma orientação fundamental é perfilhada por António Menezes Cordeiro e João Antunes Varela. Cfr., do primeiro autor, «A decisão segundo a equidade», *O Direito*, 1990, pp. 261 ss. e a anotação ao acórdão do tribunal arbitral de 31 de Março de 1993, *Revista da Ordem dos Advogados*, 1995, pp. 123 ss.; e, do segundo, a anotação ao acórdão do Tribunal Arbitral de 31 de Março de 1993, publicada na *Revista de Legislação e Jurisprudência*, ano 126.º, 1993/94, pp. 128 ss. (pp. 181 ss.) Para um exemplo de uma decisão arbitral que entende os poderes de equidade conferidos ao tribunal pela lei ou por convenção de arbitragem no sentido de aquele poder apenas «adaptar as normas jurídicas (legais, regulamentares ou contratuais), aplicáveis na regulamentação do caso ocorrente, às particulares circunstâncias do caso, de modo a corrigir os erros e deficiências derivados da natureza genérica ou abstracta do programa normativo nelas previsto», veja-se o acórdão do tribunal arbitral de 22 de Agosto de 1988, *in O Direito*, 1989, pp. 591 ss. (pp. 599 ss.).

aplicar às decisões arbitrais, com as necessárias adaptações, a regra sobre o conteúdo obrigatório das convenções colectivas constante do art. 543.º do Código.

Mas a decisão arbitral proferida num conflito colectivo de trabalho é também um *acto jurisdicional*. Vale, por isso, quanto a ela o dever, que vincula a generalidade dos tribunais, de fundamentação das decisões que não sejam de mero expediente, mediante a indicação das premissas fácticas, legais e outras em que as mesmas se baseiam. Este corresponde, na verdade, a um imperativo constitucional, que o art. 23.º, n.º 3, da Lei da Arbitragem Voluntária expressamente consagra.

Note-se que esse dever vincula os árbitros mesmo que as partes os hajam autorizado a julgar segundo a equidade. Inculca-o, desde logo, o facto de a Lei não estabelecer relativamente a estes casos qualquer excepção ao dever de fundamentação. Mas tal conclusão deriva sobretudo de duas outras ordens de considerações: o sentido geral da decisão segundo a equidade, por um lado; e as funções sócio-jurídicas desempenhadas pela fundamentação das decisões, por outro.

Sobre o primeiro destes pontos já nos pronunciámos acima. No tocante às funções da fundamentação, pensamos que elas se podem enunciar resumidamente do seguinte modo:

a) *Prevenção do arbítrio e do erro judiciário*: através do dever de fundamentar as decisões impõe-se ao julgador que este demonstre que a solução dada ao caso corresponde aos comandos da lei ou da equidade, incentivando-se o seu auto-controlo e prevenindo-se divergências entre o que nelas se afirma e a verdade fáctica ou jurídica;

b) *Função pedagógico-social*: quando as decisões devam ser publicadas — como sucede no caso das decisões arbitrais relativas a conflitos colectivos de trabalho — a sua fundamentação permite aos particulares conhecer o modo como os tribunais interpretam e aplicam as leis ou (quando disponham de poderes de equidade) corrigem o resultado da sua aplicação aos casos singulares, permitindo-lhes organizar as suas vidas em função disso;

c) *Função interpretativa*: é à luz dos fundamentos da decisão que ela há-de ser interpretada;

d) *Função persuasiva ou pacificadora*: a parte *vencida* (no todo ou em parte) carece de ser *convencida*. Ora só a fundamentação lhe permite saber por que razão foi proferida certa decisão. A força obrigatória da sentença estará por certo na sua parte estritamente decisória; mas, como diz José Alberto dos Reis[15], «mal vai à *fôrça* quando se não apoia na *justiça* e os fundamentos destinam--se precisamente a *convencer* de que a decisão é conforme à justiça»;

e) *Viabilização da impugnação da decisão*: só conhecendo-se os fundamentos da decisão pode esta ser reapreciada por outro tribunal, em sede de anulação, de recursos ou de embargos à sua execução.

Todas estas funções da fundamentação das decisões relevam no caso de o tribunal estar investido em poderes de equidade. Este não está, por isso, dispensado de fundamentar as suas decisões, mediante a especificação dos fundamentos de facto, de Direito e de justiça concreta que as justificam[16].

Diríamos mesmo que, à luz do exposto, a circunstância de as partes terem conferido aos árbitros aqueles poderes e de terem, consequentemente, renunciado aos recursos (consoante dispõe o art. 29.º da Lei da Arbitragem Voluntária) reforça a necessidade de fundamentação da decisão arbitral, em lugar de diminuí-la.

A violação do dever de fundamentar constitui motivo de anulação da decisão arbitral, nos termos do art. 27.º, n.º 1, alínea *d*), da Lei.

Que deve entender-se por violação desse dever para os efeitos do disposto neste preceito?

Supomos que como tal não pode entender-se a fundamentação insuficiente, medíocre ou errada, pois isso levaria a discutir no processo de anulação da decisão arbitral questões cuja sede própria são os recursos. Violar-se-ia assim o princípio da *tipicidade das nulidades* consagrado no art. 27.º da Lei e desvirtuar-se-ia o sentido daquele processo, que é o de assegurar o respeito por certas regras adjectivas fundamentais.

Só a *falta absoluta de motivação*, no sentido de ausência total de fundamentos de facto e de direito ou de justiça concreta para as decisões tomadas pelo tribunal, constitui, pois, fundamento de anulação da decisão arbitral[17].

---

[15] *Comentário ao Código de Processo Civil*, vol. 2.º, Coimbra, 1945, p. 172.

[16] Cfr., em sentido concordante, Paula Costa e Silva, «Anulação e recursos da decisão arbitral», *Revista da Ordem dos Advogados*, 1992, pp. 893 ss. (p. 941).

[17] Neste mesmo sentido, quanto às sentenças judiciais, José Alberto dos Reis, *Código de Processo Civil anotado,* Coimbra, 1984, vol. V, p. 140; e quanto às sentenças arbitrais, Paula Costa e Silva, est. cit. (n. 16), pp. 938 e 942.

Essa falta de motivação deve, porém, ser aferida *em face de cada uma das decisões tomadas pelo tribunal*.

Não basta, evidentemente, que o tribunal fundamente *alguma* ou *algumas* das resoluções que tomou e não as demais, pois só uma fundamentação *integral* e não uma fundamentação *parcial* da decisão arbitral preenche as funções do dever de fundamentar que acima identificámos.

Se a decisão especificar os fundamentos das decisões proferidas sobre *certas* questões, mas não de *todas*, verifica-se, em suma, a causa de anulação prevista no art. 27.º, n.º 1, alínea *d*), da Lei.

11. A decisão arbitral tem de ser comunicada às partes e ao Ministério responsável pela área laboral, para efeitos de depósito e publicação, no prazo de quinze dias a contar da sua prolação: art. 565.º, n.º 4, do Código do Trabalho.

A decisão arbitral produz, nos termos do art. 566.º, n.º 1, os mesmos efeitos que a convenção colectiva, valendo esta regra, de acordo com o art. 571.º, tanto para a arbitragem voluntária como para a obrigatória.

Além disso, as decisões arbitrais proferidas em conflitos colectivos de trabalho produzem, nas condições definidas no art. 26.º da Lei da Arbitragem Voluntária, os efeitos comuns à generalidade das decisões arbitrais, *maxime* o efeito de caso julgado e o efeito executivo.

12. O poder jurisdicional dos árbitros finda, nos termos do art. 25.º da Lei da Arbitragem Voluntária, com a notificação do depósito da decisão que pôs termo ao litígio.

É certo que mesmo após esse momento podem os árbitros, por analogia com o disposto no art. 666.º, n.º 2, do Código de Processo Civil, rectificar erros materiais, suprir nulidades, aclará-la e reformá-la quanto a custas.

Esse poder cinge-se, porém, à resolução de questões marginais ou secundárias que a decisão arbitral porventura suscite entre as partes; não pode, pois, o seu exercício traduzir-se numa alteração dissimulada do que foi decidido pelos árbitros quanto ao mérito da causa: em *dar o dito por não dito*.

Seja, porém, como for, o suprimento de nulidades, a aclaração e a reforma da decisão devem ser requeridos pelas partes, na falta de disposição especial, dentro dos dez dias seguintes à notificação da mesma (art. 153.º, n.º 1, do Código de Processo Civil). Não o sendo, fica precludida a possibilidade de solicitá-los ao tribunal arbitral.

VII

13. A Lei da Arbitragem Voluntária prevê, a par da possibilidade de interposição de recurso da decisão arbitral para os tribunais comuns, uma acção de anulação da mesma.

O direito de intentar esta acção é irrenunciável, ao contrário do que sucede relativamente aos recursos (art. 28.º, n.º 1, da Lei).

Como seus fundamentos possíveis prevêem-se, no art. 27.º, n.º 1: *a*) a insusceptibilidade de o litígio ser resolvido pela via arbitral; *b*) a incompetência ou a irregularidade da constituição do tribunal arbitral; *c*) a violação dos princípios, atrás referidos, que regem o processo arbitral; *d*) a falta de fundamentação ou assinatura da decisão pela maioria dos árbitros; e *e*) a violação pelo tribunal da sua competência objectiva, conhecendo de questões de que não podia tomar conhecimento, e a omissão de decisão sobre questões que o mesmo devia apreciar.

Dos primeiros vícios enunciados neste preceito nos ocupámos já na exposição antecedente. Trataremos agora, por isso, apenas do último: a *omissão de pronúncia*.

Corresponde ele à violação do *dever de o julgador resolver todas as questões que as partes tenham submetido à sua apreciação*, exceptuadas aquelas cuja decisão esteja prejudicada pela solução dada a outras, consagrado no art. 660.º, n.º 2, do Código de Processo Civil.

Se o tribunal arbitral não tiver resolvido todas as questões levantadas pelas partes, que integrem o objecto do litígio, apesar de o conhecimento das questões omitidas não estar prejudicado pela solução dada às questões resolvidas, incorre na nulidade prevista no dito preceito da Lei da Arbitragem Voluntária. Assim, omissão de pronúncia pressupõe:

a) Uma *questão* acerca da qual uma parte reclame do tribunal um julgamento. Como tal devem entender-se não apenas a *questão principal* que integra o objecto do litígio, mas também as *questões secundárias*, que constituem *premissas indispensáveis* para a solução daquela[18]. Daí que o julgador tenha de atender não apenas às conclusões ou pedidos que as partes formulam nos articulados, mas também às razões ou causas de pedir que elas invocam[19]. A palavra «*questões*» que a Lei emprega no citado

---

[18] Assim José Alberto dos Reis, *Código de Processo Civil anotado*, vol. V, Coimbra, 1984, p. 53.

[19] *Ibidem*, p. 55.

preceito designa, assim, não só *pedido* propriamente dito, mas também a *causa de pedir*[20];

b) Que essa questão não tenha sido julgada, *expressa* ou *implicitamente* (por estar prejudicada pela solução dada a outra questão). Para que se possa ter a questão por implicitamente julgada é, em todo o caso, necessário que da sentença, tomada como um todo e devidamente interpretada, resulte, com suficiente clareza, que o julgador efectivamente *examinou* e *decidiu* a questão omitida na parte decisória da sentença. O pensamento do julgador acerca dessa questão deve, pois, poder deduzir-se da fundamentação da sentença ou da solução dada a outra ou outras questões. Fora destes casos, não há *pronúncia implícita*, que o art. 660.º, n.º 2, do Código de Processo Civil admite, mas *omissão de pronúncia*, a qual constitui uma nulidade.

14. A *violação de normas imperativas* de Direito substantivo não é, por regra, motivo de anulação da sentença arbitral, ainda que desta não caiba recurso para os tribunais judiciais.

Porém, no que respeita à impugnação das decisões arbitrais que contenham instrumentos de regulamentação colectiva do trabalho, consagra-se no art. 43.º da Lei das Relações Colectivas de Trabalho uma norma especial, segundo a qual: «[a]s associações sindicais e patronais, bem como os trabalhadores e entidades patronais, podem propor acção de anulação, perante os tribunais do trabalho, das cláusulas dos instrumentos de regulamentação colectiva de trabalho que tenham por contrárias à lei».

Trata-se, aliás, de um corolário do art. 6.º, n.º 1, alínea *b*), da Lei das Relações Colectivas de Trabalho, por força do qual os instrumentos de regulamentação colectiva de trabalho não podem contrariar as normas legais imperativas.

Aquela norma refere-se, como é bom de ver, à impugnação das cláusulas dos ditos instrumentos (incluindo, atento o que dispõe o n.º 1 do art. 2.º da dita Lei, os que constarem de decisão arbitral) que *violem a lei substantiva*; não aos *vícios processuais* de que porventura enfermem as decisões arbitrais proferidas em matéria laboral. Quanto a estes últimos rege o disposto no art. 27.º da Lei da Arbitragem Voluntária.

Manter-se-á este regime no Código do Trabalho?

---

[20] No mesmo sentido, reportando-se à disposição paralela do Código de Processo Civil de 1936 (o art. 668.º, n.º 4, actual art. 668.º, n.º 1, alínea *d*)), veja-se *ibidem*, p. 58.

Supomos que sim, pois, embora não haja nele uma disposição equivalente ao art. 43.º da Lei das Relações Colectivas de Trabalho, o art. 533.º, n.° 1, alínea *a*), do Código, acolhe também o princípio de que os instrumentos de regulamentação colectiva não podem contrariar as normas legais imperativas. E os arts. 183.º e seguintes do Código de Processo do Trabalho, que disciplinam a acção de anulação de cláusulas de conven-ções colectivas de trabalho — a que as decisões arbitrais são, como vimos, equiparadas —, mantêm-se em vigor, sendo que, nos termos dos arts. 477.º, alínea *d*), e 510.º, n.º 1, alínea *d*), do Código do Trabalho, as associações sindicais e de empregadores têm legitimidade para intervir nelas.

A acção de anulação pode ser intentada no prazo de um mês a contar da notificação da decisão (art. 28.º, n.º 2, da Lei da Arbitragem Voluntária); mas as causas de anulação podem também ser invocadas na oposição à execução baseada em decisão arbitral (arts. 31.º da Lei e 814.º, n.º 1, do Código de Processo Civil).

Sendo interposto recurso da decisão arbitral, a anulabilidade desta só pode ser apreciada no âmbito desse recurso (art. 27.º, n.º 3, da Lei).

Os recursos da decisão arbitral não são consagrados com a mesma amplitude que a acção de anulação, pois o direito de interpô-los é renunciável, inferindo-se a renúncia, *v.g.*, da autorização dada aos árbitros para decidirem segundo a equidade (art. 29.º, n.º 2, da Lei).

15. O art. 27.º, n.º 1, da Lei da Arbitragem Voluntária atribui ao tribunal judicial a competência para a anulação da sentença arbitral.

Na ordem dos tribunais judiciais compete aos tribunais do trabalho, nos termos do art. 85.º, alínea *a*), da Lei n.º 3/99, de 13 de Janeiro (Lei de Organização e Funcionamento dos Tribunais Judiciais), conhecer das questões relativas à anulação e interpretação dos instrumentos de regulamentação colectiva do trabalho que não revistam natureza administrativa.

Sendo esta a natureza das decisões arbitrais que decidam conflitos colectivos laborais, é aos tribunais do trabalho, onde os houver, que compete conhecer das acções de anulação das mesmas.

Em razão do território, é no tribunal do domicílio do réu que acção em apreço deve ser proposta, nos termos do art. 13.º, n.º 1, do Código de Processo do Trabalho.

16. Se os fundamentos de anulação da decisão arbitral apenas afectarem uma parte dela deve o tribunal judicial anulá-la na íntegra ou só na parte atingida pelo vício em questão, ficando a decisão a valer na parte restante?

A este respeito há que fazer uma distinção.

A eventual anulação por violação de normas legais imperativas cinge-se claramente, por força deste preceito, às cláusulas da convenção colectiva afectadas por esse vício; mas vale quanto a ela o que diremos a seguir a respeito da redução da convenção por vícios processuais da arbitragem.

Quanto à anulação fundada nos vícios processuais referidos no art. 27.º da Lei da Arbitragem Voluntária aplica-se-lhe o princípio da conservação dos actos processuais consagrado no art. 201.º, n.º 2, do Código de Processo Civil: a nulidade de uma parte do acto não prejudica as outras partes que dela sejam independentes (*utile per inutile non vitiatur*).

Vale isto por dizer que a anulação só será parcial se a sentença for cindível em partes dotadas de um mínimo de autonomia e o vício ocorrente as não afectar a todas[21].

Mas deve aplicar-se nessa hipótese, com as necessárias adaptações, o disposto no art. 292.º do Código Civil: a decisão não será reduzida se se mostrar que a parte viciada teve influência determinante nela.

Quer dizer: se for de admitir que os árbitros teriam decidido diferentemente o resto da causa se tivessem contemplado a amputação da parte viciada — porque essa amputação subverte o equilíbrio de interesses que os árbitros quiseram implementar —, deve anular-se *toda* a decisão.

Esta solução afigura-se-nos inteiramente condizente com a *natureza mista ou híbrida — contratual e jurisdicional — da arbitragem*[22] e a sua filiação no *princípio da autonomia privada*[23].

17. Sendo integralmente anulada a decisão arbitral, subsiste o litígio que lhe deu origem. Pergunta-se, pois: subsistirá também nesse caso o poder dos árbitros para julgá-lo?

A resposta é a nosso ver negativa. O poder jurisdicional dos árbitros funda-se na convenção de arbitragem (ou no despacho ministerial que

---

[21] No mesmo sentido Paula Costa e Silva, est. cit. (n. 16), p. 962.

[22] Ver sobre o ponto o nosso *Da arbitragem comercial internacional*, cit. (n. 13), pp. 67 s.

[23] Reconhecida pelo próprio legislador: cfr. a Exposição de Motivos da Proposta de Lei n.º 34/IV, *in Diário da Assembleia da República*, II série, n.º 83, de 2 de Julho de 1986, n.º 3, p. 3196.

determinou a realização de arbitragem obrigatória, no caso desta). Proferida uma decisão arbitral sobre o mérito da causa, a convenção de arbitragem, salvo tratando-se de uma cláusula compromissória, preencheu a sua finalidade e, por conseguinte, extinguiu-se[24].

Não pode, assim, ser reposta a causa perante os árbitros que a julgaram, nem podem estes alterar a decisão que sobre ela proferiram, sem que para tal seja celebrada uma nova convenção arbitral ou proferido novo despacho.

VIII

18. As decisões arbitrais proferidas em matéria laboral vinculam, em princípio, os empregadores e os inscritos em associações de empregadores que haja sido partes da arbitragem, bem como os trabalhadores ao seu serviço que sejam membros das associações sindicais que nela tenham intervindo como partes. É, a nosso ver, o que resulta do *princípio da filiação* consignado no art. 552.º, n.º 1, do Código do Trabalho[25].

O âmbito de aplicação das decisões arbitrais pode, no entanto, ser estendido, após a sua entrada em vigor, através de *regulamentos de extensão*, segundo dispõe o art. 573.º do Código, competindo a emissão desses regulamentos, em princípio, ao ministro responsável pela área laboral, nos termos do art. 574.º, n.º 1.

A emissão do regulamento só é possível, de acordo com o art. 575.º, n.º 3, «estando em causa circunstâncias sociais e económicas que a justifiquem».

A extensão pode abranger empregadores do mesmo sector de actividade e trabalhadores da mesma profissão ou profissão análoga, que exerçam a sua actividade na área geográfica e no âmbito sectorial e profissional para que vale a decisão (art. 575.º, n.º 1). A extensão pode ainda abranger empregadores e trabalhadores do mesmo âmbito sectorial e profissional, que exerçam a sua actividade em área geográfica diversa daquela em que a decisão se aplica, quando não existam associações

---

[24] É esta também a opinião de Raul Ventura, «Convenção de arbitragem», *Revista da Ordem dos Advogados*, 1986, pp. 289 ss. (pp. 401 ss.), e de Paula Costa e Silva, est. cit. (n. 16), p. 964.

[25] Sobre esse princípio, veja-se Luís Gonçalves da Silva, *Notas sobre a eficácia normativa das convenções colectivas*, Coimbra, 2002, pp. 17 ss. e 54 ss.

sindicais ou de empregadores e se verifique identidade ou semelhança económica e social (art. 575.º, n.º 2).

O projecto de regulamento é publicado no *Boletim do Trabalho e Emprego*, podendo os interessados deduzir, por escrito, oposição fundamentada, nos termos previstos no art. 576.º.

O alargamento do âmbito de aplicação da decisão arbitral pode ainda dar-se, consoante prevê o art. 563.º, n.º 1, do Código, por *adesão* das associações sindicais, das associações de empregadores e dos empregadores.

Esta opera, conforme resulta do n.º 2 do mesmo preceito, por acordo entre a entidade interessada e aquela ou aquelas que se lhe contraporiam na arbitragem, se nela tivessem participado.

ÍNDICE

Apresentação	5
Programa do IV Curso de Pós-Graduação em Direito do Trabalho e da Segunça Social	7
O Direito Internacional Privado no Código do Trabalho (Dário Moura Vicente)	15
O Contrato de Trabalho a Termo ou a Tapeçaria de Penélope? (Júlio Vieira Gomes)	35
Trabalho Temporário (Guilherme Machado Dray)	101
Notas sobre o Trabalho Temporário (Célia Afonso Reis)	145
Futebol, Trabalho Desportivo e Comissão Arbitral Paritária: Um Acórdão Histórico sobre as «Cláusulas de Rescisão» (João Leal Amado)	187
Contrato de Trabalho a Tempo Parcial (Paula Ponces Camanho)	205
A Tributação dos Rendimentos de Trabalho Dependente em IRS (Luís Manuel Teles de Menezes Leitão)	225
Arbitragem de Conflitos Colectivos de Trabalho (Dário Moura Vicente)	249